고려시대 사람들은 어떻게 살았을까 2

고려시대 사람들은 어떻게 살았을까 2

한국역사연구회 지음

초판 1쇄 펴낸날 1996년 9월 22일
개정판 1쇄 펴낸날 2005년 9월 5일
전면개정판 펴낸날 2022년 2월 22일 초판1쇄
펴낸이 김남호 | 펴낸곳 현북스
출판등록일 2010년 11월 11일 | 제313-2010-333호
주소 07207 서울시 영등포구 양평로 157 투웨니퍼스트밸리 801호
전화 02)3141-7277 | 팩스 02)3141-7278
홈페이지 http://www.hyunbooks.co.kr | 인스타그램 hyunbooks
ISBN 979-11-5741-295-2 04910 ISBN 979-11-5741-287-7 (세트)

편집 전은남 이영림 | 디자인 박세정 | 마케팅 송유근 함지숙

ⓒ 한국역사연구회 2022

이 책은 저작권법에 의하여 보호를 받는 저작물이므로 무단 전재 및 복제를 금지하며,
이 책 내용의 전부 또는 일부를 이용하려면 반드시 저작권자와 현북스의 허락을 받아야 합니다.

한국역사연구회

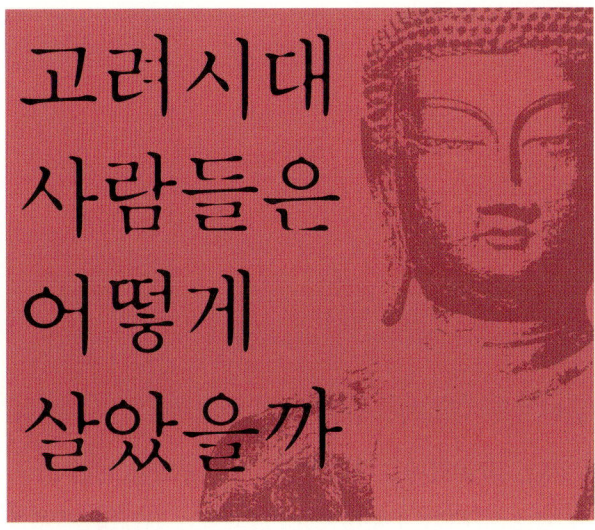

고려시대 사람들은 어떻게 살았을까

|전면 개정판|

정치·경제 이야기 2

전면 개정판을 내며

역사학자들이 역사 대중화의 기치를 내걸고 대중과 소통하던 열정 넘치는 시대가 있었다. 1990년대 치열했던 역사 대중화를 위한 연구 활동과 열정, 그리고 그 성과로 '어떻게 살았을까' 시리즈가 시대별로 잇달아 나왔다. 부담 없이 무겁지 않게 옛사람들의 삶의 이야기를 담은 이 시리즈는 역사 대중화를 선도하여 스테디셀러가 되었다.

그로부터 20년이 넘게 흐른 지금, 역사는 여전히 무겁게 느껴진다. 21세기에 들어서 본격화되었던 역사 전쟁이 국정교과서 파동을 정점으로 잠시 잠잠해졌지만, 교과서 문제는 언제 폭발할지 모르는 휴화산에 가깝다. 하지만 역사 전쟁에서 싸움터가 되는 것은 정치사이지 생활사가 아니다. 그러다 보니 삶의 역사에 관한 관심도 잦아들어 가는 듯하다. 삶의 역사를 놓고는 역사 전쟁이 일어나지 않는다는 사실도 많은 생각을 하게 한다.

삶의 역사를 들여다본다는 것은 그 삶을 살아가는 사람들의 말과 행동에 관심을 가진다는 것을 의미한다. 흔히 생활사라고 하면 사람들의 의식주 또는 사람들을 둘러싼 물질세계를 떠올린다. 또한 삶에 기운을 북돋우거나 삶을 제약하기도 하는 정신세계를 떠올리기도 한다. 하지만 생활사는 그 물질세계와 정신세계를 빚고 엮어 가는 사람들의 이야기이다.

한편으로 생활사는 과거를 살았던 사람들과 오늘날을 살아가는 현대인을 이어 주는 연결고리이기도 하다. 어떤 점에서는 우리와 너무나 다른 것 같지만, 또 크게 변하지 않는 과거 사람들을 만나는 시간여행이기도 하다. 따라서 생활사는 결코 '작고 시시한' 이야기가 아니다. 그 안에서도 시대적 특징을 고스란히 드러내는 진중한 역사를 만날 수 있다.

첫 번째 책이 발간된 1996년으로부터 26년이 지난 2022년, '어떻게 살았을까' 시리즈는 새로운 개정판으로 다시 세상에 나오게 되었다. 이번 개정판의 기획은 지난 2020년 당시 여호규 회장(고대사분과)의 발의로 시작되었다. 정요근 회원(중세사 1분과)이 기획위원장을 맡고 각 분과 소속의 기획위원들이 내용 구성의 기획과 필자 섭외를 담당하였다. 정동준 회원과 권순홍 회원(이상 고대사분과), 정동훈 회원(중세사 1분과), 박경 회원과 최주희 회원(이상 중세사 2분과), 한승훈 회원과 고태우 회원(이상 근대사분과), 이정은 회원(현대사분과) 등 모두 8명이 기획위원을 맡아 주었다. 전상우 회원(고대사분과)은 간사로서 출판사와의 연락 등을 비롯한 잡다한 실무를 도맡아 처리하였고, 위가야(고대사분과) 회원은 미디어·출판위원장으로서 기획위원회 활동에 최선의 지원을 다해 주었다. 현 김정인 회장(근대사분과)의 배려와 지원 역시 이번 개정판 출간에 큰 동력이 되었다.

이번 개정판의 출간과 관련해서는 나름의 복잡한 과정이 담겨 있다. 그 내용을 간략히 기록으로 남기고자 한다. '어떻게 살았을까' 시리즈는 지난 1996년 조선시대 편 1, 2권이 청년사에서 발간된 이래, 1997년에 고려시대

편 1, 2권, 1998년에 고대사(삼국시대) 편이 청년사에서 출간되었다. 이로써 이른바 '전근대 생활사' 시리즈가 총 5권으로 완성되었으며, 2005년에는 5권 모두 개정판이 발간되었다. 한편 '근현대 생활사' 시리즈는 역사비평사를 통해서, 1998~99년에 《우리는 지난 100년 동안 어떻게 살았을까》라는 제목으로 3권의 책이 발간된 바 있다.

그런데 지난 2020년 청년사의 폐업으로 '전근대 생활사' 시리즈의 출간이 더는 어렵게 되었다. 그러나 다행히도 현북스의 제안으로 새로운 개정판의 출간이 가능하게 되었다. 나아가 역사비평사의 양해를 얻어 근현대 편 3권의 판권을 인수하였고, 이 역시 현북스를 통해 개정판을 발간하기로 하였다. 이에 두 시리즈를 합쳐서 전근대와 근현대의 생활사 모두를 아우르는 '어떻게 살았을까' 시리즈의 '통합' 개정판 출간이 실현되기에 이른 것이다. 이 지면을 통해 역사비평사 정순구 대표에게 다시 한번 깊은 감사의 뜻을 표한다. 아울러 이 과정에서 여호규 전 회장의 수고와 노력이 큰 역할을 하였음은 두말할 나위 없다.

기획위원회에서는 최초 발간으로부터 20년이 넘은 원고를 그대로 실어 개정판을 내기에는 부담이 있었다. 다행히도 검토 결과, 기존의 원고들이 여전히 생명력을 가지고 있다고 판단되어 대부분의 기존 원고를 그대로 싣되, 필자들에게는 필요한 부분에 대한 수정을 요청하여 반영하였다. 한편 기존의 원고에서 다루지 못한 주제 가운데, 그동안 연구가 축적되어 원고 집필이 가능한 사례도 여럿 확인되었다. 그리하여 이번 개정판에서는 기존에 1권이었던 고대사(삼국시대사) 분야를 2권으로 늘리고 기존에 3권이었던 근현대사 분야를 4권으로 늘렸다. 이를 통해 한국사 전체를 아우르는 '어떻게 살았을까' 시리즈를 모두 10권으로 구성하였다. 다만 논의되었던 모든 주제를 원고로 포함하지 못한 점이 아쉬울 따름이다.

기존 원고의 필진 중에는 현역에서 은퇴하여 일선에서 물러난 연구자도 있다. 화살같이 빠른 세월의 흐름을 새삼 느낀다. 새로 추가된 원고는 학계에서 왕성하게 활동하는 40대 전후의 연구자들이 맡아서 집필하였다. 따라서 이번 개정판은 신구 세대를 아우르는 회원들로 필진이 구성된 셈이 된다. 어느덧 한국사학계의 중추가 된 한국역사연구회의 연륜과 위상을 실감하게 하는 대목이다.

책을 처음 낼 때만큼은 아니겠지만, 기존 책의 개정판을 내는 것 또한 결코 쉬운 작업은 아니다. 특히 '어떻게 살았을까' 시리즈는 20년 넘게 스테디셀러로 명성을 쌓은 터라, 개정판의 발간을 추진하는 일은 부담이 작지 않았다. 기존 원고에 비하여 새로운 원고가 많은 편은 아니라서, 독자들의 반응이 어떠할지도 걱정이 앞선다. 하지만 소박하게 한 걸음을 더한다는 태도로 용기를 내어 출간에 이르게 되었다. 출판계의 어려운 상황 속에서도 흔쾌히 출간을 맡아 좋은 책으로 만들어 준 현북스 김남호 대표와 전은남 편집장, 이영림 편집자에게 깊은 감사의 뜻을 표한다.

2022년 2월 한국역사연구회

전면 개정판 고려시대권

머리말

초판을 낸 1997년부터 《고려시대 사람들은 어떻게 살았을까》는 25년 동안 독자들의 사랑을 받아 왔다. 초판을 다시 읽어 보면 문장 사이 사이에 세기말의 불안과 새 시대에 대한 기대가 스며 있다. 한참이 지났어도 시대의 변화 속도는 여전히 빠르고, 불안과 기대도 점점 더 커져 가고 있다. 하지만 역사에 대한 관심, 옛사람들의 삶의 모습에 대한 궁금증은 변함없이 이어지는 듯하다. 역사학자들은 응답할 책무를 느낀다.

25년이라는 시간이 흐르면서 더딜지라도 연구는 조금씩 진척되었고 과거에 대해 조금은 더 알게 되었다. 연구자들끼리만 알고 말 일이 아니기에, 2년의 준비 끝에 《고려시대 사람들은 어떻게 살았을까》의 전면 개정판을 내놓게 되었다. 대중의 관심과 사랑에 보답하려는 작은 결과물이다.

25년 사이에 고려시대사 연구에는 몇몇 기억할 만한 일들이 있었다. 대표적으로 2018년은 고려 건국 1100주년이 되는 해였는데, 이를 기념하는 많은 연구와 전시가 쏟아졌다. 초판에 이름을 올린 70~80년대 학번 중견 연구자들이 중심이 되고, 여기에 90년대 학번 이후의 신진들이 힘을 보태며 이룩한 성과였다. 신구를 아우르는 걸 최고의 자랑으로 여기는 한국역사연구회 중세 1분과의 산물답게, 이 책에도 선후배들의 글을 고루 실었다. 전면 개정판이라고는 해도, 여전히 생명력을 가지는 초판의 글들은 약간의 수정만 거쳤을 뿐이다. 거기에 최근에 발견한 재미있는 이야깃거리를 담아 몇 꼭지를 더하였다.

이번 전면 개정 작업은 초판과 1차 개정판의 구성을 그대로 유지하면서 몇몇 원고를 추가하거나 대체하는 정도로 완성하였다. 1권은 '사회·문화 이야기'라는 제하에 20편, 2권에는 '정치·경제 이야기'라는 제목으로 23편의 글을 실었다. 시대가 바뀜에 따라 문장도 뜯어고쳐야 했고, 새로운 사진이나 도판으로 교체해야 하기도 했다. 무척 번거로운 일이었지만, 모든 필자들이 불평 한 마디 없이 기꺼이 소임을 다해 주셨다. 글을 보내 주신 39분 필자께 지면을 빌어 깊은 감사의 말씀을 드린다.

이 책이 빛을 보기까지는 몇 분의 특별한 노력이 있었다. 정요근 회원은 《어떻게 살았을까》 전체 시리즈의 기획위원장이자 고려시대 편의 기획위원으로 헌신해 주셨다. 정동훈 회원은 기획위원으로 필자들과 소통하는 역할을 맡아 주셨다. 수많은 필자들을 독려하여 원고를 수합하고 편집하는 지난한 업무는 고대사분과의 전상우 회원이 도맡아 주셨다. 출판계의 어려운 환경 속에서도 이 책에 새 숨결을 불어넣어 주기로 결단하신 현북스 측에도 깊이 감사드린다.

재미있는 역사 이야기가 독자들께 두루 전달되어, 역사학자들은 우리의 책무를 조금이나마 했다고 위안 삼을 수 있을 것이다. 감사한 마음을 품고 널리 소개할 만한 연구를 해 나가며, 다음에는 더 좋은 책으로 보답할 기회를 가질 수 있기를 다짐하고 기대한다.

2022년 2월 한국역사연구회 중세사 1분과

2005년
개정판 서문

　지난 몇 해 동안 나라 안팎에서 '역사 전쟁'이 벌어지는 것을 보며, '역사란 무엇일까?'에 대해 새삼스럽게 생각을 해 본 이가 한둘이 아닐 것이다.
　일본이 역사 교과서에 과거 일본 제국주의에 의해 정신적으로나 물질적으로나 엄청난 피해를 입은 한국과 중국 그리고 동남아시아 여러 나라 국민들의 자존심을 짓밟으며 왜곡된 내용을 담으려 할 때에도, 그에 대한 반발이 강력했지만 그것을 '역사 전쟁'이라고 부르지는 않았다. 그런데 중국이 고구려의 역사를 자기 나라의 역사로 편입하려 한다는 사실이 알려지면서 '역사 전쟁'이라는 말이 자주 입에 오르내리게 되었다. 중국의 시도는 단순한 역사 왜곡을 넘어서 한 왕조의 역사를 통째로 빼앗는 것으로 판단되었고, 이로부터 '역사 전쟁'이라는 말이 공공연히 쓰이게 되었다.
　자세히 살펴보면 역사 전쟁은 나라와 나라 사이에서만 벌어지고 있는 것이 아님을 알 수 있다. 참여정부가 출범한 이래로 격화된 과거 청산을 놓고 벌어지고 있는 다툼도, 한국 근현대사 교과서의 서술을 놓고 전개된 갈등도 모두 역사 전쟁이다. 이렇게 역사 전쟁이 안팎에서 벌어지는 동안 다시금 역사에 대한 관심이 높아지고 있는 것은 역사를 연구하고 가르치는 사람 중의 하나로서 한편으로는 씁쓸하면서도 불행 중 다행이라는 생각을 떨쳐 버리기 쉽지 않다.

한국역사연구회에서 각 시대 각 분야의 전문 연구자들의 힘을 모아 우리 역사 속에서 우리 조상들이 과거에 '어떻게 살았을까'를 살펴 책으로 묶어 내기 시작한 지 어느덧 햇수로 10년이라는 시간이 흘렀다. 첫 성과물로 나온 것은 《조선시대 사람들은 어떻게 살았을까》였으나, 실제 먼저 작업에 들어간 것은 《고려시대 사람들은 어떻게 살았을까》였다. 고려시대의 정신문화와 생활문화를 정리하여 알릴 목적으로 이 책을 기획하기 시작한 때로부터 치자면 이미 10년을 훌쩍 넘긴 시점에 이르렀다. 그 사이에 우리 사회도 여러 굵직굵직한 사건을 겪으며 성장하였고, 한국 역사 연구도 여러 측면에서 새로운 진전이 이루어졌다. 이러한 까닭으로 수십만의 독자 여러분께서 삼국시대에서 조선시대까지 선조들의 삶의 자취를 묶어 펴낸 이 책자들을 애독해 주신 것에 대한 고마움이 미안함으로 바뀌어 가던 차에 출판사로부터 개정판을 내자는 제안을 받고 선뜻 응하게 되었다.

새삼스럽지만 다시금 이 '어떻게 살았을까' 시리즈를 소개하기로 한다. 새로 나온 국사 교과서나 한국 근현대사 교과서가 전보다 내용이 풍부해지기는 했으나, 아직도 커다란 정치적 사건과 주요 제도 및 인물 중심으로 내용이 짜여져 있다. 그 반면에 근래에 쏟아져 나오다시피 출간된 역사 대중서 중에는 흥미를 끄는 단편적인 사실에 치우친 것들이 적지 않다. 이와 달리 이 '어떻게 살았을까' 시리즈는 각 시대 사람들의 삶에 초점을 맞추면서 당시의 역사상을 어느 정도 재구성할 수 있도록 내용을 갖추었다.

개정판을 발간하는 작업에서 가장 늦게 독자 여러분을 만나게 된 이《고려시대 사람들은 어떻게 살았을까》를 보면, 체제에서부터 고려시대의 문화와 역사의 특징이 잘 반영되어 있다. 첫째 권은 고려 정신문화의 꽃을 피운 불교를 중심으로 유교와 풍수지리, 청자 문화를 소개하고, 이어서 서민들의 삶이 녹아든 생활문화를 다루고 있다. 여기서 당시의 농민들이 밭과 논을 만들어 농사를 짓는 생산 활동에서부터 고려 서민들의 애환을 달래던 술에 얽힌 이야기들까지 소상히 살필 수 있다. 둘째 권은 고려 사람들의 정치·경제생활을 담고 있는데, 당시의 굵직한 정치적 사건들과 함께 황제국 체제를 지향했던 고려의 제도적 모습과 여러 차례 겪은 북방 민족의 침입에 맞서 싸우며 생활했던 고려 민중의 삶 및 관료들의 생활상을 정리하고, 마지막으로 국가 재정을 비롯한 경제생활의 이모저모를 알 수 있도록 하였다. 전에도 정성을 들여 도판 자료를 실었었지만, 특히 이번 개정판에서는 더 다양한 도판 자료가 선을 뵈는데, 도판의 내용만 훑어보아도 고려 사람들의 문화와 삶의 향기를 느낄 수 있을 정도이다. 개정 작업에서 글의 수정과 보완에 생각만큼 성과를 거두지 못한 것을 그림과 유물 등의 도판 자료가 충분히 만회하고 있다고 자신한다. 책을 만드는 이들에게는 이렇게 지배층만의 역사가 아닌 당시 사회 구성원 전체의 역사로, 딱딱한 제도의 틀에 갇히지 않고 삶의 실상을 알려 주는 역사로, 흥미 위주로 매몰되지 않고 과학적으로 탐구한 진실을 전하는 역사로 만드는 일 역시 하나의 '역사 전쟁'이었다. 아무튼 이로써 독자들이 옛날 조상들의 삶을 전보다 더 생생하게 이해하기를 바라 마지않는다.

워낙 많은 연구자들이 함께한 일이어서 개정 작업도 처음 책을 낼 때만큼

이나 쉽지 않았다. 필자 대부분이 전보다 훨씬 바쁜 삶에 몰리고 있었고, 외국에 나가 있는 이도 있었으며, 이제는 다른 사회 활동으로 몹시 분주한 이도 있었다. 이름을 밝히는 것이 도리이겠으나, 여기서는 연구회 회원 몇 분이 중간에서 애를 써 준 덕분에 개정판 작업이 마무리될 수 있었음을 밝히는 것으로 대신한다. 독자 여러분이 새 책을 보고 흡족해할지에 대한 걱정이 앞서기는 하나, 바쁜 와중에도 글을 다시 손봐 준 필자 여러분, 청년사의 정성현 대표와 사진 자료를 구하느라 또 더 예쁜 책으로 꾸미느라 고생한 편집부 여러분께 감사의 말씀을 전하지 않을 수 없다.

2005년 8월
한국역사연구회

초판 고려시대권

머리말

또 하나의 전통, 고려 사회의 이해를 위하여

21세기를 눈앞에 둔 요즘처럼 우리의 전통을 알려는 열망이 드높았던 때는 없었던 것 같다. 사실 우리 문화의 정체성을 확보하려는 사람들은 일찍부터 "한국적인 것이 가장 세계적인 것이다."라는 말을 화두 삼아 잊혀진 전통을 되살리고자 노력해 왔다. 전통은 우리들의 현재적 삶을 풍요롭게 해줄 뿐만 아니라, 미래의 우리다운 삶의 방식을 찾는 데에도 기여하기 때문이다.

그런데 전통은 언제부터 전통이었으며 언제까지 전통일 수 있는가? 일례로 최근 '동성동본혼금지법'의 존폐를 둘러싸고 벌어진 논쟁을 보자. 한편에서는 현대 산업사회에 맞지 않는 고루한 인습이라 하여 이 법의 폐지를 주장하는가 하면, 다른 한편에서는 기자(箕子) 이래의 아름다운 전통이므로 존속시켜야 한다고 반박하기도 한다. 동성동본 혼인 금지가 인습이냐 전통이냐를 떠나서 적어도 고려시대에는 이러한 관습이 존재하지 않았다. 오히려 신라 이래 고려 말까지 왕실에서는 필요에 따라 왕자와 공주를 결혼시킨 사례가 한둘이 아니었다. 동성동본 사이의 혼인 금지는 조선 후기 이래 300년 밖에 안 된 '새로운' 전통이다.

　이처럼 전통은 사회의 변화 발전에 따라 새로 생겨나기도 하고 소멸되기도 한다. 그러므로 현대에 사는 우리는 동성동본혼 금지가 전통이라고 하여 무조건 고수하기보다는 전통에 생명력을 불어넣어 현대화할 필요가 있지 않을까? 그런 의미에서 최근 우리 옷 입기 운동을 벌이는 사람들이 현대 생활에 편리하게 만든 옷을 개량 한복이 아니라 생활 한복으로 부르자는 주장은 매우 의미 있는 전통의 현대화 작업이라 평가할 만하다.

　고려시대는 조선시대와 마찬가지로 우리 역사의 중세사회에 해당된다. 따라서 두 시대는 중세사회로서의 동질성을 가지고 있다. 그러면서도 고려는 918년에 건국하여 1392년에 멸망할 때까지 475년이라는 오랜 기간을 지속하면서 독특한 문화유산과 전통을 만들었다. 고려 사회는 우리가 상식으로 알고 있는 '전통'의 모습과 다른 점이 적지 않다. 고려는 형식적인 사대의 예와 함께 내부적으로 황제국 체제를 취한 자주적인 국가였다. 또한 군현민과 부곡민, 양인과 천민과 같은 차별의 구조가 존재하면서도, 아들과 딸이 균등하게 재산을 상속받고 함께 제사를 받드는 동등의 원리가 통하던 사회였다. 불교, 유교와 더불어 도교와 풍수지리설도 독자적인 역할을 한, 즉 다양성을 존중하던 시대였던 것이다. 따라서 일반인들이 고려 사회의 풍부한 역사적 사실을 알게 된다면, 우리 전통에 대하여 새롭게 이해하는 계기가 될 수도 있다.

　그런데 역사에 관심이 많은 일반인에게조차도, 고려시대의 역사상은 고대사나 조선시대사에 비하여 덜 알려져 있다. 역사적 상상력을 발휘하기에는 고대사보다 자료가 많고, 풍부한 사실을 끌어내기에는 조선시대보다 자료가 빈곤하다. 연구자들의 관심을 끄는 분야도 인접 시대와 비교하면 제한적이다. 요즘 방송 매체에서 우리 역사와 문화에 대하여 다양한 기획을 하면서도 고려시대사를 다루지 못하는 이유가 여기에 있다.

일반인에게 잘못 알려져 있는 역사적 사실을 바로잡고, 고대 이래 우리 사회가 경험한 다양한 역사적 사실을 생생히 전달하는 것은 역사를 전공한 학자들의 의무이기도 하다. 그러므로 일단 우리들은 당대의 구체적인 생활 모습과 삶의 커다란 테두리를 쉽고 재미있게 그려, 일반인에게 고려시대의 역사적 사실을 충분히 전달할 필요성을 느꼈다.

우리는 이 책을 1995년 여름에 처음 기획하였다. 이후 여러 차례 검토를 거쳐 그해 말 적절한 항목을 골랐다. 그리고 38명의 필자가 42개의 항목을 나누어 집필하였으며, 중세1분과원이 함께 내용을 다듬고 그림을 뽑았다. 이렇게 하여 《고려시대 사람들은 어떻게 살았을까》가 나오게 되었다. 이 책을 통해 이제까지 잘 알려지지 않았던 고려시대의 역사상이 올바르게 전달되기를 기대한다.

끝으로 이 책이 나오기까지 관심을 가지고 도와주신 모든 분들께 깊이 감사한다. 특히 강희정 님, 이정훈 님, 장남원 님은 우리 연구회 회원이 아니면서도 기꺼이 어려운 부담을 나누어 주셨다. 이분들과 함께 책의 출판을 맡아 주신 청년사 정성현 사장님, 아담하게 책을 꾸며 주신 편집부 여러분께도 거듭 고마운 마음을 전한다.

1997년 4월 12일 한국역사연구회 중세사 1분과

고려시대 사람들은 어떻게 살았을까 2 | 정치·경제 이야기

차례

전면 개정판을 내며 · 4
전면 개정판 고려시대권 머리말 · 8
2005년 개정판 서문 · 11
초판 고려시대권 머리말 · 15

1. 정치의 격동 속에서
왕건은 어떻게 통일 대업을 이룩하였나 | **김갑동** · 24
왕의 업적은 아내와 후손의 수에 비례한다 | **김기덕** · 39
무신 정중부의 일기 | **오영선** · 50
삼별초는 무엇을 위해 싸웠나 | **이익주** · 63
고려 말 신돈의 개혁에서 찾는 역사적 경험, 토지를 백성에게 | **홍영의** · 75
최영과 이성계는 어떻게 권력을 잡았을까 | **이형우** · 92
전환기의 갈림길, 고려의 충신이냐 조선의 공신이냐 | **도현철** · 103

2. 자주와 사대의 사이

황제국 체제를 지향한 고려 국가 | 김기덕 · 114
세계 제국 몽골과 맞선 고려 민중의 힘 | 심재석 · 125
고려판 정신대, 공녀 | 김창현 · 139
원나라의 마지막 황후가 고려 여인이었다는데 | 이익주 · 152
고려양(高麗樣), 얼마나 사실일까 | 정동훈 · 164

3. 관료의 길

천하의 문장가 이규보도 삼수한 과거 시험 | 김인호 · 178
재상 이자연의 관료 생활 | 박재우 · 189
고려인들이 선망한 최고의 직업, '관료'의 삶 | 이혜옥 · 204
내시, 그들은 누구인가 | 김보광 · 218

4. 경제 생활의 이모저모

나라 살림의 벌이와 쓰임새 | 안병우 · 230
뭍길 따라 뱃길 따라 열리는 고려의 교통로 | 이인재 · 241
농장은 과연 산천을 경계로 할 정도였나 | 이정훈 · 253
사원의 농지 경영과 상업 활동 | 이병희 · 264
고려시대 권력형 비리의 결정판, '염흥방 토지 점탈 사건' | 한정수 · 275
바다를 건너온 보따리 장사 부대 | 이종서 · 286
고려시대 돈 이야기 | 최연식 · 300

고려시대 사람들은 어떻게 살았을까 1권 | 사회·문화 이야기

차례

1. 문화를 꽃피우다

지눌은 왜 불교계를 비판하고 결사를 창립했나 | **박영제**
팔만대장경에 담긴 염원 | **김영미**
천 가지 마음, 만 가지 불상 | **강희정**
푸른 옥으로 핀 꽃, 천하제일의 고려청자 | **장남원**
김부식과 정지상, 설화와 진실 사이 | **최연식**
《삼국사기》와 《삼국유사》는 왜 지었을까 | **최봉준**
풍수지리는 과연 미신인가 | **류주희**
만월대는 고려시대에도 궁궐 이름으로 불렸을까 | **정요근**

2. 삶의 즐거움과 괴로움

고려시대 농민의 한해살이 | 오치훈
무당의 입김이 천하를 호령하다 | 정학수
청주 한잔에 서린 촌 늙은이의 피눈물 | 홍영의
고려시대 사람들도 고기를 먹었을까 | 윤성재
고려시대 사람들의 장례 모습 | 박진훈

3. 사회 생활의 테두리

원님이 없어도 고을은 돌아간다 | 윤경진
호적은 어떻게 만들었나 | 채웅석
지역과 계층의 불평등 구조를 무너뜨린 부곡인 | 박종기
군대 가는 사람 따로 있었다 | 권영국
공경장상의 씨가 따로 있다더냐 | 신안식
궁궐 기왓장에 서린 백성의 한숨 | 박종진
남성 부럽지 않은 고려 여성 | 이정란

고려시대 사람들은 어떻게 살았을까 2

1부 정치의 격동 속에서

왕건은 어떻게 통일 대업을 이룩하였나
왕의 업적은 아내와 후손의 수에 비례한다
무신 정중부의 일기
삼별초는 무엇을 위해 싸웠나
고려 말 신돈의 개혁에서 찾는 역사적 경험, 토지를 백성에게
최영과 이성계는 어떻게 권력을 잡았을까
전환기의 갈림길, 고려의 충신이냐 조선의 공신이냐

왕건은 어떻게 통일 대업을 이룩하였나

김갑동

고려 태조가 남쪽을 정벌한 것은 토지를 욕심내서인가, 반역을 토벌하려 해서인가. 오직 반역을 토벌하려 했기에 한 번 싸워 후백제 수천 리의 강역을 항복시킨 것이다. 그렇지 않았다면 고려 태조의 위덕(威德)일지라도 응당 이와 같이 쉽지는 않았을 것이다. 그 땅을 얻고 나서 원흉을 용서하였으니 인의(仁義)로 시작하고 이익으로 끝낸 것이라. 어찌 심히 애석하지 않은가.

고려 태조가 후백제의 신검을 토벌하고도 그를 살려 준 것에 대해 조선 후기 유학자인 유계가 평한 기록이다. 여기서 유계는 아버지 견훤을 배반한 신검을 혹평하는 한편 그런 신검을 토벌하였기에 왕건이 쉽게 승리했다고 보고 있다. 이는 물론 유교적 관점에서 승리의 원인을 분석하고 있는 것이다. 그러나 왕건이 후삼국을 통일하고 역사의 주인이 된 것은 이런 이유에서만은 아니었다. 신라 말 난세에 나타나 궁예와 견훤을 제치고 통일 대업을 이룩한 것은 왕건에게 그만한 노력과 자질이 있어서였다. 우리는 객관적

왕건왕릉(개성특별시 소재)
1992년 이후에 복원한 왕건의 능이다. 북한에서도 왕건은 고려의 건국자로서 추앙받고 있다.

시각에서 왕건이 어떻게 후삼국을 통일했는가 분석해 보는 일이 필요하다. 이는 우리 민족의 바람직한 지도자상을 생각하고 앞으로 민족의 재통일을 이룩하는 데에도 도움이 되는 일이라 하겠다.

궁예·견훤·왕건의 출현과 '후삼국 시대'의 성립

　삼국을 통일한 신라는 하대(下代)로 접어들면서 통치 체제가 와해되기 시작하였다. 김양상이 혜공왕을 죽이고 선덕왕으로 즉위하여 하대가 시작된 이후 김경신과 김주원의 왕위 다툼은 김주원의 아들 김헌창의 반란으로 이어졌다. 흥덕왕이 죽은 뒤에는 상대등(지금의 국회의장 직) 김균정과 시중(지금의 국무총리 직) 김명이 후계자 자리를 둘러싸고 싸움을 벌였다. 이 싸움에서 승리한 김명은 김제융을 희강왕으로 옹립하였으나 얼마 후 그를 자살하게 하고 민애왕으로 즉위하였다. 한편 패배한 김균정의 아들 김우징은 청해진 대사 장보고의 힘을 빌려 민애왕을 내쫓고 신무왕이 되었다.

　이러한 와중에 귀족이나 사원은 불법적으로 백성들의 토지를 점탈하였다. 권력이나 문서 위조, 고리대 등의 방법으로 농민들의 토지를 빼앗았던 것이다. 그러자 토지를 잃은 농민들이 유민이 되어 떠돌면서 정부에 대한 불만의 목소리가 커지기 시작했고, 결국에는 889년(진성여왕 3) 정부의 조세 독촉을 계기로 농민 봉기가 전개되었다. 이 농민 봉기는 삽시간에 전국으로 확대되었고, 이 틈을 타 지방의 세력가(호족)들은 농민들을 규합하여 중앙정부에 대항하였다. 그러다가 종국에는 이른바 후삼국시대가 연출되었다. 견훤이 세운 후백제와 궁예가 세운 후고구려, 그리고 종래의 신라가 각축전을 벌이게 되었던 것이다.

　궁예는 신라의 왕실 출신으로 전한다. 기록에 따르면 궁예는 나면서부터 치아가 있었고 태어나는 날 지붕 위에 상서롭지 않은 광채가 있었다. 그래서 왕은 사신을 보내 궁예를 죽이려 하였으나 계집종이 구출하여 도망하였다. 10여 세가 되자 세달사(지금의 강원도 영월의 흥교사지로 추정)라는 절에 들어가 살았는데, 까마귀가 떨어뜨린 나뭇가지가 주발 위에 '왕(王)' 자 모양을 그렸다. 이에 그는 자부심을 품고 속세로 나왔다고 한다.

　궁예는 891년에 죽주(지금의 경기도 죽산)의 기훤에게 의탁했다가 나중에는 북원(지금의 강원도 원주)의 양길 휘하에서 활약하였다. 그는 그곳을 기반으로 세력을 확장하여 원주, 강릉을 거쳐 철원, 금화 등지를 장악하는 큰 세력으로 발전하였다. 급기야는 양길까지도 격파하고 901년 후고구려를 건국하였다.

궁예는 집권 초기에는 사졸들과 침식을 같이 하는 등 바람직한 지도자상을 보이기도 했다. 또 한편으로는 불교에 심취하여 자신을 미륵불이라 칭하고 아들들에게는 신광 보살, 청광 보살이라는 이름을 붙여 주기도 했다. 이른바 미륵 신앙을 이용한 전제정치를 지향한 것이다.

그러나 종교를 이용한 정치는 한계가 있었고, 세월이 갈수록 궁예는 의심 많고 포악한 성격을 드러내었다. 많은 신하들을 죽인 것은 물론 자기 부인과 두 아들까지 살해하는 만행을 저질렀으며, 신라에 대한 극심한 적대 의식으로 신라를 멸도(滅都)라 부르고 신라에서 오는 자는 모두 죽였다. 이러한 파행적이고 흉포한 행동은 더 이상 그를 왕좌에 앉아 있지 못하게 하였다. 결국 궁예는 왕위에서 쫓겨나고 왕건이 왕으로 추대되었다.

견훤은 《삼국사기》에 따르면 경상도 상주 가은현(지금의 경북 문경시 가은읍)에서 아자개의 아들로 태어났는데, 아자개는 원래 농민이었다가 뒤에 장군이 되었다고 한다. 그러나 《삼국유사》에 인용된 《이제가기》에서는 견훤을 진흥왕의 후손이라 하였고, 같은 책에 인용된 《고기(古記)》에서는 광주의 북쪽 마을에서 지렁이의 아들로 태어났다고 하였다. 그렇다면 견훤은 상주 출신인가 광주 출신인가. 《삼국사기》가 대체로 유교 사관에 입각한 합리적인 사실만을 기록하였다고 볼 때, 상주 태생이라는 설이 더 신빙성이 있다고 볼 수 있다. 광주 북촌에서 지렁이의 아들로 태어났다는 설화는 지금의 전남과 전북 지역에 주요 근거지를 두고 있던 견훤이 만들어 낸 것일 수 있다. 즉 자신이 광주 지역의 토착민임을 내세워 그 지역 주민들을 포섭하려는 일종의 정치적 술책이 아니었나 하는 것이다.

견훤은 체격이 장대하고 재주가 비범했다. 그는 농민 봉기로 혼란한 시기에 신라의 군인으로 들어가 서남해안 지역을 지키다가 세력을 키워 무진주(지금의 전남 광주)를 점령하였다. 나아가 북쪽으로 진출하여 900년에 완산주(지금의 전북 전주)를 점령하고 드디어 후백제를 건국하였다. 그러던 중 나주 지역이 궁예에게 귀부하자 이를 공격, 탈환하기도 하였으며 덕진포(지금의 전남 영암)에서 궁예 휘하의 왕건과 전투를 벌이기도 했다. 그 후 궁예를 내쫓고 왕건이 고려를 세우자 왕건과 관계를 갖게 되었다.

왕건은 송악(지금의 개성) 출신이었다. 그의 선대는 본래 고구려 계통으로, 남하하여 개성 지역에 정착했다고 추정된다. 그리고 서해를 무대로 한 해상무역에서 부를 축적하여 호족이 되었다. 왕건의 증조할아버지가 바다를 건너온 당나라 숙종(肅宗)이라거나, 할아버지 작제건(作帝建)이 서해 용왕의 딸과 결혼했다는 등의 기록은 선대의 해상무역을 반영하고 있다. 그러다가 왕건은 아버지 용건이 896년 궁예에게 귀순함으로써 궁예 휘하에서 활약하게 되었다.

〈왕건상〉
고려 태조 왕건의 초상은 경기도 연천군 미산면에 있는 숭의전에 봉안되었으나 임진왜란 때 소실되었다. 이 초상화는 북한에서 제작한 것이다.

왕건은 궁예 밑에서 양주 등지를 공략하고 이어 청주, 충주, 괴산, 남양 일대를 점령하는 대활약을 보였다. 또한 금성군(지금의 전남 나주)을 공략한 후 해군 대장군에 임명되기도 하였다. 이후 그는 중앙에 올라와 수상 격인 시중 직책에 있기도 했지만, 궁예의 폭정이 심해지자 위험을 피하려 다시 나주에 내려가 전초기지를 수비하였다. 그러나 얼마 안 있어 다시 철원으로 돌아오게 되었고, 홍유·신숭겸·복지겸·배현경 등 여러 장수들의 추대를 받아 왕위에 올랐다.

왕건과 견훤의 힘겨루기

왕건과 견훤은 초반에는 우호적인 관계를 유지하였다. 견훤은 왕건이 왕으로 즉위하자 사신을 보내 공작 깃으로 만든 부채와 지리산 대나무로 만든 화살을 선물하였다. 또 고려의 영역을 공격하지 않는 태도를 보였다.

그러다가 920년(태조 3) 견훤이 신라의 합천, 초계를 공격하자 신라가 고려에 구원을 요청해 왔다. 이에 왕건이 원군을 보내 신라를 도와줌으로써 둘 사이에 틈이 벌어지기 시작했다. 그들의 본격적인 대결은 925년(태조 8) 조물군(지금의 지명을 알 수 없다) 전투에서 벌어졌다. 이 전투는 그 전해인 924년 견훤 측의 선제공격으로 시작되었다. 여기서 장군 애선이 전사하는 등 전세가 고려 측에 불리해지자 이듬해인 925년 왕건은 친히 군사를 거느리고 견훤과 싸웠다. 그렇지만 승리를 결정짓지 못하자 화친을 맺고 서로 간에 인질을 교환하였다.

그러나 이러한 화친은 다음 해에 깨지고 말았다. 전년에 인질로 고려에 온 진호가 병으로 죽자, 견훤은 진호가 살해당했다고 의심하여, 왕건 측 인질인 왕신을 죽이고 고려의 영역이었던 공주를 공격하였던 것이다.

927년 왕건이 용주(지금의 경북 예천)를 선제공격함으로써 다시 대립하게

견훤산성(경북 상주시 소재)
견훤이 쌓았다고 전해지는 산성이다. 산의 정상부를 따라 축조한 테뫼식 산성으로, 넓은 분지에 자리한 우뚝한 봉우리 주위에 석축을 쌓아 성곽을 만들었다. 자연 지형을 최대한 이용하였는데, 산세와 지형을 따라 암벽은 암벽대로 이용하고, 성벽을 쌓을 필요가 있는 곳에만 성을 쌓아서 천연 절벽과 성벽이 조화를 이루고 있다.(원 안은 견훤산성 원경)

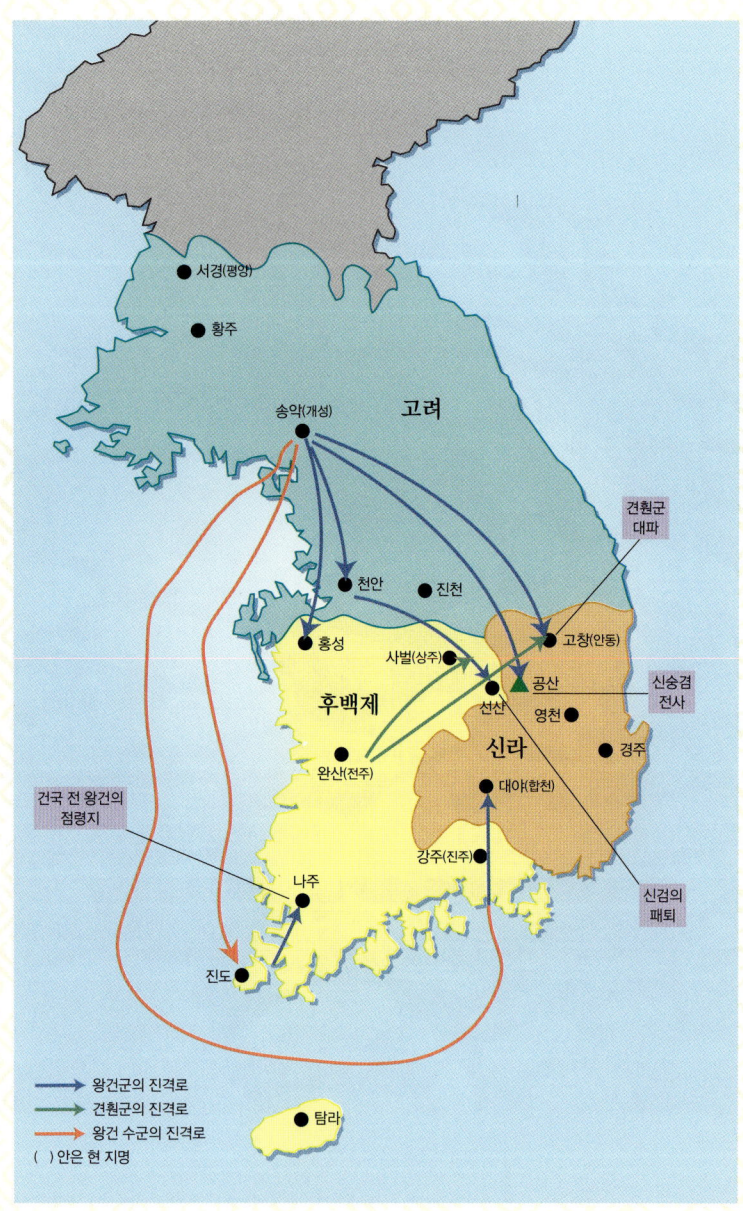

▌왕건의 군사 활동 지역

되었다. 그러나 당시 군사력 면에서 볼 때 견훤 쪽이 우세하였다. 그리하여 이해 견훤이 신라에 침입하여 경애왕을 살해할 때 왕건은 이를 구원하려다 죽을 위기를 맞기까지 하였다. 대구 부근의 공산 전투에서 왕건은 친히 기병 5,000여 명을 거느리고 출전하였으나 크게 패하여 후백제군에게 포위되는 위험한 상황에 처하자, 개국 일등 공신이었던 신숭겸이 장군 김락 등과 함께 힘껏 싸워 태조를 피신시키고 전사하였던 것이다. 예종이 지은 〈도이장가(悼二將歌)〉는 이 두 장군을 애도하는 노래이며, 현재 대구시 지묘동에 있는 표충사는 신숭겸을 추모하고자 세운 사당이다.

그러나 왕건은 그 후 명주(지금의 강원도 강릉)의 호족 왕순식으로부터 군사적인 도움을 받는 등 전열을 재정비하였다. 그리하여 929년 12월부터 시작된 고창군(지금의 경북 안동) 전투에서는 왕건이 크게 승리하였다. 이 승리에는 그곳의 토착 세력인 김선평, 권행, 장길 등의 도움도 크게 작용하였다. 현재 안동시 북문동에 있는 삼태사묘(三太師廟)는 이들의 공적을 기리는 사당이다. 이 전투의 승리로 강릉에서 울산에 이르는 110여 성(城)이 고려에 귀부하여 왕건의 세력은 크게 강화되었다. 이와 더불어 이듬해에는 신라의 경순왕이 귀순할 뜻을 알려 오기도 하였다.

이후 견훤은 수군을 동원하여 몇 차례 더 공격을 했으나 큰 성과를 거두지는 못하였다. 더욱이 견훤 측 내부의 분열은 패배를 부채질하였다. 견훤이 넷째 아들인 금강을 사랑하여 왕위를 전하려 하자 그 형들인 신검·용검·양검이 난을 일으켜 아버지를 금산사에 유폐시키고 금강을 살해하였던 것이다. 이에 견훤은 나주로 도망하여 왕건에게 귀순하였다. 곧이어 신라의 경순왕도 고려에 귀순함으로써 왕건의 후삼국 통일은 눈앞에 다가왔다.

이제 남은 일은 신검과의 마지막 결전이었다. 이보다 앞서 왕건은 견훤의 사위로서 승평군(지금의 전남 순천)을 지키고 있던 박영규의 내응을 약속받는 한편, 반역한 자식을 죽여 달라는 견훤의 청을 받고 결전에 대비하였다. 결국 왕건은 군사를 출동시켜 경북 선산군 해평면 일대의 일리천(一利川)을 사이에 두고 신검과 대치하게 되었다. 이때 왕건은 지형을 살피기 위해 도리사(桃李寺)가 있는 산에 올랐는데 이런 연유로 지금 그 산을 '태조산(太祖山)'이라 하고, 신검과 싸운 들판은 '어견평야(禦甄平野: 견씨를 제압한 들)' 또는 경상도 말로 '어갱이들'이라 부르고 있다.

이때 고려 측에서는 중앙군은 물론 각 지역에서 온 군사들을 모두 동원하였다. 그 병력은 무려 9만여 명에 달하였다. 이 전투에서 신검의 군은 패배하여 황산군(지금의 충남 논산)으로 달아났다. 왕건의 군사들이 이들을 추격하자 신검은 왕건에게 항복하였다. 이로써 왕건은 왕위에 오른 지 19년 만인 936년 후삼국 통일의 위업을 달성하게 되었다. 왕건은 승리를 기념하여 연산에 개태사(開泰寺)를 세우고, 이 절의 뒷산 이름을 하늘이 도와주었다 하여 천호산(天護山)으로 바꾸도록 하였다. 견훤 자신도 이 전투에 참가하여 신검을 죽이려 하였으나 뜻을 이루지 못하였다. 오히려 왕건은 신검이 자의로 아비를 배반한 것이 아니며, 끝까지 싸우지 않고 항복하였다 하여 살려 주었다. 견훤은 이를 분해 하다 병이 나서 황산군의 어느 절간에서 쓸쓸히 최후를 맞이하였다. 현재 충남 논산군 연무읍 금곡리에는 견훤 묘라고 전하는 무덤이 황량하게 자리 잡고 있다.

민심, 승패의 갈림길

그렇다면 왕건이 견훤을 이기고 후삼국을 통일한 요인은 어디에 있는가. 반대로 견훤이 왕건과의 대결에서 패배한 요인은 무엇인가. 양자의 성격이나 정책의 일면을 비교하여 살펴보자.

견훤은 앞서 본 대로 군사력 면에서는 왕건보다 우세하였다. 견훤의 군대는 궁예 시대에는 물론이고 왕건이 등극한 후 태조 13년(930)까지 패배한 적이 별로 없었다. 또 외교정책에서도 왕건보다 한발 앞서 있었다. 견훤은 이미 900년(효공왕 4)부터 중국의 오월국(吳越國)에 사신을 파견하였다. 또 925년(태조 8)에는 북중국의 후당에도 사신을 파견하여 활발한 외교 활동을 벌였다. 이에 자극을 받은 왕건은 926년에 와서야 후당에 사신을 보내기 시작하였다. 견훤은 경애왕을 살해하여 민심이 떠나게 되자 이러한 외교 활동을 이용하여 고려와 화친하고자 하였다. 927년 11월 오월국의 사신이 후백제에 와서 고려와의 화친을 권유하는 편지를 전하자 견훤은 이를 고려에 보냈던 것이다.

이러한 우세에도 견훤이 패배한 것은 우선 백성들이 바라는 개혁을 시도하지 않았기 때문이다. 다른 면은 기록이 없어 잘 알 수 없지만 관제의 면에서 볼 때 견훤은 신라의 제도를 그대로 답습하였다. 또 다른 요인은 후백제 정권 내부에서 일어난 분열이었다. 부자나 형제간에 권력을 다투었던 그들의 이기심은 견훤 정권의 몰락을 초래하였다.

그러나 무엇보다 중요한 패배 요인은 신라인들의 민심을 얻지 못한 데 있었다. 견훤은 신라의 군인 출신이었으므로 신라인들을 포섭하기 위해서는 신라의 권위이며 상징인 왕을 등에 업어야 했다. 그런데도 그는 왕건에게 선두를 빼앗길까 염려하여 경애왕을 살해하였던 것이다. 그러한 행위는 신라의 신하로서 왕을 죽인 자기모순이며, 반역으로 간주되었다. 신라뿐만 아니라 다른 지역의 민심까지도 점차 그를 떠나게 되었다. 왕건이 견훤에게 보낸 서신의 내용도 신하로서 왕을 시해했다는 비난이 주된 것이었다.

반면 왕건은 신라에 대해 매우 우호적인 태도를 취하였다. 이 같은 정책은 왕건 자신의 성격 때문이기도 했지만 궁예에 대한 반동 정책이기도 했다. 왕건은 궁예의 극렬한 반신라 정책이 결과적으로 화를 불러일으켰음을 잘 알고 있었다. 그리하여 처음부터 신라에 대한 유화 정책과 협조 관계를 유지하였다. 때로는 신라를 구하기 위하여 사지(死地)에 뛰어들기까지 하였다.

또 다른 성공 요인으로는 호족들에 대한 정책을 들 수 있다. 왕건은 자신을 낮추고 상대를 높이는 겸양의 덕을 발휘하여 호족들을 포섭하였다. 또한 지지 세력을 확보하기 위하여 각 지역 호족의 딸들과 결혼을 하기도 하였다. 그 때문에 왕건은 29명에 달하는 부인을 거느리게 되었다. 또한 중요한 호족들에게는 자신과 같은 '왕(王)' 성(姓)을 하사하여 가족과 같은 대우를 하였다. 반면에 호족의 자제를 개경에 머물게 하여 유사시 호족들을 견제하는 방책으로 삼기도 하였다. 이러한 정책의 결과 많은 호족들이 귀순해 왔으며 급기야는 경순왕까

개태사 삼존불 중 하나인 석불(충남 논산시 소재)
개태사는 왕건이 후백제를 통합한 후 936년에 전장에 세운 절이다. 이 석불은 그때 만든 것이다.

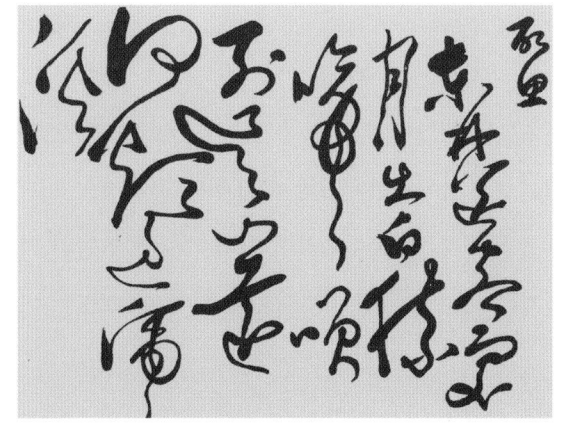

왕건의 친필 시
정몽주가 공민왕 때 원나라에 사신으로 갔다가 유희억이란 사람으로부터 얻었다고 한다. 내용은 당나라 시인 이태백이 동림사 승려와 헤어지면서 쓴 것으로, 《포은집》에 수록되어 있다.

지도 나라를 들어 바쳤던 것이다.

　한편 왕건은 백성들의 고통을 덜어 주는 정책을 강구하였다. 스스로 근검, 절약을 강조하면서 과중한 세금을 감면해 주었다. 궁예 시절에는 수확의 반가량을 수탈해 갔지만 왕건이 즉위하면서는 수확의 10분의 1만 내도록 하였던 것이다. 흑창(黑倉)이란 기관을 설치하여 가난한 백성들에게 쌀을 나누어 주기도 했으며 억울하게 남의 노비가 된 자는 모두 풀어 주고자 노력하기도 하였다.

　왕건은 고구려의 옛 땅을 회복하여 진정한 민족사적 통일을 이루려는 포부도 지니고 있었다. 고구려의 수도였던 평양을 제2의 수도인 서경(西京)으로 삼아 북진정책을 추진하였다. 그 결과 통일신라 때보다 훨씬 넓은 영토를 차지하게 되었다. 그리고 발해를 고구려의 후예국으로 생각하여 발해국에서 망명해 온 세자 대광현을 비롯한 많은 사람들을 따뜻하게 맞이하였다. 이러한 정책으로 민심을 얻게 된 왕건이 후삼국을 통일한 것은 당연한 결과였다.

  그러나 왕건은 지도자로서 가져서는 안 될 생각도 일부 갖고 있었다. 그것은 왕건이 죽으면서 남긴 《훈요십조》에서 찾을 수 있다. 10조 중 제8조의 내용을 보면 차현(車峴: 천안과 공주 사이에 있는 고개 이름) 이남 공주강(公州江: 지금의 금강) 밖의 사람들은 등용하지 말라는 구절이 있다. 이는 그 진위 여부와 진정한 의도가 무엇인지를 떠나 정치적 지도자가 지녀야 할 태도는 아니었던 것으로 판단된다.

  현재와 비교해 보면 후삼국 시기의 역사 상황이 지금의 정치·사회 상황과 크게 다르지 않다는 점을 알 수 있다. 정치가는 지혜와 덕과 용기 등을 갖추어야겠지만 가장 중요한 일은 진정한 민심의 향방을 아는 것이다. 말로만 '민주'·'민의'를 내세워서는 안 되고 진정으로 백성들, 국민들을 위한 정책을 수립하고 추진해 나가야 한다. 나아가 사심이나 적대 의식을 지양하고 같은 민족을 포용함으로써 민족의 재통일에 기여해야 할 것이다.

김갑동 _대전대 교수

왕의 업적은 아내와 후손의 수에 비례한다

김기덕

왕의 후손은 많을수록 좋다?

남편 한 명에 부인 한 명(일부일처제)이 원칙인 오늘날 입장에서 본다면, 예전의 왕들은 많은 아내를 두었다는 점에서 우선 특이한 존재다. 물론 전근대사회에서는 왕뿐만이 아니라 일반인 특히 귀족들도 처를 여럿 둘 수 있었다. 그런데 귀족의 다처는 본부인(처) 외에 첩 한 명을 두는 정도가 일반적이었으나, 왕은 여러 명, 심지어는 열 명이 넘는 경우도 있었다.

왕은 왜 일부다처였을까? 왕은 절대 권력자이므로 그만큼 많은 여자를 아내로 두는 일은 당연하다고 생각할 수도 있다. 그러나 더 근본적인 이유는 왕은 대가 끊겨서는 안 된다는 점 때문이었다. 아들이 없어서 대가 끊기면 다음 왕이 누가 되느냐 하는 큰 문제에 나라의 운명이 달려 있었다.

신라시대에는 여자 쪽으로 왕위가 이어지기도 하였다. 그러나 고려시대부터 왕위는 항상 남자 쪽으로만 계승되었다. 이 경우 왕위가 단절되지 않으려면 최소한 아들이 하나는 있어야 했다. 사실상 장남을 제외한 나머지 아들은 일종의 '스페어타이어' 격이었다. 본 타이어가 펑크 나지 않는다면 스페어타이어는 없어도 된다. 마찬가지로 장남이 제대로만 자라서 오래 산다면 나머지 아들이 없다고 해도 큰 문제는 되지 않을 것이다. 그러나 장남이 일찍 죽거나, 능력이 현저하게 모자라거나 혹은 그에게서 다시 대를 이을 아들이 나오지 않는다면, 국가의 보존이 위태로워진다. 따라서 모두 왕의 후손이 많기를 바라고 염원하였다. 물론 왕의 후손이 많음에 따라 불필요한 왕위 다툼을 벌이거나 왕족 권력의 형성 등 또 다른 문제가 발생할 수는 있었지만 그것은 차후의 문제였다. 일반 신하들의 입장에서도 일단 왕실은 번성하여 후계가 안정되기를 바랐다.

그러나 신라 말 진골 왕족들의 극심한 왕위 쟁탈전으로 인한 폐해를 경험한 고려왕조는 처음부터 왕족들이 직접 정치에 참여하는 일을 제한하였다. 왕족들에게는 공작(公爵)·후작(侯爵)·백작(伯爵) 등 명예로운 작위를 수여하고 그에 따른 충분한 경제적 대우를 해 주는 대신 관직을 갖고 실제 정치에 참여하는 일은 금지하였다. 고려 초부터 시행되었던 왕족들의 사환(仕宦: 벼슬살이) 금지는 이처럼 신라 말 역사적 교훈의 소산이었고, 이는 원칙적으로 다음 왕조인 조선시대에까지 이어졌다.

다음의 표(41쪽)는 고려시대 왕의 부인과 자녀의 수를 제시한 것이다. 이것을 보면 부인과 자녀의 수가 단연 많은 왕으로는 1대 태조, 8대 현종, 11대 문종을 들 수 있다. 그런데 고려시대 왕의 가족 관계는 몇 가지 점에서 조선 시대와는 차이가 있다. 먼저 왕의 부인을 보면 조선은 정비와 후궁으로 명확히 구분하였다. 정비는 한 명이며, 죽거나 폐비되었으면 다시 간택되었다. 정비와 후궁의 차별은 그 소생 자녀에게도 적용되었다. 그러나 고려는 정비와 후궁의 구별이 원간섭기 이전까지는 명확하지 않았다. 원간섭

고려 역대 왕의 가족 관계

대	묘호	부인 수	자녀(아들/딸) 수	대	묘호	부인 수	자녀(아들/딸) 수
1	태조	29	34(25/9)	18	의종	2	4(1/3)
2	혜종	4	5(2/3)	19	명종	1	3(1/2)
3	정종	3	2(1/1)	20	신종	1	4(2/2)
4	광종	2	5(2/3)	21	희종	1	10(5/5)
5	경종	5	1(1/0)	22	강종	2	3(2/1)
6	성종	3	2(0/2)	23	고종	1	3(2/1)
7	목종	2	0	24	원종	2	5(3/2)
8	현종	13	13(5/8)	25	충렬왕	3	4(2/2)
9	덕종	5	2(0/2)	26	충선왕	6	2(2/0)
10	정종	5	4(3/1)	27	충숙왕	5	3(3/0)
11	문종	5	20(13/7)	28	충혜왕	4	2(2/0)
12	순종	3	0	29	충목왕	0	0
13	선종	3	5(2/3)	30	충정왕	0	0
14	헌종	0	0	31	공민왕	5	0
15	숙종	1	11(7/4)	32	우왕	9	1(1/0)
16	예종	4	3(1/2)	33	창왕	0	0
17	인종	4	9(5/4)	34	공양왕	1	4(1/3)

《고려사》의 〈후비전〉〈종실전〉〈공주전〉을 토대로 작성하였으며, 천인 출신 궁인과 그들 소생인 소군(小君)은 생략하였다.

기에는 원나라 출신 왕비가 정비였고, 나머지 고려인 왕비는 후궁이었다. 그 이전에는 왕비의 호칭이 왕후·비·궁주·부인·궁인 등으로 다양하였다. 이 중 명칭상으로는 왕후가 정비였을 것이다. 그러나 왕후가 한 명이 아닌 경우도 있었으며, 천인 출신의 궁인(나인)을 제외하고 나머지 왕비들 사이에는 별다른 차별이 없었다.

물론 어느 왕 때에나 제1왕비, 즉 정비로 인정되는 왕비가 있었을 것이다. 그리고 죽은 뒤에 왕의 무덤 옆에 나란히 안장되는 왕비나 종묘에 왕과 같이 모셔지는 왕비는 원칙적으로 한 명뿐이었다. 그러나 그들과 다른 왕비들 사이에는 조선시대와 같은 커다란 차이는 없었다. 또한 여러 왕비들의 소생 자녀들도 똑같은 대우를 받았다. 조선시대에는 정비 소생의 아들을 대군, 딸을 공주라 했고, 후궁 소생의 아들을 군, 딸을 옹주라 하여 명칭에서도 구분하였을 뿐만 아니라 그에 따른 대우도 달랐다. 또한 그들의 배우자나 후손들도 다 차별 대우를 받았다. 그러나 고려에서는 그렇지 않았다. 이처럼 고려시대 왕비는 정비와 후궁의 구별이 크지 않았던 점이나 그들의 소생 자녀들 또한 차별이 없었던 점은 고려시대가 처첩과 적서의 구분에 있어 조선시대와는 매우 달랐음을 말해 준다.

태조 아내 스물아홉 명의 다양한 삶, 갖가지 사연들

왕실의 후손이 많을수록 좋다고 하더라도 어떻게 태조의 아내는 29명이나 되었을까? 태조 왕건은 본래 궁예 밑에서 수상을 맡고 있었으나, 정변을 일으켜 궁예를 쫓아내고 왕위에 올랐다. 태조가 왕위에 오르기 이전의 부인은 신혜왕후 유씨와 장화왕후 오씨 두 명뿐이었다.

태조는 왕위에 오른 후에 전국의 유력 호족의 딸과 지속적으로 혼인하였다. 이는 당시 정치적 상황에 따른 태조의 지방 호족 포섭책이었다. 태조 즉위년(918) 직후의 고려 정치 상황은 상당히 불안하여 태조를 반대하는 반란이 6개월여 동안 수차례 일어났다. 이 같은 상황에서 태조는 자신의 지원 세

완사천(전남 나주시 소재)
장화왕후 오씨가 이 우물가에서 왕건을 처음 만났다고 전해진다.

력을 광범위하게 확대하기 위하여 전국 각지의 호족의 딸을 자신의 왕비로 맞아들이는, 이른바 '혼인 정책'을 추진하였다. 태조는 이와 같은 지방 세력가와의 혼인을 통하여 왕권의 안정을 도모할 수 있었으며 후삼국 통일의 기틀을 마련할 수 있었던 것이다.

태조의 아내 29명 중 거의 대부분인 25명의 혼인이 이 시기에 이루어졌으며, 그들의 출신지는 황해도와 경기도가 12명으로 양도에 집중되어 있고, 다음이 경상도 그리고 기타 충청도, 강원도, 전라도 지역에 고루 분포되어 있었다.

태조의 혼인이 일종의 혼인 정책의 일환으로 성립된 것이므로 태조의 아내들의 삶은 각각 상당한 차이가 있었다. 그리고 그들과 그 자녀들이 모두

왕의 업적은 아내와 후손의 수에 비례한다 43

수도인 개경에서 살았던 것도 아니다. 태조의 제1왕비였던 신혜왕후 유씨는 호족의 딸답게 대단히 뱃심이 좋았던 것 같다. 궁예 말년에 신하들이 태조의 집에 와서 쿠데타를 권유하자 태조는 자꾸 거절했다. 이에 몰래 엿듣고 있던 왕후는 뛰쳐나오며 "궁예의 폭정은 저도 의분을 참을 수 없는데 하물며 대장부야 말할 나위가 있겠습니까."라고 하며 손수 갑옷을 가져다 남편에게 입혀 주었고, 여러 장군들이 왕건을 앞세우고 나감으로써 쿠데타에 성공할 수 있었다.

918년 42세의 나이에 즉위한 태조는 신혜왕후 유씨와 장화왕후 오씨 두 명의 부인이 있었으나, 당시 아들로는 장화왕후 소생의 무(武: 뒷날의 혜종)가 유일하였다. 태조는 즉위한 뒤 곧 일곱 살 난 무를 후계자로 정하고자 하였다. 이처럼 후계자 책봉을 서두른 이유는 무엇보다 왕조의 안정을 위해서였다. 결국 태조의 뜻을 헤아린 박술희의 주청으로 921년(태조 4) 무는 열 살의 나이에 후계자로 책봉되었다. 태조가 뜻을 세운 지 3년 뒤에서야 책봉이 이루어질 수 있었던 것은 그만큼 혜종의 외가가 미약했기 때문이었다. 태조는 처음에 왕후의 가문이 한미한 탓에 임신시키지 않으려고 피임 방법을 취하여 정액을 자리에 배설하였는데, 왕후는 즉시 그것을 흡입하여 드디어 임신해서 혜종을 낳을 수 있었다고 전해진다. 이 탓으로 혜종의 얼굴에는 돗자리 무늬가 생겼으며 세상에서는 혜종을 '주름살 임금'이라고 불렀다고 한다.

장화왕후 오씨의 출신지인 나주 지역은 사실상 왕건보다는 견훤의 거점이었던 곳이다. 후삼국 정립기에 서남해안 일대 전라도의 호족 세력들은 거의 모두가 후백제를 후원하였으나, 나주의 호족 세력들은 왕건과 연결되었던 것이다. 태조 왕건이 유언으로 남겼다는 《훈요십조》에 보면 차령 이남 지역은 반역의 땅이니 그곳 인물을 등용하지 말라는 말이 있다. 이 말은 오늘날 지역 갈등의 근원으로까지 얘기되고 있는데, 정작 태조는 차령 이남의 인물도 많이 기용하였고 나주 여인이 낳은 아들을 자신의 후계자로 삼고 있다. 이 때문에 《훈요십조》가 위작일 가능성도 제기되고 있다.

이후 나주는 고려 정부와 항상 긴밀한 관계를 맺고 있다. 거란족의 침입으로 제8대 현종이 남쪽으로 피난할 때 전주 절도사가 마중 나와 전주로 가기를 청했으나 굳이 나주를 피난처로 정한 점, 뒤에 담양 일대를 기반으로 무신정권 말기에 전라도 지역에서 백제부흥운동(1236~1237)이 일어났을 때 그것을 평정하고자 파견된 김경손이 나주는 어향(御鄕: 왕의 고향)이므로 반란군에 동조하지 말 것을 강조한 점, 또한 삼별초 항쟁기에 전라도의 다른 지역과는 달리 나주의 호장 세력은 끝까지 삼별초에 대항한 점 등은 고려를 개창한 태조의 처향(妻鄕)이자 뒤를 이은 혜종의 탄생지로서 나주의 성격을 잘 보여 주고 있다.

태조의 혼인은 다분히 정략적인 것이었으므로 하룻밤 인연으로 끝나는 경우도 많았다. 예를 들어 대서원 부인 김씨와 소서원 부인 김씨는 다 황해도 서흥 지역 호족 김행파의 딸인데, 태조가 평양에 가는 길에 그의 집에 머물면서 그 자매와 하룻밤씩 잤다. 그리고 그 후로 다시는 행차하지 않았으며, 그들은 모두 집을 떠나 여승이 되었다. 제1왕비인 신혜왕후도 태조를 모신 뒤 한참 동안 소식이 끊어져 여승이 되었다가 뒤에 태조가 다시 데려왔던 것이다. 그 성씨나 가계도 알 수 없는 서전원 부인이나, 성씨를 알 수 없다고 되어 있는 숙목 부인·월화원 부인·소광주원 부인 등도 하룻밤의 정략 인연이었을 가능성이 크다고 하겠다.

그런데 이들 29명의 왕비 아들들이 대부분 태자 칭호를 갖고 있는 점이 흥미롭다. 총 25명의 아들 중 왕이 되었거나 승려가 된 일곱 명을 제외한 18명 중 11명을 태자로 일컬으며 나머지 일곱 명은 군(君)이라고 일컬었다. 태자는 왕위 계승권자를 의미한다. 이미 신라시대에 태자 제도가 운용되었으므로 고려 태조가 태자의 의미를 몰랐을 리 없다. 그렇다면 태조의 아들들은 저마다 자신이 왕위 계승권자였다는 얘기가 된다. 이러한 현상은 지방 호족과의 혼인 정책이 추진되던 고려 초의 상황에서 나올 수 있었다. 즉 각 지역 출신 왕비들은 자신의 아들도 왕위 계승자가 될 수 있다는 의미에서 스스로 그렇게 불렀다. 그 결과 이때부터 태자는 단지 왕자 칭호의 하나로 일반화되었고, 왕의 정식 후계자는 따로 '정윤(正胤)'이라는 칭호를 사용하였다. 뒤에 왕권 강화가 이루어진 4대 광종 16년(965)에 아들 주(뒤의 경종)를 '태자'로 책봉한 이후 일반 왕자들의 태자 칭호가 사라졌다. 이때부터는 '태자'의 호칭이 명실상부한 왕위 계승권자를 뜻하게 되었다.

고려 전기 국왕 혼인의 추이

태조의 혼인 정책은 자신에게만 한정되지는 않았다. 호족 세력의 힘이 상존하는 한 비록 태조만큼 다수를 대상으로 혼인 관계를 맺지는 않았지만 그러한 방식은 계승되었다. 고려 2대 혜종은 네 명의 부인이 있었는데, 그중 궁인 신분인 제4비는 별개로 하더라도 나머지 세 명 모두가 군사력을 지닌 지방 호족 출신의 딸이었다.

역시 태조의 아들로 3대 왕인 정종은 세 명의 부인이 있었다. 두 명은 견훤의 사위인 박영규의 딸로 후백제 지역의 호족 세력을 무마할 필요성에서 혼인 관계를 맺었으며, 한 명은 청주 호족 김긍률의 딸로 역시 정략혼인의 일환이었다.

태조의 아들인 4대 광종은 두 명의 부인이 있었는데, 이복동생과 조카(혜종의 딸)였다. 이러한 근친혼은 고려 이전 신라 왕실에서 지속하여 행한 혼인 형태였는데, 고려 초창기에 일시적인 과도기를 거쳐 광종의 혼인에서 다시 나타났다. 국왕의 근친혼은 광종 이후 원간섭기 이전까지 정도의 차이는 있으나 지속하며 시행되었다. 특히 4대 광종에서 7대 목종까지는 총 12명의 왕비 중 여덟 명이 왕실 내의 근친혼이었다. 그런데 다음 8대 현종은 총 13명의 부인을 두었는데, 이 중 세 명의 궁인은 별개로 하더라도 열 명 중 세 명이 왕실 내의 근친혼이고 일곱 명이 이성혼(異姓婚)이었다. 근친혼이 계속되기는 하였지만, 당대 유력 가문이나 공신들의 딸과 폭넓은 이성혼을 하고 있는 것이다.

고려 전기 국왕의 혼인 양상은 다음과 같이 볼 수 있다. 호족의 협조하에 국가를 이끌어 가야 할 시기에는 호족과의 혼인 정책을 추진하였다(1대 태조~3대 정종). 다음으로 왕실의 정체성을 확보하기 위해서 근친혼에 중점을 두었다(4대 광종~7대 목종). 이후에는 오히려 왕실의 번영을 위하여 왕실 혼인을 개방하였다. 이는 왕실의 권위를 유지할 수 있다는 자신감의 반영이기도 하였다(8대 현종 이후).

한편 근친혼을 하였던 왕비들은 그 성(姓)을 독특하게 일컬었다. 그들은 실제 왕(王)씨였음에도 왕과 근친혼을 하였을 때에는 어머니 성, 즉 외성(外姓)을 따라 불렀던 것이다[대목왕후 황보씨(皇甫氏)의 사례]. 근친혼을 은폐하기

근친혼 사례도

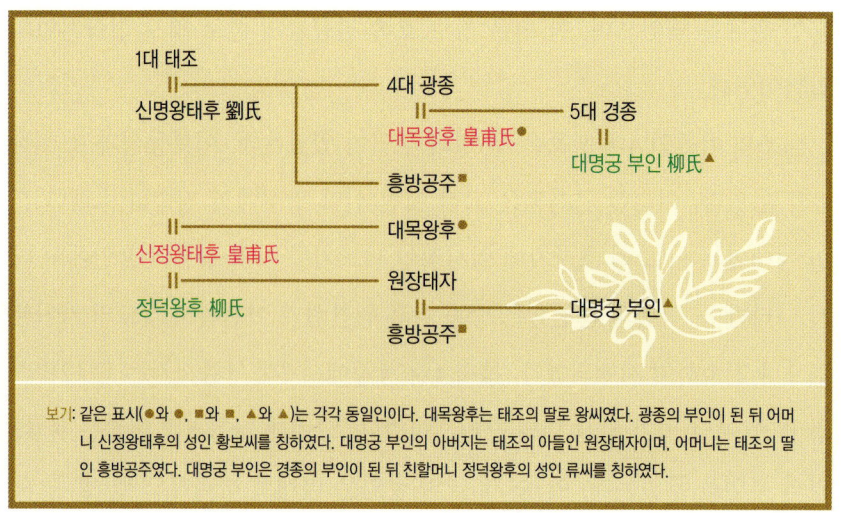

위한 목적에서 그렇게 칭하였다고 설명하는 견해도 있으나 실제 외가와 긴밀한 관계를 가졌던 고려의 사회 배경에서 나온 것으로 이해해야 할 것이다. 그런데 중첩된 근친혼으로 인해 때로는 부모 모두 왕씨인 왕비도 있었다. 이때는 어머니의 외성을 따르지 않고 아버지의 외성, 즉 친할머니의 성을 따르고 있다[대명궁 부인 유씨(柳氏)의 사례].

태조의 아내는 29명이었고 그 자손이 많았으나, 4대 광종 때 왕권 강화 과정과 7대 목종 때의 정변 등을 거치면서 거의 도태되었다. 따라서 고려 왕실은 실제 현종 때에서 새로 시작된 것이나 다름없었다. 그리고 11대 문종은 다섯 명의 부인에게서 13명의 왕자와 일곱 명의 공주를 두어 왕실을 확실하게 번성시켰다. 이후 왕실의 주된 가닥은 모두 문종의 후손이었다. 이렇게 본다면 태조의 아내가 29명에 자녀가 34명, 현종의 아내가 13명에 자

유검필 장군 사당(충남 부여군 성흥산성 소재)
유검필은 황해도 평산을 대표하는 호족으로 태조의 29명의 아내 가운데 한 명인 동양원 부인 유씨의 아버지이다. 태조를 도와 후삼국을 통일하는 데에 공이 큰 유검필의 사당이 후백제의 근거지에 있다는 점이 흥미롭다. 그가 후백제를 토벌하고 이곳에 머물 때, 패잔병들의 노략질을 막고 군량미를 나누어 주는 등 선정을 베풀었다고 하여 이곳 사람들이 생사당을 세웠다고 한다. 사당에는 후에 성종이 내려 주었다는 '유검필장군지묘(庾黔弼將軍之廟)'라는 친필 현판이 걸려 있다.

녀가 13명, 문종의 아내가 다섯 명에 자녀가 20명인 것은 결코 우연이라고 할 수 없겠다. 그만큼 할 일이 많았던 것이다. 대체로 전근대사회 국왕의 경우, 할 일 많고 실제 뛰어난 업적을 수행한 임금들은 아내도 많았고 자식도 많았다. 국왕의 업적은 대체로 아내와 자식의 수와 비례한다고 말해도 크게 잘못된 것은 아닐 것이다.

김기덕 _건국대 교수

무신 정중부의 일기

오영선

1144년(인종 22) 12월 30일(39세)

　오늘은 섣달그믐이다. 고향 해주를 떠나 군대에 들어온 후 비교적 순탄한 길을 걸어왔다. 그런데 저 새파랗게 젊은 놈한테 이런 수모를 당하다니. 자랑스러웠던 내 수염은 검게 그을려 있다. 김부식과 그 아들 김돈중, 정말 씹어 먹어도 분이 풀리지 않을 것이다. 오늘밤도 여느 섣달그믐 밤처럼 귀신을 쫓는 나례(儺禮)를 행했다. 온갖 잡기(雜技)가 벌어졌고, 임금께서도 친히 나와 구경을 하셨다. 내시, 견룡 등 시종하는 신하들도 모두 나와 뛰놀며 즐겼고, 나 역시 견룡군의 장교로서 참석하였다. 그런데 내시 김돈중이라는 놈이 갑자기 촛불을 내 얼굴에 들이대는 바람에 수염이 타 버렸다. 놈은 올해 5월 과거에 합격하였는데, 자기 아버지 김부식의 위세를 믿고 기세가 등등하다. 원래 2등으로 합격한 것을 임금께서 김부식의 체면을 봐서 1등으로 삼았다고 하는데, 그것을 아는지 모르는지 자기 혼자 잘난 척하는 놈이다. 딴에는 무신인 내가 임금의 관심을 받는 게 샘나서 그랬겠지. 놈을 늘씬하게 패 주기는 했지만, 아직도 화가 풀리지 않는다. 그놈의 잘난 아버지 김부

공민왕릉의 무인상(개성특별시 소재)
고려 무인들의 씩씩한 기상을 잘 보여 준다. 고려 왕릉의 무인상은 공민왕에서 처음 나타난다.

식은 전후 사정은 아랑곳없이 나를 못 죽여서 안달이었다. 다행히 임금께서 나보고 어서 도망하라고 하시고 김부식을 달래셔서 화는 면했지만. 임금께서도 내 수염을 보시고는 어이없어 하시는 모습이 역력했다.

사실 요즈음 나라 꼴이 말이 아니다. 김부식이 묘청의 난을 진압하고 정권을 잡은 후로 유교를 바탕으로 나라의 기틀을 잡았다느니, 제도를 정비했다느니 하면서 이전에 있었던 개혁의 바람을 잠재우기에 열심이다. 현 임금께서 초기에 이자겸의 난을 진압하신 후로는 묘청, 정지상 등의 말에 따라 사회에 새로운 바람을 불러일으키려고 노력하셨는데. 약간 과격하긴 했지만, 개경의 문벌 가문을 중심으로 굳어 있는 보수적인 분위기를 일신하기 위해서는 어쩌면 불가피했는지도 모른다. 하지만 결국 문벌 가문들의 반격으로 좌절되고 말았지. 묘청이 성급하게 서경에서 반란을 일으키는 바람에 김부식이 토벌군의 총사령관이 되어 난을 진압한 후 완전히 제멋대로다. 임금도 두 번이나 과오를 반성하는 성명서를 낼 정도로 위축되셨고, 김부식에 적대적이었던 정지상, 백수한 등 서경 출신의 관리들은 모두 숙청당해, 이제 그들의 주장은 모두 배척되었다. 하지만 군인인 내 입장에서 볼 때 이건 도대체 마음에 들지 않는다. 금나라를 공격하자는 주장은 좀 무리였는지 모른다. 또 수도를 서경으로 옮기자는 주장에는 서경 출신 관리들의 지역적인 의도가 포함되었을 수 있다. 하지만 임금께서 황제를 칭하고 우리나라 연호를 따로 정하자는 주장은 당연하지 않은가. 사실 금나라가 현재 비록 강국이라 하나 원래는 오랑캐가 아닌가. 오랑캐인 주제에 우리에게 도대체 뭐라고 한단 말인가. 그것 때문에 쳐들어온다는 것이 말이 되는가. 설사 쳐들어온다고 해도 한번 붙어 보면 그만이지. 예전 그 막강한 요나라도 무찔렀는데. 싸워 보지도 않고 지레 겁을 먹고 항복하다니 너무 한심스럽다.

김부식이 묘청의 난을 진압하면서 총사령관이 되었던 일만 해도 그렇다. 문신과 무신을 나누었으면 그 직책도 정확히 구분해야지. 총사령관은 항상 문신이 담당하고, 무신들은 그 밑에서 단위부대나 지휘하게 하고 있으니, 도무지 말이 안 된다. 물론 예전에 강감찬이나 윤관도 문신으로서 군대를 지휘한 적이 있었다. 하지만 그때는 문무반의 구별이 지금 같지는 않았다. 문신들도 무예나 군사 지휘에 익숙하였고, 강감찬이나 윤관 같은 이는 특히 군사 방면에 뛰어나 장군이라고 불러도 전혀 어색하지 않았다. 물론 무신들도 문신의 직책을 맡을 기회가 종종 주어졌다. 하지만 지금은 문신의 직책을 무신이 전혀 못 맡게 하면서 출정군의 총사령관을 문신들이 독점하는 것은 도대체 말이 안 된다.

1147년(의종 1) 12월 14일(42세)

요즘은 정말 신나는 날의 연속이다. 새 임금께서 왕위에 오르시니, 사회 전체가 새롭게 시작하는 느낌이다. 나도 대정에서 한 등급 승진하여 교위가 되었다. 임금께서는 수시로 나를 비롯한 몇몇 무신들을 불러 관심을 보여 주신다. 오늘도 어사대에서 나와 산원 사직재가 봉쇄되어 있는 수창궁 북문을 마음대로 열고 출입한 것을 문제 삼아서 탄핵했으나, 임금께서 물리치셨다고 한다. 아무래도 임금께서 우리를 가까이하시는 것이 못마땅한 모양이다.

사실 임금께서 왕위에 오르시는 과정에는 곡절도 많았다. 태자로 책봉되실 때에도 선왕께서는 못 미더워 하셨고, 태후께서는 아예 둘째 아들 대령후를 태자로 삼으려고 하셨다. 정습명이 힘쓰지 않았더라면 어찌 되었을지 모를 일이었다. 그런데 이상한 소문이 나돌고 있다. 최근 임금께서 태후를 모시고 앉아 있다가 동생을 세우려 했던 일에 대해 섭섭한 말을 하자, 태후께서 맨발로 뜰에 내려가 하늘을 보면서 원망하셨다. 그러자 갑자기 하늘에서 천둥, 번개가 심하게 쳐서 임금께서 겁을 먹고 태후의 치마 속으로 기어들어 가자 벼락이 바로 궁전 기둥을 쳤다는 것이다. 임금께서 심약한 면이 있기는 하지만, 설마 일국의 제왕으로서 그랬을 리는 없다. 저 김부식의 후계자를 자처하는 부류들이 임금이 즉위하는 데 자신들이 큰 역할을 했다는 점을 강조하기 위해 과장한 것이 아닐까. 물론 그중 정습명은 임금께 큰 은인인 것은 사실이지만, 김부식이 그랬듯이 신하로서 임금이 하시는 일에 지나치게 간섭해서는 아니 될 일이다. 임금께서 우리 무신들에게 관심을 보이시는 이유도 아마도 여기에 있을 것이다.

1164년(의종 18) 3월 ○○일(59세)

요즘 임금께서 예전 같지 않으시다. 즉위 초기 의욕과 활기에 넘치시던 모습은 전혀 찾아볼 수 없다. 임금께서는 오늘도 인지재로 놀러 가셨다. 정말 시도 때도 없이 놀러만 다닌다. 아무 데나 가다가 문득 경치가 아름답다 싶으면 행차를 정지시키고 연회를 베푸는 것이 일상사가 되었다. 그러고는 간사한 문신들과 술을 마시고 시를 짓거나 글을 읊으면서 시간 가는 줄 모른다. 궁궐에는 아예 돌아갈 생각도 아니하신다. 나 같은 무신들은 글도 모르는 무식한 것들이라고 실컷 조롱하면서 자기들끼리 무엇이 그리 즐거운지. 이 나이에 젊은 문신 놈들 노는 것을 호위하고 있어야 하는 내 신세가 정말 한심하다. 그래도 한때는 무관들도 신임하시고, 큰일을 함께 하시려는 포부도 있었는데, 요즘에는 젊은 문신들하고만 어울려 쳐다보지도 않는다. 성질이 괄괄한 젊은 무관들은 불평이 대단하다. 무관들의 대표로서 그들을 달래야 할 처지이지만, 도리가 없다.

1170년(의종 24) 4월 28일(65세)

오늘 견룡군의 행수로 있는 산원 이의방과 이고가 정변을 일으킬 것을 제의해 왔다. 사실 이들이 오래전부터 정변을 계획하고 있다는 소문은 이미 듣고 있었다. 얼마 전에는 우학유 장군을 찾아가 정변을 주도해 줄 것을 요구했다고 한다. 그때 우 장군은 "문관이 해를 당하게 되면 우리에게도 화가 미칠 것이니, 너는 조심하라."라는 아버지의 유언을 들어 거절했다고 한다. 사실 같은 무관이라고 해도 우학유 장군은 집안이 좋아 문신들에게도 어느 정도 대접을 받고 있으니, 크게 아쉬울 것이 없었겠지. 하지만 나 같은 무신들이야 언제나 대접을 받겠는가. 그래서 아마도 다음에는 나를 찾아올 것이라 짐작했었다. 이의방, 이고의 제안을 흔쾌히 허락하기는 했지만, 과연 성공할 수 있을까. 여하튼 이런 세상을 보고만 있을 수는 없지 않은가. 세상이 이런 줄도 모르고 임금은 지금도 스스로 '태평세월에 글을 좋아하는 임금[太平好文之主]'을 자처하고 있으니 한심한 노릇이다.

1170년 8월 30일

아직도 치가 떨린다. 한뢰, 이놈의 새끼. 새파랗게 젊은 놈이 왕의 총애만 믿고 세상 무서운 줄 모르고 있으니. 임금도 같은 족속이다. 옛날의 정은 손톱만큼도 찾아보기 힘들다. 모든 의욕을 잃고 술과 계집에만 빠져 있고, 모든 정사를 승선 임종식이나 한뢰 손에서 이루어지게 하다니. 이놈들은 요즘 무신들 분위기가 어떤 줄도 모르고 무신 알기를 발가락에 낀 때만도 못하게 여기고 있다.

임금이 어제 흥왕사로 갔을 때 이제는 한번 거사해 볼 만하다고 생각했다. 그래서 이의방, 이고에게 "이제는 우리가 거사할 만하다. 왕이 만약 바로 궁궐로 돌아간다면 좀 더 참고 기다리자. 만약 또 보현원으로 옮겨 간다면 이 기회를 놓쳐서는 안 될 것이다."라고 약속했었다. 아니나 다를까 임금은 오늘도 궁궐로 돌아갈 생각은 전혀 않고 보현원으로 가자고 했다. 가다가 오문(五門) 앞에 행차를 멈추고 여느 때처럼 술판을 벌이고는, 술에 취하자 우리 무신들에게 오병 수박희(五兵手搏戲)를 하라고 했다. 딴에는 무신들

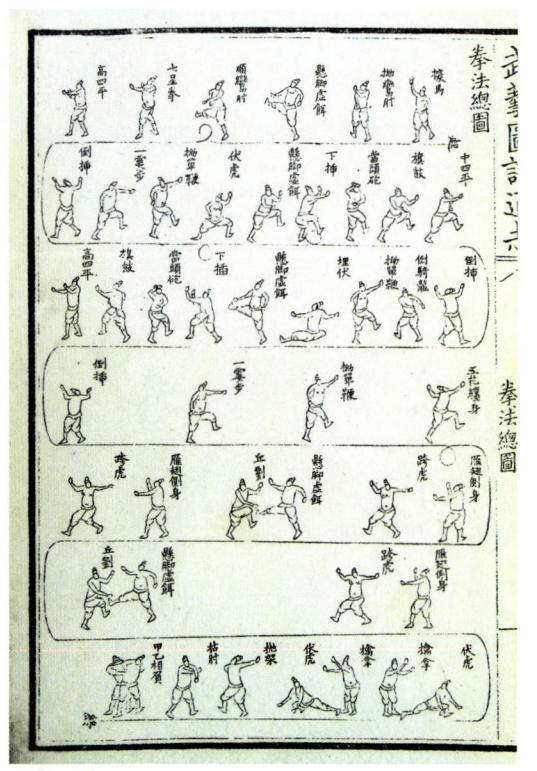

수박희(手搏戱)
조선시대 《무예도보통지》(서울대학교 규장각 한국학연구원 소장)에 실린 수박희. 수박희는 주로 손을 써서 상대를 공격하는 우리나라 전통 무예의 하나로, 발을 주로 사용하는 태껸과 대조를 이룬다.

에게 미안한 마음도 있었겠지. 오병 수박희가 끝나면 술 한잔 주고 달랠 생각이었을 테지, 하지만 이미 때는 늦었어.

그런데 한뢰 이놈은 그것도 배 아파서 못 참고 있다니. 나이 많은 이소응 장군이 재수 없게 팔팔한 젊은 무관과 상대를 하게 된 것이 문제였다. 물론 이 장군이 이길 수는 없었지. 그래서 적당히 상대하다가 기권하고 물러난 건데, 한뢰 이놈이 갑자기 이 장군 앞으로 가서 뺨을 치다니. 쳐 죽일 놈. 아무리 무신 알기를 우습게 안다 하더라도 그래도 이 장군은 명색이 삼품인

대장군인데, 젊은 내시 놈이 그런 짓을 하다니. 임금이나 나머지 놈들도 마찬가지다. 임금은 완전히 손뼉을 치며 박장대소했고, 임종식, 이복기 이런 놈들도 이 장군을 욕하고 비웃었다. 주위에 있는 무신들은 모두 낯빛이 변했고, 모두 나를 주목했다. 나도 도저히 참을 수 없었다. 그래서 한뢰 이놈에게 "이소응이 비록 무부이지만 벼슬이 삼품인데, 어찌 이리 심한 모욕을 주는가?"라고 큰소리쳤다. 성질 급한 이고가 칼을 빼어 들고, 내 눈치를 살폈다. 임금도 그때서야 내 손을 잡고 위로했지만, 그게 어디 진심이었겠는가. 하지만 오늘 밤의 거사를 생각해서 일단 참기로 했다. 이제 거사가 몇 시간 남지 않았는데 이의방과 이고가 모든 준비를 잘 해 놓았을까. 실패하면 나뿐만 아니라, 우리 가족들도 모두 이 세상 사람이 아닐 것이다. 아, 시간은 왜 이렇게 더딜까!

1170년 9월 1일

내가 다시 일기를 쓰고 있다니 지금도 거사가 성공한 건지 실감이 나지 않는다. 아까 김돈중의 일을 생각하면 아직도 등골이 오싹하다. 한순간에 거사가 실패로 돌아갈지도 모를 상황이었다. 다행스럽게도 임금은 어제 일에도 아랑곳없이 계속 보현원으로 향했다. 한뢰 이놈들도 임금에게 궁궐로 돌아가자고 할 생각을 못 했다. 물론 궁궐로 돌아가자고 했으면 계획을 바꿔서 바로 거사할 생각이었지만. 거사가 계획대로 보현원에서 이루어질 수 있었던 것은 정말 다행이었다. 임금이 보현원으로 들어가고, 나머지 신하들이 밖으로 나올 때 이의방과 이고를 시켜 임금을 시종하던 무신과 대소 신

폐왕성지(경남 거제시 소재)
무신정변으로 폐위된 의종은 거제도로 추방당하였는데, 이 성에서 3년간 지냈다고 전한다.

료 및 환관들을 모두 죽일 계획이었다. 한뢰, 임종식, 이복기 이놈들이 아무 것도 모르고, 보현원 밖으로 나오고 있는 것을 이고가 공격했다. 임종식과 이복기는 그 자리에서 쳐 죽였는데, 한뢰 이놈은 혼자 살아 보겠다고 보현원으로 다시 들어가 왕의 침상 아래 숨었다. 될 수 있으면 임금 몰래 처단하고 나중에 알릴 생각이었지만, 일이 이렇게 된 마당에 더 이상 망설일 필요가 없었다. 임금에게 한뢰를 내보내라고 강요한 후 한뢰가 나오자 바로 처단하였다.

  문제는 김돈중이었다. 이놈은 예전의 원한도 있고 해서 내가 직접 죽이려 했는데, 보이지 않았다. 약삭빠른 놈이 벌써 사태를 눈치 채고 술에 취한 척해서 중간에 빠져나간 것 같았다. 만약 이놈이 도성 안에 들어가서 태자를 중심으로 성문을 닫고 우리를 역적으로 몰면 거사는 끝장이었을 것이다. 이의방은 벌써부터 "만약 그렇게 되면 남해로 피신하거나, 북쪽 오랑캐에게 투신하자."라고 난리였다. 먼저 상황을 살펴볼 필요가 있었다. 그래서 사람을 시켜 성 안에 있는 김돈중의 집에 가서 동정을 살피게 하였더니, 돌아온 흔적이 없다는 보고였다. 다행이다 싶어 바로 순검군을 이끌고 성안으로 들어가 "무릇 문신의 관을 쓴 자는 비록 서리일지라도 씨를 남기지 마라."라고 외치게 하니, 군졸들이 벌 떼같이 일어나 우리에게 호응하였다. 그동안 무신들뿐만 아니라 군인들도 현 정부에 엄청난 불만을 갖고 있었던 것을 적절히 이용한 거지. 아직 얼마나 죽였는지 정확한 숫자는 보고 받지 못했으나 수백 명은 죽었을 것이다. 임금이 나에게 난을 진정시켜 달라고 애원했으나 대꾸하지 않았다. 어차피 일어난 혁명(?), 혁명은 희생과 피를 요구하게 마련이지. 아직까지 우리에게 동조하지 않는 무신들을 포섭하기 위해서도 문

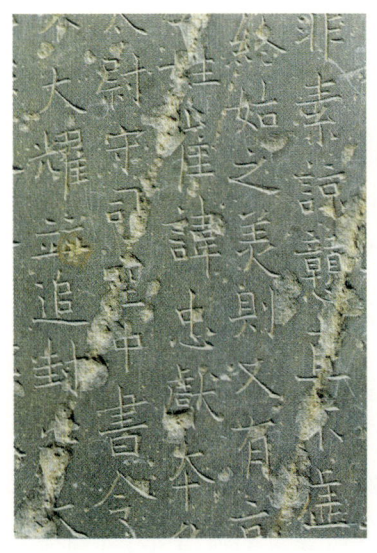

최충헌 묘지석(일본 도쿄국립박물관 소장)과 그 세부(왼쪽)
1219년(고종 6) 제작된 이 묘지석은 묻힌 사람의 이름·가계·관향·관직·업적 등을 돌에 새겨 무덤 속에 넣었다.

신에 대한 그들의 적개심을 북돋을 필요도 있고. 그나저나 김돈중 이놈은 어디로 숨었을까. 기껏 자기 혼자 살아 보겠다고 도망쳐 버리다니 정말 비겁한 놈이다.

1170년 9월 2일

요즘은 피비린내 나는 날의 연속이다. 오늘도 숱하게 많은 문신들을 잡아 죽였다. 무엇보다 김돈중을 잡아 죽여 통쾌하다. 놈이 도성으로 돌아갈 생각은 못 하고 파주에 있는 감악산으로 도망했는데, 현상금을 걸고 수배하니 놈을 따라가던 하인이 현상금을 노리고 고발해 왔다. 그래서 사람을 보내 처치하였다.

정말 큰 문제는 임금을 어떻게 처리하느냐였다. 사실 거사할 때에는 폐위까지는 생각하지 않았다. 하지만 일이 진행되는 것이 보통이 아니었다. 임금이 무슨 생각을 품고 있는지, 그것도 모를 일이었다. 왕광취란 놈이 우리를 공격할 것도 어쩌면 알고 있었을 수도 있다. 어제 우리가 밤늦게 임금을 강안전으로 데려갈 때 왕광취란 놈이 우리를 공격하려 했다. 다행히 미리 알려 주는 사람이 있어 그 일당을 잡을 수 있었다. 모두 임금 주변에 있던 내시와 환관 놈들이었다. 20명 남짓하였는데 모두 죽였지만, 임금의 태도가 영 마음에 들지 않았다. 벌써 모든 것을 포기했는지 음악을 연주하게 하고는 술을 마시고 있다가 새벽녘에야 잠자리에 들었다. 임금을 죽이자는 사람도 있고, 살려 두어야 한다는 사람도 있었다. 내 생각에도 지금 당장 임금을 죽이는 것은 곤란할 것 같았다. 하지만 임금 자리에 그냥 놔둘 수는 없는 노릇이었다. 임금을 폐위시키지 않았더라면 혁명의 명분이 서지 않았을 것이다. 그래서 임금은 거제도로 추방시키고 태자는 진도로 쫓아 버렸다. 태자의 아들은 별 문제가 없을 것 같아 죽여 버렸다.

　새 임금으로는 전 임금의 아우 익양공을 맞았다. 대부분의 무신들 생각을 따른 것이었다. 이제는 새로운 정부를 구성하여 이전 정부와는 다른 모습을 보여 주어야 할 텐데 모든 것이 막막하다. 앞으로 잘할 수 있을까. 이의방, 이고를 비롯한 많은 무관들은 벌써부터 제 세상을 만났다고 저 난리들인데……. 나를 비롯하여 이의방, 이고 등 무관들이 고위 관직을 모두 차지하였고, 장교들도 모두 벼슬을 몇 등급씩 올려 주었다. 이들의 마음을 계속해서 잡아 둘 필요가 있는 것이다.

　하지만 그 많은 문신들을 모두 죽일 수는 없는 일 아닌가. 오늘도 중방에서는 이고가 남아 있는 문신들을 모두 죽이자고 주장하였으나 내가 말렸다. 이제는 나라를 어떻게 다스려야 하는가를 걱정해야 할 시점이기 때문이었다. 사실 나를 비롯해서 무신들이 앞으로 어떻게 정치를 해야 할지 정말 답답한 노릇이다. 문극겸, 이공승 등 비교적 우리들에게 우호적이었던 문신들은 앞으로 여러모로 이용할 가치가 많을 것이다. 물론 우리를 적대하는 문신들은 살려 둘 이유가 없겠지만.

에필로그

이 글은 무인정변의 주역인 정중부가 쓴 일기라는 형식을 빌려 무신의 입장에서 당시의 상황을 재구성한 것이다.

정중부는 이후 이의방, 이고 등을 제거하고 최고 집권자의 위치에 오른다. 거제도로 쫓겨난 전 임금 의종은 1173년(명종 3) 김보당의 난에 연루되어 결국 천인 출신의 장군 이의민에게 잔인하게 살해된다. 하지만 정중부 역시 명종 9년 청년 장군 경대승에게 살해된다. 경대승, 이의민에 이어 1196년(명종 26) 최충헌이 권력을 장악하였으며 1258년(고종 45)까지 60여 년간 최씨 집권기가 지속된다.

오영선 _ 전 국립중앙박물관 학예연구사

삼별초는 무엇을 위해 싸웠나

이익주

　삼별초는 어떠한 존재인가. 우리가 알고 있는 대로, 몽골의 침략에 맞서 조국을 지키기 위해 목숨 바쳐 끝까지 싸우다 장렬한 최후를 마친 호국의 화신인가? 하지만 이렇게 단순 명쾌한 설명이 혹 과장되거나, 조작된 신화일지도 모른다는 생각을 한 번쯤 해 볼 필요는 없을까? 실제로 삼별초가 대몽 항쟁을 벌였던 1270년대를 중심으로 앞뒤 시기의 역사적 흐름을 살펴보면 이러한 의문을 좀처럼 지우기 어렵다. 그 앞뒤의 상황이란 어떠한 것이었을까?

민중을 억압하기 위해 '야별초'를 조직하다

　삼별초란 좌별초, 우별초, 신의군 세 개의 별초군을 합쳐 부르는 이름이다. 그것이 설치된 것은 대략 1220년대의 어느 때이며, 당시는 최씨 무인 정권의 두 번째 집권자 최우가 정권을 장악하고 있었다. 그 사정을 《고려사》에서는 다음과 같이 전하고 있다.

최우가 나라 안에 도적이 많으므로 용사들을 모아 매일 밤 순찰하면서 폭도들을 막게 하고, 이를 야별초라 하였다. 뒤에 도적이 전국에서 일어나자 야별초를 각 지방에 보내 막도록 했는데, 그에 따라 야별초 군사가 많아졌으므로 좌별초와 우별초로 나누었다. 또한 몽골에서 도망해 온 사람들을 모아 부대를 만들고 신의군이라 하였다. 이것이 삼별초이다.

여기서 우선 눈길을 끄는 것은 삼별초의 모체가 되는 야별초가 나라 안의 도적을 막기 위해 조직되었다는 사실이다. 그 뒤 몽골과 전쟁이 시작되자 여기에 신의군을 합쳐 삼별초로 만들고 전투에 투입하였다. 따라서 삼별초의 성격을 밝히기에 앞서 야별초에 대한 이해가 필요하다.

도적과, 도적을 막기 위한 경찰은 어느 시대, 어느 나라에나 있었다. 하지만 도적의 성격은 시대에 따라 달랐고, 여기에 '도적의 사회사'가 있다. 최우가 야별초를 두어 막으려 했던 도적은 어떤 사람들이었을까? 이들을 막기 위해 따로 군대를 설치했을 정도라면 당시 도적의 기세가 대단하였음을 짐작할 수 있다. 이때 특별 군대를 만들어야 할 만큼 도적이 많아진 이유는 무엇일까?

무인정변 이후 지배층의 수탈이 더욱 심해지고, 한편으로는 집권자들이 권력 쟁탈전에 급급한 나머지 지방에 대한 통제력이 이완되자 백성들이 그 틈을 이용하여 항쟁을 일으켰다. 망이·망소이나 김사미·효심 등이 지배층의 수탈에 대항하여 봉기하였고, 여기에는 그 지역 주민들의 열렬한 호응이 있었다. 그러나 1196년(명종 26)에 최충헌이 집권하여 항쟁을 강력하게 진압하자 이전처럼 군현을 단위로 하는 대규모 항쟁을 벌이지 못하고 수십 명

또는 수백 명씩 모여 활동하는 수준으로 규모가 작아졌다. 이러한 사람들을 도적, 산적, 화적 등으로 부를 수 있을 텐데, 당시 사료에는 초적(草賊)이라는 이름으로 많이 등장한다.

최우가 야별초를 만들어 진압하려 했던 사람들도 바로 이들이었다. 즉 야별초가 상대했던 도적이란 그저 남의 물건이나 훔치는 좀도둑이 아니라 지배층의 불법적인 수탈에 저항하던 백성들이었던 것이다. 여기에 삼별초의 모체가 된 야별초의 반민중적 성격이 있다.

더욱이 삼별초는 무인정권의 핵심적인 군사력이었다. 최우가 야별초를 조직한 뒤로는 거의 집권자의 사병처럼 이용되어 백성들의 항쟁뿐 아니라 정적을 제거하는 데에도 동원되었다. 그 대가로 이들은 녹봉도 다른 군인들보다 더 많이 받고 권력자로부터 상여금도 두둑하게 지급 받았으며, 진급에서도 특혜를 누렸다. 몽골과 전쟁이 시작되자 항몽전에 참여하기도 했지만, 이들의 본래 역할은 최씨 정권을 안팎의 위협으로부터 보호하는 일이었다. 현대 한국 사회를 조금이라도 의식을 가지고 살아온 사람이라면, 국가 안보와 정권 안보가 서로 다른 것이라는 사실을 쉽게 이해하리라 믿는다.

최씨 정권, 대몽 항전을 정권 유지에 이용하다

1231년(고종 18) 몽골의 공격이 시작되자 고려는 총력을 다해 맞섰다. 전반적인 열세 속에서도 구주(지금의 평북 구성), 자주(지금의 평남 순천) 등지에서 승리를 거두었고, 충주에서는 성을 지킴으로써 몽골군이 더 이상 남하하는 것을 막는 데 성공하였다. 특히 이때에는 경기도 일대에서 활약하던 초적들조차 자원하여 몽골과의 전투에 참전하였다. 이처럼 몽골의 1차 침입에 대한 고려의 대응은 말 그대로 총력전이었다.

몽골군이 일단 돌아간 뒤 고려에서는 항전과 강화의 두 가지 주장이 제기되었다. 최우를 중심으로 한 무인정권은 항전을 주장했고, 문신 관료들은 대부분 강화를 희망하였다. 당시 최씨 정권의 항전론은 정권 유지책으로서의 성격이 강하였다. 즉 최우는 몽골과 강화를 하면 자신의 권력이 위협받게 될 것을 경계하였고, 또 한편으로는 몽골과의 전쟁을 이용하여 정권을 더욱 안정시킬 수 있다는 정치적 계산을 하고 있었던 것이다. 실제로 최씨 정권은 전쟁 상태를 적절히 이용하여 장기간 지속될 수 있었다.

항쟁론과 강화론의 대립은 일단 강화도로 천도하는 문제를 둘러싸고 표출되었다. 그러나 천도와 그를 통한 항전은 최씨 정권의 유지와 직결되는 문제였고, 따라서 강화를 전제로 천도에 반대하는 주장은 처음부터 받아들여질 수 없었다. 결국 최우가 다수의 반대를 억누르고 천도를 결행함으로써 이제 대몽 항쟁은 고려의 국시로 자리 잡았다.

그러나 천도는 지배층 안에서조차 의견 수렴을 거치지 않은 채 최씨 정권이 독단적으로 결정한 일이었다. 더욱이 백성들에게는 이 천도가 국왕과 소수 권력자들의 안전만을 지키려는 일종의 배신행위로 받아들여져 항전에 대한 공감대는 처음부터 매우 취약하였다.

국왕과 정부가 강화도로 들어갈 때 일반 백성들에 대해서는 몽골군을 피해 가까운 섬이나 산성으로 들어가라는 것 말고는 별다른 대책이 없었다. 따라서 몽골군의 말발굽에 짓밟힐 처지에 놓인 백성들은 각지에서 생존을 위한 싸움을 힘겹게 벌여야만 하였다. 그럼에도 백성들은 끈질기게 항전하였고, 이를 바탕으로 하여 고려는 수십 년 동안 몽골과 계속 싸울 수 있었다.

그러나 전쟁으로 인한 피해 또한 대단히 클 수밖에 없었다. 1254년을 보면 한 해 동안 몽골군에 잡혀간 사람이 무려 20만 6,800여 명이고, 살육당한 사람은 셀 수 없이 많았다. 결국 시간이 흐를수록 전쟁에 지친 사람들이 항쟁의 대열에서 이탈하여 몽골에 투항하는 사태가 벌어졌고, 이러한 현상은 전쟁이 막바지에 접어드는 1253년 이후 점차 많아졌다.

더욱이 강화도의 정부는 육지에 남아 있는 백성들에게서 각종 세금을 평상시와 같이 거두어들였다. 이 때문에 전쟁 중임에도 민심이 떠나는 현상이 벌어졌다. 단적인 예로 1256년에는 정부의 무자비한 수탈에 견디다 못한 백성들이 몽골군이 이르는 것을 오히려 반겼다는 기록이 있을 정도이다.

몽골, 정부, 민중의 삼각 대립

한동안 뜸했던 백성들의 항쟁도 다시 나타났다. 전쟁 중이던 1236년경에 전라도 일대에서 초적 이연년 형제가 백제 부흥을 내세워 봉기한 것이 대표적인 사례이다. 특히 이것은 몽골군이 전라도 지역에 침입했다 돌아간 직후에 발생하였는데, 전란으로 정부의 통치력이 이완된 틈을 이용하여 일어난 것임에 틀림없다. 여기서 우리는 당시 고려 정부, 몽골 침략자, 그리고 고려의 일반 백성들이 꼭지점 하나씩을 차지하는 삼각의 대립 관계를 그려 볼 수 있다.

전쟁의 피해가 커지고 백성들이 등을 돌리는 상황에서 강화론이 차츰 힘을 얻기 시작하였다. 문신 관료들이 주도한 이 흐름은 일찍이 강화천도에 반대하면서 큰 나라에 사대하는 것이 당연하다는 논리로 조심스럽게 표현된 적이 있었지만, 최우의 항전 의사가 워낙 강경하여 받아들여질 여지가 전혀 없었다. 그러나 전쟁이 시작된 지 20여 년이 지나자 문신 관료들은 전쟁의 피해를 명분으로 강화론을 적극 주장하였다. 마침 이 무렵에는 항전을 고집하던 최씨 정권이 내부의 분열로 약해져 있었고, 여기에 더하여 몽골에서도 요구 조건을 누그러뜨려 결과적으로 강화론자들의 입지가 더욱 넓어졌다.

강화론이 현실적인 정책으로서 설득력을 더해 가고, 반대로 최씨 정권이 내분으로 약화되어 강화론을 억누를 수 없게 되었을 때, 최씨 정권의 몰락은 필연적이었다. 결국 강화론자를 대표하던 문신 유경이 정변을 일으켜 최씨 정권을 무너뜨리고 곧바로 강화를 추진하였다. 그러나 정변에 동원된 군대는 최씨 정권 말기에 정권에서 소외되었던 김준이 지휘하는 삼별초였고, 이들은 여전히 강화에 반대하였다.

이처럼 최씨 정권의 붕괴 후 고려에는 강화파 문신들과 무인정권의 잔여세력이 공존하고 있었으나, 강화의 대세 속에서 항전을 주장하던 무인정권의 입지는 불안하였다. 더욱이 몽골에 파견되어 친히 강화 교섭을 벌였던 태자가 왕위에 올라 친몽골 정책을 추진하면서 무인정권과 갈등을 빚었다. 이러한 상황에서 무인정권 내부에서는 국왕 원종을 폐위하고 몽골과 다시 항쟁하자는 주장이 일어났고, 무인정권 안에서도 강경파였던 임연이 삼별초를 동원하여 김준을 제거하고 이어 국왕마저 폐위한 뒤 재항전의 태세를 갖추었다. 그러나 몽골이 군대를 보내 시위하면서 원종을 복위시키라고 요구하자 곧 굴복하고 말았다.

용장산성 행궁 터(전남 진도군 소재)
1270년(원종 11) 8월부터 이듬해 5월까지 삼별초 항쟁의 근거지였다. 성의 흔적과 우물, 건물 자리 등이 남아 있다.

임연의 원종 폐위는 강화 이후 궁지에 몰리던 무인정권이 감행한 정치적 모험이었다. 한편, 몽골의 도움으로 왕위를 되찾은 원종은 개경 환도를 서두르는 등 친몽골 성향을 노골적으로 띠어 갔고, 마침내는 몽골에 직접 가서 무인정권을 종식시키기 위한 군대를 요청하기에 이르렀다. 결국 원종이 몽골 군사를 이끌고 귀국하여 강화도의 무인정권은 개경으로 나오라고 명령하였다. 그러자 강화도에서 이에 호응하는 정변이 일어나 무인정권을 완전히 무너뜨렸다. 1270년의 일이다.

또 하나의 고려 정부, 삼별초는 무엇을 위해 싸웠나

무인정권의 붕괴는 1170년 무인정변으로 탄생한 하나의 정치체제가 꼭 100년 만에 종식되었음을 뜻하였다. 동시에 그것은 앞으로 외세의 간섭이 전개되리란 것을 알리는 서막이기도 하였다. 그 간섭은 100년 가까이 계속되었다. 그리고 바로 그 전환점에 삼별초의 대몽 항쟁이 자리 잡고 있다.

무인정권이 붕괴되자 무인정권의 주력 부대였던 삼별초가 강화도에서 폭동을 일으켰다. 이에 국왕과 강화파로 구성된 정부는 삼별초를 없애고 명단을 압수하였는데, 이것이 직접적인 도화선이 되어 삼별초의 난이 일어났다. 이들은 배중손을 중심으로 모여서 새 왕을 세우고 관리를 임명하는 등 개경으로 돌아간 고려 정부와 대립하는 또 하나의 정부를 세웠다. 이어 강화도 안의 재물과 곡식과 사람을 휩쓸어 배에 싣고 진도로 '천도'하였는데, 이때 1,000여 척의 배가 꼬리에 꼬리를 물고 내려갔다고 한다.

진도에 자리 잡은 삼별초 정부는 이듬해 제주도로 근거지를 옮겼고, 그곳에서 1273년까지 고려와 몽골 연합군을 상대로 싸움을 계속하였다. 그동안 삼별초는 진도와 제주도를 중심으로 남해도, 거제도와 마산, 김해, 동래 등 남해안 일대를 장악하였을 뿐 아니라 내륙 깊숙이 나주와 전주, 심지어는 인천 근방까지 진출하여 위력을 떨쳤다. 이 때문에 전라도와 경상도의 조세를 실은 조운선이 삼별초의 수중에 떨어지는 등 개경 정부가 막대한 타격을 입었고, 몽골에서도 고려에 이어 일본을 공략하려던 계획에 차질을 빚게 되었다.

삼별초가 단기간에 세력을 확장하고 여러 해 동안 버틸 수 있었던 것은 물론 삼별초의 병력 때문만은 아니었다. 일반 백성들의 지지와 호응이 있었

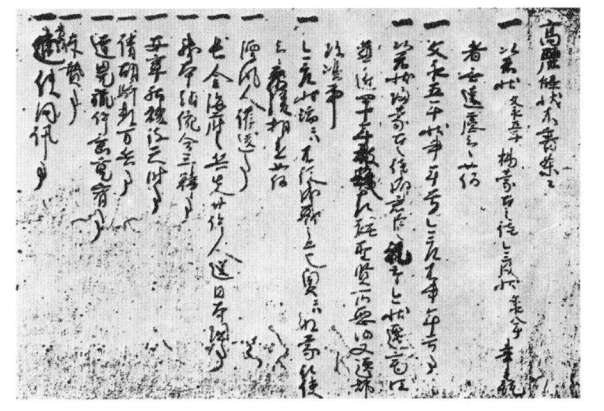

〈고려첩장 불심조조〉
1271년(원종 12) 삼별초 정부는 일본에도 문서를 보내 함께 몽골과 싸울 것을 제의하였다. 그러나 일본은 그 문서의 뜻을 이해하지 못하였다. 이 자료는 일본에서 삼별초 문서의 미심쩍은 점들을 조목조목 나열해 놓은 것이다. 1977년 도쿄대학교 사료편찬소에서 발견되었다.

기에 삼별초가 또 하나의 고려 정부로 존재하면서 몽골 그리고 몽골과 결탁한 개경 정부와 계속 항쟁할 수 있었던 것이다.

 삼별초가 봉기하자 몇 달 뒤에 경상도 밀양 사람들이 삼별초에 호응하여 개경 정부에 반대하는 항쟁을 벌였다. 이와 거의 동시에 개경에서는 관청 노비들이 들고 일어나 몽골에서 파견한 다루가치와 관리들을 죽이고 진도로 들어가 삼별초에 가세하려던 사건이 일어났다. 곧이어 경기도 화성군의 대부도 사람들이 개경 관청 노비들의 봉기 소식을 듣고 섬 안의 몽골군을 죽이고 합세하려다 실패한 일이 있었다. 실제로는 이와 같은 사례들이 훨씬 더 많았을 것으로 추측되는데, 기록에 따르면 삼별초의 세력이 왕성해지자 각 지방 사람들이 항복하고 진도에 가서 삼별초가 세운 왕을 진짜 국왕으로 섬겼다고 한다.

 사실 당시 삼별초에게 일반 백성들의 호응은 절대적으로 필요했다. 이 때문에 진도로 내려가면서 용손(龍孫), 즉 용의 후손으로 알려진 고려 왕실이 12대째로 끝나고 남쪽으로 내려가 황제의 수도를 세우리라는 참언을 퍼뜨리기도 하였다. 그러나 삼별초가 민심을 자기편으로 끌어들일 만한 강제력이나 시간적 여유가 없던 상황에서 그처럼 백성들이 삼별초를 지지한 것은 자발적인 의사에 따른 것이었다고 할 수 있다.

백성들의 입장에서 볼 때 무인정권의 붕괴와 강화파의 승리는 지배층 내부의 권력투쟁일 따름이었고, 몽골과의 강화는 새로운 권력층과 침략자의 결탁이었다. 따라서 전쟁 중에 몽골 침략과 지배층의 과중한 수탈에 맞서 싸워 왔던 이들로서는 이제 몽골의 영향력이 강하게 미쳐 오고 또 지배층의 수탈이 더욱 심해질 것이 예상되는 상황에서 다시금 항전하지 않을 수 없었다. 전쟁 중에 이루어졌던 삼각 대립 관계가 이제 고려 정부·몽골 연합 세력과 반몽골 세력의 대립 구도로 단순화된 것이라고 하겠다. 그리고 그것이 마침 삼별초의 항쟁 대상과 일치함으로써 그에 호응하는 형태로 나타났던 것이다.

그렇다면 1270년부터 1273년까지 진행된 삼별초의 항전에는 서로 다른 두 가지 성격의 항쟁이 섞여 있다고 할 수 있다. 하나는 지배층 내부의 정쟁에서 패배한 무인정권의 잔존 세력이 일으킨 정치적 반란이고, 다른 하나는 12세기 말 민란의 전통과 대몽 항쟁의 전통을 계승한 백성들의 항쟁이다. 이 가운데 역사적으로 의미를 갖는 일은 물론 뒤의 것이며, 그 의미는 외세 침략과 그에 결탁한 지배층에 반대하는 백성들의 저항이 폭발적으로 일어난 데서 찾을 수 있다. 사실이 이러하였기에 고려와 몽골 연합군에 의한 제주도 함락은 삼별초뿐 아니라 각지에서 일어난 백성들의 항쟁이 진압된 것이며, 더 나아가서는 12세기부터 이어져 내려온 백성들의 항쟁이 외세에 의해 좌절되었음을 뜻한다.

다시 처음으로 돌아가서, 삼별초는 무엇을 위해 싸운 것인가. 삼별초는 무인정권의 무력 기반이었고, 권력 내부의 정쟁에서 무인정권이 패배하자 그에 반발하여 반란을 일으켰다. 따라서 그 해답은, 삼별초가 떠받들고 있었던 무인정권을 회복하고, 가깝게는 눈앞에 닥친 정치적 보복으로부터 벗어나기 위해 싸운 것이라고 할 수 있다. 무인정권을 붕괴시킨 세력이 몽골과 결탁했기에 삼별초의 반란이 대몽 항쟁의 연장으로 비치기도 하지만, 그것이 무인정권의 앞잡이였던 삼별초의 전력이나 권력투쟁에서 파생된 정변을 정당화하지는 못한다.

역사의 심판대에 오른 삼별초

삼별초 항쟁에 대한 평가는 시대에 따라 다르게 내려져 왔다. 삼별초 항쟁이 처음 부각된 것은 1930년대의 일이었다. 당시 일제의 식민지 지배를 받고 있던 현실에서 삼별초의 대외 항쟁은 민족의 자긍심을 심어 주기 위해 널리 알려질 필요가 있었던 것이다.

또한 5·16 쿠데타 이후 군사정권은 결핍된 정통성을 만회할 목적으로 민족 주체성 확립이라는 구호를 내걸었고, 그러한 환경 속에서 삼별초의 대몽 항쟁이 다시 한 번 주목받았다. 더욱이 여기에는 고려의 무인정권을 민족적이고 진취적인 것으로 묘사함으로써 군사정권의 상징을 조작하려는 정치적 의도가 숨어 있었다.

그러나 외세와 싸웠다는 점만으로 '민족적'이라는 평가를 내릴 수 있을까? 무인정권에 기생하며 각종 특혜를 받고 백성들의 항쟁을 억압하는 역할을 했던 군사 조직이 무인정권 붕괴 이후 갑자기 '민족적'인 군대로 탈바꿈할 수 있는 것인가? 여기서 우리는 최씨 정권의 항전론이 국가 안보를 위한 것이었는가 아니면 정권 유지를 위한 것이었나를 구분했던 것처럼, 삼별초 항쟁 역시 항쟁의 목적과 동기를 가지고 엄정하게 평가해야 할 것이다.

민족이나 민족주의는 세계화를 외치는 오늘날에도 유용한 개념이다. 그러나 민중의 존재를 발견하지 못한 채 민족만을 앞세우다 보면 전체주의나 국수주의 같은 극우의 논리로 빠져들 위험이 있음을 경계해야 한다. 삼별초의 예에서 보듯이 반민중적인 존재는 절대로 민족적일 수 없다. 독재자가 표방하는 민족주의는 진정한 민족주의가 될 수 없는 것이다.

이익주 _서울시립대 교수

고려 말 신돈의 개혁에서 찾는 역사적 경험, 토지를 백성에게

홍영의

　　몇 해 전 박근혜 대통령의 비선 실세인 최순실의 국정 농단에 대한 보도가 연이어 터져 나오면서 공민왕 대 개혁가였던 신돈이 자주 언급되었다. 신돈과 최순실이 국가정책을 좌지우지한 점은 닮았을지는 모르겠지만, 그 결과는 판이하다. 최순실은 개인과 가족의 사사로운 이득을, 신돈은 백성을 위하는 데 그 힘을 썼다. 백성을 눈물짓게 한 인물과 백성의 눈물을 닦아 준 인물을 동일선상에 놓고 평가해서는 안 될 일이다. 또한 박근혜 대통령은 최순실의 전횡을 묵인하고 내치지 못했지만, 공민왕은 자신의 권력을 능가하려는 신돈을 제거하였다는 점에서 분명 다르다.

　　신돈(辛旽, ?~1371)은 공민왕 14년(1365)에서 20년(1371)에 이르는 6년 동안 공민왕의 명에 따라 왕명을 대리한 인물이다. 천인 출신의 승려로 알려진 사람이 공민왕의 사부가 되어 정권을 장악했다는 사실만으로도 일반 대중의 관심을 끌기에 충분한 인물이었다. 더구나 신돈은 자신이 집권하는 동안 위로는 권문세족을 억누르고 아래로는 일반민을 위한 정치·사회·경제 개혁을 단행하였다. 이 때문에 지배층으로부터 반발을 불러 일으켜 개혁은 실패로 돌아가고, 그 자신은 결국 반역의 죄명을 쓰고 수원에 유배되었다가 공민왕 20년 7월에 처형되고 말았다. 신돈이 처형된 지 4년 만에 공민왕도 의문의 암살을 당하였고, 공민왕의 죽음으로부터 18년 만에 고려는 완전히 역사에서 종막을 고하게 된다.

신돈은 권문세족을 억누르며, 일반민을 위해서 개혁을 추진하였음에도 오랫동안 '미천'한, '글도 모르는', '사특'한, '대역을 저지른' 사람이라느니, '늙은 여우의 화신', '요사한 승려'로 묘사된 인물이다. 물론 이러한 부정적인 인식은 당시 신돈에게 피해를 입었던 권문세족들과 정치적으로 신돈을 반대한 인물들, 그리고 조선을 건국하고 《고려사》를 편찬할 당시 유교적 정치 이념을 가졌던 편찬자들이 만들어 낸 과장된 왜곡에서 출발했다. 그로부터 600년이 지난 1970년대에 와서야 점차 신돈의 참모습이 하나씩 밝혀지면서 그를 긍정적으로 평가하려는 노력을 보였지만, 왜곡된 인식은 현재까지도 일정하게 작용하고 있다. 특히 역사소설류에서 그러한 모습을 가장 많이 드러내는 부분이 아닌가 한다.

신돈은 승려였고, 환속한 세속인(世俗人)이었다. 따라서 우리가 염두에 두어야 할 점은, 그는 진작 절을 떠나 속세로 나와 정치를 한 사람이라는 것이다. 그러므로 신돈은 승려라는 불교적 신분보다는 정치 활동을 한 개인으로 파악해야 한다. 실제로 신돈은 집권 시기 동안 사회경제적으로 많은 개혁을 이루었고, 권문세족을 억누르며 일반민을 위해 개혁을 추진하여 '성인(聖人)'이라 불리기도 했다. 그럼에도 우리 역사에서 정치적으로 성공하거나 실각한 수많은 사람들 중에서 신돈은 유독 용서받지 못할 인간으로 인식되고 사서에 기록되었다. 이렇게 신돈이 역사책에 기록된 까닭은 무엇일까?

신돈은 어떠한 사람인가

《고려사》열전의 신돈전에 따르면, "신돈은 영산 사람으로 그 어머니는 계성현에 있는 옥천사(玉泉寺)의 여종이었다. 어려서 중이 되었으며 법명은 편조(遍照)라 하고, 자(字)를 요공(耀空)이라 했다. 어머니가 천했기 때문에 같은 무리와 어울리지 못하고 항상 산방에 거처했다(《고려사》권132 열전45 반역6 신돈전)"라고 기록되어 있다.

신돈은 어렸을 때 승려가 되었지만 어머니가 옥천사 여종이라는 이유로 차별을 받은 것으로 보인다. 그래서인지 버려진 시신을 매장하는 일을 하는 매골승(埋骨僧)을 한 것으로 알려졌다. 신돈은 어렸을 때부터 따돌림을 받으며 세상의 온갖 쓴맛을 보면서 성장했을 것이고, 이 경험이 세상을 보는 눈을 달리할 수 있는 토양이 되지 않았을까 한다.

그런데 어머니가 절의 종으로서 천한 신분이라는 점만 강조되어 있을 뿐,

ⓒ창녕 비사벌신문사

창녕 옥천사 터
신돈이 어려서 승려 생활을 한 곳으로, 주춧돌과 석탑 부재가 남아 있다.

고려 말 신돈의 개혁에서 찾는 역사적 경험, 토지를 백성에게 77

아버지가 어떤 사람인지는 나와 있지 않다. 《고려사》 편찬자들이 신돈을 부정적으로 평가했기에 아버지 쪽의 가계에 대해서는 한마디도 쓰지 않았지만, 사실 신돈의 부계 쪽 가문은 흠잡을 수 없는 가계일 수도 있다. 그 때문에 어머니가 절의 여종이었다는 점만 강조해서 기록을 남길 수 밖에 없었을 것이다. 또 《고려사》에는 신돈의 아버지 묘가 창녕에 있다는 것과 어머니가 몸담았던 옥천사는 《신증동국여지승람》에 창녕 화왕산(火王山)에 있었는데, 신돈이 몰락한 뒤 폐사되었다는 기록이 있다. 이 두 기록으로 신돈이 영산 사람이라는 것과 유력한 가문 출신이었을 것이라는 점을 알 수 있다.

고려 사회에는 노비와 승려에 대한 몇 가지 금령(禁令)이 있었다. 그중 인종 13년(1135)의 금령으로는 노비가 승려가 될 수 없다는 규정이 있다. 정종 5년(1039)에 정해진 천자수모법(賤子隨母法)은 어머니가 천하면 그 자식도 천하다는 법령이다. 그리고 충렬왕 26년에 제정된 일천즉천법(一賤則賤法)은 부모 중 어느 한 사람이라도 천하면 그 소생은 천하다는 것이다. 이로 보아 신돈이 천한 신분이었다면 당연히 승려가 될 수 없었다. 어머니가 절의 종이었는데도 신돈이 승려가 될 수 있었던 점은, 자신의 출생지인 영산 지역에 연고를 둔 아버지가 영향력 있는 가문 출신이었기 때문으로 보인다.

영산 신씨는 고려 중기에 중앙에 진출하기 시작하여 안향(安珦)의 문인인 신천(辛蕆)과 신혁(辛革)과 같은 걸출한 인물로 말미암아 13~14세기에 신흥 가문으로서 급속히 사회적 위상을 높인 가문이었다. 당대 최고 문벌인 성산(星山) 이씨와는 2대에 걸쳐 연혼(連婚) 관계를 맺었고, 그것을 기반으로 또 다른 문벌인 한양(漢陽) 한씨, 순흥(順興) 안씨 등으로 혼맥의 범위를 넓혀 갔다.

성산 이씨와의 인연은 신천 대에서 비롯되었다. 그의 아들 신예(辛裔)가 이포(李褒)의 딸을 맞아 이조년(李兆年)의 손녀사위가 되고, 신예의 동생들도 최고 가문의 딸들과 인연을 맺었다. 신부(辛富)는 한양(漢陽) 한종유(韓宗愈)의 딸을, 신순(辛珣)은 순흥(順興) 안축(安軸)의 손녀이자 안종기(安宗基)의 딸을, 신귀(辛貴)는 당대의 권세가인 신천(信川) 강윤성(康允成)의 딸을 각각 아내로 맞았다. 강윤성은 이성계(李成桂)의 장인이므로, 이성계는 신귀의 손아래 동서가 된다. 신천 강씨는 당시 권세를 잡은 강윤성과 윤충(允忠)·윤휘(允暉) 형제들 덕분에 충혜왕·공민왕 때 대표적인 권문세족으로 성장하였다.

신예의 여동생들도 당대 최고 권세가의 아내가 되는데, 한 명은 고려사람으로 원의 환관을 지내며 고려와 원나라 사이에서 권력을 농단하던 고용보(高龍普)의 아내가 되었고, 다른 여동생은 왕족인 왕환(王環)과 혼사를 맺었다.

물론 이러한 혼맥이 영산 신씨 가문에 이득만 주었던 것은 아니었다. '신왕(辛王)'으로 불렸던 당대 최고 권세가 신예의 모친인 임씨(林氏)도 정쟁의 소용돌이에 휘말려 그 아들인 신순에게 장형(杖刑)이 내려지는 지경에 이르렀다. 신예 자신도 《고려사》 간신전(姦臣傳)에 입전(立傳)되어 당대 권력가인 고용보(高龍普)의 권세를 등에 업고 자행한 불법과 충혜왕의 폐위에 관여한 역신(逆臣)으로 기록되었다. 또 신정(辛靖)은 우왕 말년에 범이인임 세력이 퇴출되었을 때, 이인민(李仁敏)의 사위라는 이유로 연좌되어 피살되었고, 또 신순과 신귀는 신돈과의 인연으로 참형을 당하였다.

이처럼 친인척 때문에 곤경에 빠지는 경우도 있었지만, 권세가와의 연혼(連婚)이 가문의 번성에 큰 도움이 되었던 사실 자체는 부정하기 어렵다. 그러나 이러한 영산 신씨 가문의 위상에도 불구하고 신돈은 가문으로부터 소외되어 어려서부터 공민왕을 만나기 전까지 승려 생활을 지속할 수밖에 없었을 것이다.

공민왕은 왜 신돈을 등용했나

신돈은 《고려사》 열전에 "날이 갈수록 탐욕스럽고 음탕하여 뇌물을 문이 미어지도록 받아들이고, 집에 있을 때는 술을 마시고 고기를 먹고 마음대로 성색(聲色)을 향락하다가도 왕 앞에서는 청담(淸談)만 하고 음식은 채소, 과일, 차만 들었다."고 표현된 인물이다.

'성인'과 '방탕'이라는 이 두 가지 면에서 상반된 인물을 공민왕은 사부로 삼아 진평후(眞平侯)로 봉하고, 수정리순논도섭리보세공신(守正履順論道燮理保世功臣) 벽상삼한삼중대광(壁上三韓三重大匡) 영도첨의사사(領都僉議司事) 판감찰사(判監察司事) 취성부원군(鷲城府院君) 제조승록사사(提調僧錄司事) 겸판서운관사(兼判書雲館事)에 임명하여 최고의 직위를 주면서까지 등용하고 있다. 이런 탓에 명덕태후 홍씨로부터 '어찌 국병(國柄)을 다른 사람의 손에 빌려주고 있는가[何假國柄他人手乎]'라고 추궁을 받고, 이존오로부터는 '나라에 두 임금이 있는 것[國有兩君]'으로 지적되었다. 또 원나라 사신은 신돈을 '권왕(權王)'으로, 명나라 황제 주원장(朱元璋)은 사신을 보내 '상국 신돈(相國辛旽)'이라고까지 표현하였다. 이러한 이중적인 태도와 자질을 갖고 있던 신돈을 왜 공민왕이 등용했을까?

먼저 신돈의 등용 배경을 이해할 필요가 있다. 반원 개혁 성공 이후 측근 세력들을 중심으로 한 공민왕의 정국 운영은 공민왕 10년 이후 두 차례에 걸친 대규모의 홍건적의 침입으로 위기를 맞았다. 정세운(鄭世雲)·안우(安祐) 등 측근들과 최영·이성계 등 신진 무장들의 활약으로 홍건적을 물리치기는 하였으나, 국왕의 권위가 실추되고 측근 세력들의 자기 항쟁(삼원수 살해 사건)과 흥왕사의 난으로 중요 측근 세력들이 모두 사라졌다. 이러한 위기를 틈타 공민왕을 폐위시키고 덕흥군(德興君)을 옹립하려는 원의 시도까지 겹쳐 공민왕은 안팎으로 심각한 어려움을 겪었다. 그 결과 홍건적과 원의 간섭을 격퇴하는 데 공을 세운 무장들의 영향력이 강화되고 측근 세력들을 상실한 공민왕의 정국 주도력은 약화되었다.

신돈의 등용은 이와 같이 국왕권이 약화된 상황을 타개하려는 공민왕의 의도에서 이루어진 일이었다. 공민왕은 주요 측근이 제거되고 외적 퇴치와 내란 수습을 통해 신흥 무장들이 정치에 강력한 영향력을 행사하고 있는 상황을 반전시키기 위해 정치적 기반이 없는 '세속에서 떨어져 홀로 선 사람[離世獨立之人]'인 신돈을 등용하여 그를 통해 자신이 원하는 방향으로 정계 개편과 변화를 꾀하려 했던 것이다.

신돈은 대체로 공민왕 8년(1359)을 전후하여 김원명(金元命)의 천거를 받고 처음 중앙에 등장하였다. 김원명과 신돈의 관계가 어떻게 이루어졌는지는 불분명하지만, 어느 날 공민왕의 꿈에 어떤 사람이 자신을 칼로 찌르려고 하자 한 승려가 구해 주었다. 이튿날 꿈 이야기를 태후(太后)에게 고하였는데, 마침 김원명이 신돈을 소개해 주어 만나고 꿈에서 자신을 구해 준 승려와 그 용모가 매우 닮아서 기이하게 여겼다는 것이다. 그리하여 더불어 담론(談論)을 나누어 보니, 신돈이 총혜(聰慧)하고 말을 잘하여 문득 왕의 뜻에 맞았다는 것이다. 그 뒤 자주 비밀히 궁중에 불러들여 공리(空理, 佛道)를 담론하였다고 한다. 이에 공민왕이 더운 여름이나 추운 겨울에도 항상 찢어진 장삼 한 벌만을 입고 있는 신돈을 보고 더욱 중히 여겨 모든 의복과 음식을 보내었는데, 버선을 선물하더라도 반드시 이마에 받들어 보낼 정도로 공경을 표시하였다는 것이다.

공민왕이 신돈을 이렇게 대우한 것은 아마도 공민왕의 개인적인 호불(好佛) 태도도 있었겠지만, 공민왕의 '나라를 위하는 도[爲國之道]'와 신돈의 현실 인식이 공감대를 이룬 때문으로 보인다. 따라서 공민왕과 신돈의 관계가 불교뿐만 아니라 정치 현실 문제까지 이르게 되자, 기존 불교계뿐만 아니라 정치세력들도 이를 경계하기 시작했다.

무장세력과 관료의 비판에도 공민왕이 신돈을 등용한 이유는 대체로 두 가지였다. 우선 '세속에서 떨어져 홀로 선 사람'이었던 신돈은 득도하여 욕심이 적으며[以爲得道寡欲], 또 미천하여 친하게 지내는 무리가 없어서[賤微無親比], 큰일을 맡기면 반드시 마음 내키는 대로 하여 주변을 돌아보지 않으리라[任以大事 則必徑情 無所顧藉]는 점과 공민왕에게서 녹도 받지 않고[不受祿], 여색도 가까이 하지 않으며[不近色], 토지도 두지 않았다[不置田園]는 점 때문에 신임하였다는 것은 기존의 국정 운영의 주체인 관료와 세신대족과의 차이를 보여 준다.

또한 공민왕 자신의 정치적 한계와 결과가 예상되는 현실에서 자신이 직접 국왕권 확보와 지배체제의 재정비를 위해 대대적인 개혁을 추진하기에는 이해관계가 얽혀 신하와 대립할 소지가 충분하였을 것이고, 여기에다 14년 2월에 난산(難産) 끝에 죽은 노국대장공주에 대한 심정은 심약한 공민왕에게 정치에 대한 회의를 품게 하였을 것이다. 그 때문에 스스로 전면에 나서 정국을 주도하기보다는 자신이 종교적으로 의지하고 있으며, 현실적으로 정치를 대리할 수 있는 믿을 만한 인물로 생각한 신돈을 파격적으로 등용하였던 것이다.

즉 공민왕은 기존의 정치세력에 대한 불만의 표현으로 '이세독립지인(離世獨立之人)'인 신돈을 등용하였고, 그를 통해 '구습을 폐지[因循之弊]'하고자 했다. 따라서 이로부터 '세신대족'·'초야신진'·'유생' 모두를 대상으로 하는 대대적인 개편 작업이 이루어졌다. 특히 세신대족에 대해서는 대규모 인사를 통해 관직에서 축출하는 조치를 단행하였다. 그러고는 무장을 대신하여 신돈을 중심으로 하는 새로운 세력이 등장함으로써 공민왕을 중심으로 한 권력 집단의 개편은 일단 성공적으로 마무리될 수 있었다.

공민왕에 의한 신돈의 등용은 이전의 정치 운영과 다른 면모를 보여 주었다. 국왕의 측근 세력을 통한 정치 운영이 공민왕 12년에 흥왕사의 난으로 실패하고, 측근 세력 역시 거의 도태된 상황에서 이를 다시 원용하고자 할 때 신돈의 등용이라는 파격적인 방식밖에는 없었을 것이다. 기존의 제도를 통한 개혁, 그리고 그 제도에 입각한 개혁 추진 세력을 이룰 수 없다는 것을 깨달은 공민왕은 기존의 관료 지배 질서를 초월하여 신돈을 기용했으며, 그를 통하여 다시 강력한 개혁 시책을 시도하려 했던 것이다. 신돈의 집권 과정에서 최영을 비롯한 주요 무장 세력들이 제거되고 공민왕의 남아 있는 측근을 중심으로 정국을 운영하고 있는 점은 바로 공민왕의 의지를 반영하는 것이었다.

그러나 공민왕의 절대적인 후원하에 국왕의 대행자로 자처하던 신돈은

공민왕 종묘 영정
서울 종로구 종묘 내 공민왕 사당에 있는 공민왕과 노국공주 영정이다.

이전의 측근 세력들과는 구별될 정도로 강력한 권력을 행사하였지만, 국왕의 결단에 의해 하루아침에 제거되었다. 그 점에서도 알 수 있듯이 신돈은 국왕의 의지를 대행하는 대리자일 수밖에 없었다. 신돈 집권기에 중요 요직을 담당했던 사람들 대부분이 공민왕과 긴밀한 관계를 갖는 사람들로서 그들은 신돈이 제거되고 공민왕이 친정(親政)하게 된 이후에도 계속 정권의 핵심을 이루었다.

그러므로 신돈 집권기는 본질적으로 국왕 측근들이 중심이 되어 정국을 운영한 시기로서 공민왕 초기의 정국 운영 형태와 비슷하였다. 이러한 면은 이후 정상적인 관료체제를 지향하는 개혁 성향을 지닌 과거 출신 문신들의 비판의 대상이 되었다. 신돈이 행사하는 정치 주도에 반대했던 정추(鄭樞)·이존오(李存吾)의 탄핵과 유숙(柳淑)의 낙향(落鄕)은 그러한 면을 보여 준다.

결국 공민왕의 신돈을 통한 정치 운영은 측근 정치의 한 변형이라는 파행적인 면과, 국왕에 의한 개혁의 추진이라는 양면성을 띠었다. 그러나 신돈의 등용과 개혁이 공민왕의 세신대족에 대한 반감에서 진행되었으므로, 신흥 유신 가운데서도 특히 신진 관료들에게 적극적으로 개혁에 참여할 수 있는 동기가 주어졌다.

신돈의 개혁은 누구를 위한 개혁인가

신돈의 집권과 동시에 가장 먼저 서두른 일은 무장세력의 축출이었다. 최영을 계림윤(雞林尹)으로 내쫓는 것을 시작으로 무장으로서 재추(宰樞)의 반열에 있던 사람들을 유배하였다. 그러나 신돈을 등용한 목적은 비단 무장세력의 제거를 통한 왕권 강화에 국한되지만은 않았다. 신돈의 등용을 통하여 기존의 정치세력을 모두 억누르고 국왕 중심의 정국 운영을 추구한 공민왕이 기존의 정치세력들을 평가한 데에서도 이 점을 알 수 있다.

공민왕과 신돈이 유자(儒者)가 좌주(座主)·문생(門生)·동년(同年)이라 칭하면서 당(黨)을 만든다고 비난한(《고려사》 권110 열전23 이제현, 권132 열전45 신돈전) 데서도 알 수 있듯이, 공민왕이 신돈을 등용한 첫 번째 이유가 정치 세력을 재편하여 왕권을 강화하려는 데 있었다면, 또 하나의 이유는 바로 '인순지폐'의 개혁에 있었다. 공민왕은 세신대족과 초야신진·유생이 서로 연결되어 당파를 만드는 일이 개혁을 가로막고 있다는 인식을 하고 있었고, 그 때문에 그들과 무관한 '이세독립지인'을 등용하였던 것인 만큼 신돈의 등장은 처음부터 개혁과 밀접한 연관성이 있었다.

신돈의 등용으로 이룩한 권력 집단의 개편은 흥왕사의 난 이후 약화된 왕권을 회복한 공민왕이 다시 정국의 주도권을 장악하였음을 보여 준다. 그러나 그 방법이 비정상적이었기에 부작용 또한 적지 않았다. 그럼에도 신돈이 집권한 직후부터 개혁이 추진되고 개혁을 주도하면서 정권을 수년 동안 지탱할 수 있었던 데는 무엇보다도 공민왕의 강력한 개혁 의지와 후원이 있었기에 가능했다. 신돈의 개혁이 근본적으로 공민왕이 의도한 것이기 때문이었다.

"감히 명을 어기지 못하여 간악(奸惡)을 제거하고 현량(賢良)을 등용하여 삼한(三韓)의 백성이 조금은 평강(平康)을 얻게 한 후에 장차 일의일발(一衣一鉢)로 산림(山林)에 들어가고자" 했던 신돈의 개혁은 개혁의 내용 면에서도 정치·사회·경제 등 각 분야에 걸친 당시로서는 포괄적이고도 종합적인 조처들이라 할 수 있다.

신돈은 집권기에 사회경제적으로 많은 개혁을 시도하였다. 권문세족을 억누르며, 일반민을 위해서 개혁을 추진하여 백성들은 그를 '성인(聖人)'이라고 불렀다. 신돈은 집권하자 마자 정치·사회·경제 등 각 분야에 걸쳐 대대적인 개혁 작업에 착수하였다. 그중 가장 중요한 일은 토지의 소유주를 밝히고 사람의 신분을 바로잡기 위하여 전민변정도감(田民辨正都監)을 설치한 것이었다. 권세가들은 넓은 토지를 차지하고 거기에다가 사람을 끌어모아 농장을 경영하고 있었다. 이 과정에서 힘없는 평민들의 토지를 강제로 빼앗기도 하고 때로는 국가의 땅을 몰래 차지하기도 했다. 토지를 경작할 인력을 끌어모을 때에는 일반 평민들까지 강제로 노비로 삼는 경우가 허다했다. 그 결과 농민들은 고향을 떠나 유랑하는가 하면, 국가는 세금을 거둘 토지와 농민이 줄어들어 재정이 고갈되었다. 권세가 개개인은 부한 반면 국가는 점점 가난해져 갔다. 이런 상황에서 왕권을 행사하기도 어려웠다. 이와 같은 모순을 해결하기 위해서는 빼앗긴 토지를 되돌려 주고 불법적으로 노비가 된 사람들을 조사하여 본래대로 국가의 공민(公民)으로 만들어야 했다.

이러한 개혁은 신돈이 집권하기 전에도 몇 차례 시도되었지만, 권세가들의 계급적 이해와 어긋나는 것이었으므로 번번이 실패하였다. 모순의 주체가 그 모순을 해결하기를 기대하기란 어려운 일이었다. 그러나 신돈이 중심이 되어 추진한 개혁은 기존의 권세가를 배제하고 추진하였으므로 철저하게 시행될 수 있었고, 그 성과도 그전과는 크게 달랐다. 신돈을 부정적으로 평가한《고려사》편찬자들조차도 "이 명령[田民推整]이 발표되자 권세가들이 많이 빼앗은 땅과 백성들을 그 주인에게 돌려주므로 온 나라가 기뻐하였다. 신돈이 겉으로는 공평한 척 꾸미면서 사람들에게 은혜를 사고자 무릇 천한 사람들이 양인이 되기를 호소하면 한결같이 양인으로 해 주었다. 그러자 노비로서 주인을 배신한 자들이 벌 떼같이 일어나. 성인(聖人)이 나왔다."고 기록을 남길 정도였다.

신돈은 이와 같은 개혁을 뒷받침해 줄 정치제도를 개편했다. 지방으로 물러난 전직 관리들이 백성을 침탈하지 못하도록 하는 규제책을 마련했고, 권세가의 자제가 남보다 빨리 승진하는 것을 막고 관리들이 자격에 따라 차례대로 승진하게 하는 제도를 정했다. 또 학문의 전당인 성균관을 다시 세우고 과거제도를 개혁하였다. 이러한 개혁적인 분위기에서 신흥유신들은 그전처럼 관료로서 성공하여 새로운 권세가가 되려는 경향에서 벗어날 수 있었으며, 고려 사회의 모순을 개혁하려는 하나의 새로운 정치세력으로 점차 성장할 수 있었다.

그러나 신돈의 개혁에도 당시 현실은 정방(政房)이 존속하였고 내재추제(內宰樞制)를 신설하는 등 파행적인 방식을 취할 수밖에 없었다. 이렇게 제도 개혁으로 충분히 뒷받침되지 못한 신돈의 개혁은 정상적인 관료체제를 추구하였던 신흥유신의 비판과 권세가로 자리 잡은 기득권 세력의 연합에 의해 실패로 끝나고 말았다.

신돈의 실각과 죽음을 부른 까닭은

그런데 왜 신돈은 성공적인 개혁을 추진했음에도 죽임을 당해야 했을까? 신돈의 실각과 죽음의 원인은 개혁 정책의 부작용과 그의 집권기에 있었던 연속적인 자연재해에 있었다. 관직에서 밀려나고 경제 기반의 상실로 위기감을 느낀 권문세족이 중심이 되어 신돈을 제거하려는 정치적 분위기를 조성하는 데에 앞장섰다. 그리고 성균관 중영을 계기로 성장한 신흥유신들은 신돈에 의해서 일어난 자연재해를 문제 삼고 왕도정치의 실현을 주장하면서 공민왕에게 친정체제를 회복하도록 요구하였다. 여기에 명의 홍무제가 '왕의 청정지소(廳政之所)가 없어서 신하들에게 위엄을 보이지 못한다'는 지적에 따라 공민왕은 보평청(報平廳)에 나가 정무를 보아야 했다.

신돈을 등용할 당시 "스승은 나를 구원하고, 나는 스승을 구원하여 어떤 일이 있어도 남의 말을 듣고 의혹을 품지 않을 것이다."라고 손수 글을 써서 맹세까지 하였던 공민왕의 이러한 심정 변화는 왕권에 버금가는 신돈의 존재를 부정해야 했다. 신돈의 죽음은 어찌 보면 지배층의 속성상 당연한 귀결이었는지 모른다. 《고려사》에 평가된 신돈의 개혁을 그대로 믿는다고 하더라도, 그는 당시 정치세력간의 알력에 따른 정치적 희생양이었다. 개혁의 일정 부분이 성공하고, 자신을 지원해 줄 정치세력으로써 왕권 강화를 도모한 공민왕은 더 이상 대행자가 필요하지 않았다. 오히려 왕권에 버금가는 신돈과 그의 추종 세력을 제거해야 할 실마리를 얻어야 했다. 그 때문에 무고의 성격이 짙은 투서 하나로 반역의 죄로 몰아 신돈을 죽여야 했던 것이다.

신돈 개혁이 지속되지 못한 까닭은 우선 개혁을 추진하거나 실무를 맡아 본 사람들이 개혁 의지와는 거리가 먼 데 있었다. 아무리 신돈이 토지나 노비를 축척하지 않았다고 하더라도, 그리고 일반민의 기대가 있더라도 개혁의 호응도 역시 그만큼 반감될 수 밖에 없었다. 더구나 개혁을 추진할 만한 신돈의 정치세력이 없었던 점도 하나의 이유가 된다. 여기에는 그가 승려 출신이라는 신분 문제도 있었을 것이고, 성리학적 유교 정치 이념이 팽배한 당시 상황에서 정치 경륜과 유학에 대한 학문 소양이 부족한 면도 한 원인이 되었을 것이다. 이러한 점은 신돈의 개혁 성향과 당시 정치 현실과 무관하지 않다고 할 수 있다.

그러나 신돈의 개혁 역시 제도적이고 구조적인 접근이 이루어지지 못하는 한계를 벗어나지 못했다. 이전과 다른 점은 공민왕의 강력한 의지를 바탕으로 전민 문제를 둘러싼 개혁이 강력하게 추진되어 효과를 보았다는 것이었지만, 탈점을 할 수 있게 했던 토지제도에 대한 개혁은 여전히 고려되지 않았다. 또 개혁 추진 세력의 결집 역시 신흥유신 가운데 일부는 개혁에 동의했지만 일부는 신돈의 권력 행사에 반대하여 신돈을 제거하려 하는가 하면, 개혁에 참여한 신흥유신과 신돈 사이에서 개혁의 방향을 둘러싼 마찰이 일어나기도 했다. 신돈의 개혁은 시간이 지날수록 반발 세력의 결집을 불러 왔다.

신돈의 개혁은 권문세족을 정계에서 몰아내려 했지만, 이를 대신할 새로운 세력을 길러 내지 못했다. 특히 신돈에게 집중된 권력은 그의 자의에 따른 행정과 무리한 사법 판단을 야기했고, 이는 신돈이 개혁을 추진하는 데 큰 문제로 작용했다. 신돈의 권력 집중을 공민왕 또한 바라지 않았다. 결국 신돈은 1371년 공민왕에 의해 제거된다. 이로써 공민왕 20년 신돈의 실각을 계기로 정치 활동이 제약되었던 권문세족과 무장세력이 재집권하게 되면서 신흥유신의 정치적 입지는 약화되었다.

그러나 신돈의 개혁이 일정한 한계성을 지니고 있다고 하더라도 당시로서는 그 어떤 개혁보다도 일반민의 기대에 부응하였다. 그러나 그의 죽음으로 인하여 개혁의 탄력성은 줄어들고 정치 질서도 문란해져 개혁 의지를 지녔던 공민왕이 의문의 암살을 당하는 결과를 초래하였다. 그리하여 일반민의 기대에 부응하는 또 다른 개혁은 위화도회군 이후 등장하는 개혁파 신흥유신의 주도 아래 이루어진 새로운 정치 질서의 재편 과정에 가서야 실시될 수 있었다.

공민왕은 왜 신돈과 같은 전혀 새로운 인물에게 개혁을 추진하도록 하였을까? 공민왕 자신의 정치적 한계 때문이었을까 아니면 결과가 어느 정도 예상되는 상황에서 개혁의 일선에 나선다면 이해관계에 얽매어 있는 완강한 권문세족과 대립할 소지가 충분하다는 것을 감지한 것일까? 결국 공민왕의 절대적인 후원하에 국왕의 대행자로 자처하던 신돈은 이전의 측근들과는 구별될 정도로 강력한 권력을 행사하였지만, 국왕의 결단에 의해 하루 아침에 제거될 수밖에 없는 데서도 알 수 있듯이, 국왕의 의지를 대행하는 측근일 수 밖에 없었다.

공민왕은 신돈을 통해 자신의 왕권의 확보와 지배체제의 재정비를 위해 대대적인 개혁을 생각하였을지도 모른다. 그러나 그 자신이 정치 일선에 나서서 수많은 반대 세력과 싸우기에는 현실의 벽이 너무 높았다. 여기에다 노국대장공주의 죽음은 심약한 그에게 정치에 대한 회의를 품게 하였을 것이다. 그 때문에 실패하면 소생하기 어려운 자신의 국왕권 강화와 개혁이라는 멍에를 신돈에게 들씌웠던 것은 아닐까? 오늘 우리는 신돈을 통해 시대

창녕 관룡사 용선대 석조석가여래좌상(보물)
통일신라시대의 불상으로 신돈이 어려서부터 이 불상을 보며 더불어 사는 세상을 꿈꾸었을 것이다.

가 요구하는 진정한 개혁이 무엇이며, 개혁의 의미는 어디에 있는지 그리고 개혁이 성공하려면 어떻게 해야 하는지 진지하게 고민할 때이다.

홍영의 _국민대 교수

최영과 이성계는 어떻게 권력을 잡았을까

이형우

황금을 돌같이 여긴 최영, 명궁 이성계

우리는 초등학교에 입학한 이후 꾸준하게 민족의 역사를 배워 왔다. 선사시대부터 최초의 국가 고조선을 거쳐 현대에 이르기까지 우리 역사를 배우면서, 우리는 때때로 '그때 만약에 이렇게 되었더라면' 하는 가정을 해 본 기억이 있을 것이다. 역사에서 가정은 무의미하다고 하지만, 그런 가정들은 하나의 양념이 되어 우리가 선조들의 삶을 이해하는 데 또 다른 재미를 더해 준다. 그런 과정 속에서 많은 사람들이 한 번쯤은 그려 보았을 가정은 잃어버린 만주 벌판에 대한 일일 것이다.

최영 장군이 추진하였던 요동 정벌은 잃어버린 만주 벌판을 떠올리는 사람들에게 여러 가지 가정을 하게 해 주었다. 만약 요동 정벌이 성공을 거두었더라면, 이성계가 위화도에서 회군을 하지 않았더라면, 위화도에서 회군한 이성계를 최영이 물리쳤더라면 등등이 그 내용이었을 것이다. 이때의 요동 출병과 뒤이은 위화도회군은 고려 말 두 거목 최영과 이성계의 명암을 갈라놓았고, 결국은 고려의 멸망과 조선의 건국으로 이어졌다.

최영 장군 묘(경기도 고양시 소재)
위화도 회군 직후 이성계 일파는 최영을 고양에 유배하고, 다시 마산, 충주 등으로 옮겼다가 1389년(창왕 1)에 개경에서 참형하였다. 그가 처형되던 날 개경 사람들은 일제히 철시(撤市)하고 모두 눈물을 흘렸다고 전한다. 그의 묘는 풀이 나지 않는다고 하여 적분(赤墳)이라고 불린다. 부산 자성대에 있는 사당과 제주 추자도에서는 해마다 최영 장군을 기리는 행사가 열린다.

　최영은 당대의 명문 철원 최씨 출신이었지만, 정작 자신의 직계 선조들은 그다지 현달하지 못했고 아버지는 최영의 나이 16세 때 일찍 죽었다. 그런 까닭에 최영도 과거 등을 통하여 문신으로 출세하지 못하고, 남보다 뛰어난 완력을 바탕으로 삼아 군인의 길을 걸었다. 이후 아버지의 유훈인 "황금 보기를 돌과 같이 하라."를 생활신조로 삼고, 공민왕과 우왕 때에 여러 차례의 군공을 쌓으며 성장하였다. 그리하여 공민왕 말기에는 물론 우왕 재위 기간 내내 막강한 권력자의 지위를 누렸다.

　이성계는 전주 이씨 출신이다. 고조할아버지인 이안사는 지금의 함경도 지역으로 이주하였다. 당시 그 지역은 원나라 통치 아래 있었고, 이안사를 비롯하여 이성계의 아버지 이자춘에 이르기까지 원나라의 벼슬을 받았다. 1356년(공민왕 5) 공민왕이 반원 개혁 정치를 단행할 때 이자춘이 고려에 귀화하면서 이성계는 비로소 고려인이 되어 고려의 관직을 받고 활동하였다. 이성계는 개경에 기반이 없던 자신의 불리함을 뛰어난 활 솜씨 등 탁월한 무재로 극복하여 정치적으로 성장하였다.

중국 대륙 정세의 급변, 그리고 홍건적의 침입

고려는 30여 년 동안 몽골과 전쟁을 치른 끝에 강화를 맺고 이후 80여 년 이상 원나라의 간섭을 받았다. 그 기간 동안 원나라는 고려가 독자적인 군사력을 갖지 못하게 했으므로 고려는 군사적으로 매우 취약하였지만, 원나라가 안정된 시기에는 별 문제가 없었다. 그러나 14세기 중반에 이르러 몽골의 지배를 받던 한족들의 반란으로 중국 대륙이 혼란해지면서 상황은 급변하였다.

홍건적은 원나라에서 일어난 한족 반란군 중의 하나로 한산동, 유복통 등이 중심이 되어 허베이 성 영평을 근거지로 하여 세력을 떨쳤다. 그들은 머리에 빨간 두건을 둘러 표식을 삼았기에 홍건적(紅巾賊) 또는 홍두적(紅頭賊)이라고 불렸다. 그들은 당시 유행하던 백련교를 등에 업고 몽골에 대한 한족들의 반원 감정을 이용하였다. 한산동을 송나라 휘종의 8세손이라고 선전하면서 빠르게 세력을 키워, 1355년에는 그의 아들 한림아가 황제로 추대되었으며, 국호를 송이라 정하였다. 그 뒤 원나라 각지에서 전투를 벌였는데, 그들 중 한 무리가 원나라 군대의 반격을 받고 고려 쪽으로 쫓겨 들어와서 노략질을 하였다. 우리는 이것을 홍건적의 침입이라고 부른다. 대륙의 정세가 급변하자 고려는 이유도 없이 피해를 입었던 것이다.

홍건적은 고려를 두 차례 침입하였다. 첫 번째는 1359년 12월에 있었다. 모거경 등이 4만의 무리를 이끌고 평북 의주와 정주를 함락하고 순식간에 평양까지 점령하였다. 이에 고려는 전열을 정비하여 이듬해 1월에 평양을 탈환하고, 도망치는 홍건적을 추격하여 물리쳤다. 이때 압록강을 넘어 살아 돌아간 홍건적은 수백 명에 불과했다고 한다.

그 뒤에도 홍건적은 간헐적으로 황해도와 평안도 지역에 들어와 노략질을 하다가, 1361년 10월에 두 번째로 쳐들어왔다. 이때에는 반성·사유·관선생이 무려 10만여의 대군을 이끌고 파죽지세로 고려의 방어선을 무너뜨리고 수도인 개경을 압박하였다. 다급해진 공민왕과 관리들은 어쩔 수 없이 수도 개경을 버리고 경상도 안동까지 피난을 갔다. 홍건적은 11월 하순에 개경까지 함락했다.

고려에서는 전열을 정비하고, 군대를 징발하여, 다음 해 1월에야 20만의 군대로 개경을 포위할 수 있었다. 때마침 1월 엄동설한에 눈비가 섞여 내렸는데, 적들은 향수에 젖었는지 방심하고 있었다. 그때를 틈타 고려 군대는 기습하여 10만여 명 가까운 수의 적을 무찌르는 큰 전과를 올렸다. 개경 성 안에서 어린아이까지 삶아 먹으면서 만행을 저지르던 적이 고려군의 기습에 자기들의 처자식도 데리고 가지 못한 채 압록강을 바라보며 도망가기에 바빴다. 군사적으로 취약했던 고려는 홍건적의 공격에 기선을 제압당하여 처음에는 고전하였지만, 곧바로 반격하여 두 차례 모두 적을 거의 섬멸하였다. 이때 활약한 장수 중에는 안우, 이방실 등 이외에도 최영과 이성계가 있었다.

고려 말기의 바이킹, 왜구

홍건적은 단 두 차례 침입해 왔지만, 왜구는 고려 말과 조선 초에 걸쳐 지속적으로 우리나라를 침략해 왔다. '왜구(倭寇)'라는 말은 본래 "왜가 ○○를 노략질하였다."라는 말인데, 고려 말과 조선 초에 왜가 우리나라와 중국을 너무 빈번하게 침입해서 일본 해적을 가리키는 명사가 되어 버렸다. 왜구는 삼국시대에도 우리나라에 침입했었다. 그러나 고려 말 왜구의 침입은 지속적이고 그 피해가 매우 컸다는 점에서 이전 시기와는 달랐다. 그들은 고려의 수도까지 위협하여 정부에서는 계엄을 선포하기도 하였으며, 수도를 더 안전한 내륙으로 옮기자는 논의도 있었다. 공민왕 때부터 공양왕 때까지 41년 동안 왜구는 총 500회 이상, 1년 평균 약 12회 이상 침입하였다. 우왕 대에 제일 극심하였는데, 그중에서도 1377년(우왕 3)에는 월 평균 4회 이상인 총 50회 이상 쳐들어와서 백성을 죽이고 재물을 약탈하였다.

그렇다면 왜구는 무엇 때문에 그렇게 결사적으로 고려를 침략했을까? 첫째 이유로는 일본의 국내 사정을 들 수가 있다. 왜구가 창궐하던 당시 일본은 가마쿠라[鎌倉] 막부가 1333년 멸망하고 무로마찌[室町] 막부가 들어섰으며, 동시에 황실이 남북으로 갈라져 서로 대적하는 남북조시대였다. 당연히 중앙의 통치 권력이 제대로 행사되지 못하였고, 그 틈을 타서 각 지방의 무사들은 자신들의 영지를 획득하는 데 혈안이었으며, 그 와중에 백성들은 비참한 생활을 할 수밖에 없었다. 그런 상황을 벗어나기 위한 방편으로 수많은 해적이 형성되었는데, 그들은 고려뿐만 아니라 중국 연안에까지도 출몰하면서 약탈을 일삼았다. 최근에는 왜구를 단순한 해적이 아닌 남북조 내란의 주역들로 파악하고 있는 연구가 나와 주목받고 있다.

왜구 학살도
이 그림은 1618년(광해군 1)에 간행된 《동국신속삼강행실도》(서울대학교 규장각한국학연구원 소장)에 실린 것으로 왜구가 입힌 피해를 보여 준다.

두 번째 이유로는 고려의 취약한 군사력을 들 수 있다. 반원 개혁 이후 공민왕은 국가를 정상화하려고 노력했지만 권세가들의 반발과 국제 정세의 혼란 등으로 뜻하는 바를 이루기 어려운 상황이었다. 그런데 공민왕이 뜻밖의 시해를 당하고, 나이 열 살의 어린 우왕이 즉위하였다. 개인적인 치부와 세력 확대에 골몰했던 집정자들은 새로운 상황에 맞는 군사제도를 확립하지 못하였고, 군대의 기강도 해이하였다. 그런 까닭에 남북조 내전 등 오랜 전쟁 경험이 있는 왜구를 효율적으로 방어하기가 어려웠다.

왜구의 주된 약탈 품목은 곡식이었다. 일본은 본래 식량 사정이 좋지 않아서 조선에 들어와서도 그들은 끊임없이 쌀을 교역하려고 하였다. 그런데 남북조 전쟁으로 더욱 생활고에 허덕이게 되었고, 그것을 해결하기 위하여 왜구가 되었던 만큼 곡식 약탈에 혈안이 된 것은 당연하다. 이런 이유로 그들은 고려의 조운선을 습격하였고, 나아가 연안의 곡물 창고를 직접 노략질하는 등 침입 초기에는 주로 해안 지역을 약탈하였다.

그러나 고려가 조세를 거두어 육로를 이용하고 조창을 옮기자 왜구는 내륙에까지 쳐들어왔다. 해적으로 출발한 왜구가 기병 부대까지 만들어 내륙을 침략해 들어오면서 고려 백성들이 입은 피해는 더욱 심각하였다. 곡식 이외에 사람도 마구 잡아가고 죽였으며, 어떤 곳에서는 사로잡은 사람들을 모조리 죽여 시체가 산같이 쌓였고 지나는 곳마다 피로 물결쳤다고 전한다. 이런 모습은 중세 유럽의 해적인 바이킹이 해안 지역을 약탈하다가 뜻대로 안 되면 내륙지방에까지 침입하여 노략질한 사실과도 비교된다. 해적의 실상은 세계 어느 곳에서나 유사하였던 것이다.

무장 세력이 득세하던 시절

고려는 홍건적과 왜구 때문에 큰 피해를 입었고, 당연히 대책을 세우지 않을 수 없었다. 홍건적은 단 두 번 침입하였지만, 너무나 피해가 컸기 때문에 외교정책도 변화하게 되었다. 비록 짧은 기간이었지만 다시 원나라와 외교관계를 맺고, 또 있을지도 모르는 홍건적의 침입에 대비하였다.

왜구 침입은 지속되는 문제였기 때문에 고려 정부도 장기적인 안목에서 대책을 수립해야만 하였다. 고려는 화친과 전쟁 양면 정책을 사용하였다. 회유책으로는 첫째로 왜구의 귀화를 받아들였지만, 이는 별다른 효과가 없

왜구 침략도
전 국토에 걸친 왜구의 침입 상황과 무장들이 명성을 떨쳤던 전투 지역이다.

었다. 둘째로 일본 정부와 직접 교섭을 벌여 왜구를 금지시키려고 하였다. 이 방법은 부분적으로 성공을 거두어, 1377년(우왕 3)에 일본 규슈 지방의 실권자에게 사신으로 갔던 정몽주는 포로로 잡혀갔던 백성 수백 명을 데리고 오기도 했다.

이런 회유책에도 왜구의 침입이 끊이지 않자 고려는 적극적으로 대응하지 않을 수 없었다. 성을 쌓고 수군을 강화하며 새로운 무기인 화포를 개발하는 등 국방력을 강화하여 왜구를 물리치려고 하였다. 그 결과 왜구를 물리치는 데에 상당한 성과를 거두어 우왕 말기에는 왜구의 침입이 많이 줄어들었다. 1389년(창왕 1)에는 박위가 100여 척의 병선을 거느리고 왜구의 소굴인 대마도를 직접 정벌하기도 하였다.

왜구가 지속적으로 침략하는 상황, 그리고 적극적인 왜구 토벌에서 승리를 거두는 일들이 늘어나면서 무장들의 정치적인 지위가 높아졌다. 그중에서도 최영과 이성계는 단연 돋보였다. 왜구의 침입이 격심해지면서 전국 각지에서 전투가 벌어졌는데, 왜구는 고려 장수들 가운데 최영과 이성계만을 두려워하였다고 한다. 이들은 우왕 때의 왜구 토벌에서 명성과 권력을 함께 얻을 수 있었다. 특히 이성계는 자신의 근거지인 동북면 출신으로 이루어진 사병을 거느렸는데, 이들은 이성계가 출세하는 데 큰 힘이 되었다.

《고려사》나《조선왕조실록》등 역사 기록에서 최영과 이성계의 눈부신 무용담을 찾아볼 수 있다. 최영은 홍산 전투로 유명하다. 삼면이 모두 절벽이고 오직 한 길만이 통할 수 있는 곳을 왜구가 먼저 차지하고 있었다. 여러 장수들은 겁이 나서 전진하지 못하고 있었는데, 최영이 61세의 노구를 이끌고 앞장서서 돌격하니 적이 무너졌다. 이때 숲속에 숨어 있던 왜구가 최영

황산대첩비각과 비(전북 남원시 소재)와 그 탁본(왼쪽)
이성계가 왜구를 무찌른 일을 기념하기 위하여 1577년(선조 10)에 세운 비. 이 비는 일제강점기 때 일본인들이 파괴하여 파편만 남아 있었으나, 1957년에 귀부와 이수를 그대로 이용하여 중건하였다.

에게 화살을 쏘아 입술을 맞히자, 피가 철철 흘렀다. 그러나 최영은 안색이 조금도 변하지 않고 그 적을 쏘아 쓰러뜨린 다음 화살을 뽑고, 더욱 세차게 싸워서 적을 거의 섬멸시켰다.

　이성계는 조선의 건국자이므로 그의 활약이 더욱 과장되게 묘사되었다. 이성계는 싸우기 전에 신기에 가까운 활 솜씨를 이용하여 부하들의 사기를 진작시키곤 하였다. 백 수십 걸음 밖에 놓여 있는 투구나 새 등을 목표물로 삼은 뒤, 화살 몇 발을 정해 놓고 "이것이 모두 명중하면 이번 전투는 이길 것이다." 하고는, 모두 쏘아 맞혔다. 이성계의 활 솜씨는 지금의 전북 남원 지역인 황산 전투에서 극적으로 드러났다. 당시 15, 16세가량의 적장이 매우 용맹하여 우리 군사들이 두려워하였다. 적장은 얼굴까지 갑옷으로 가려서 화살을 맞힐 만한 틈이 없었다. 이성계가 활로 투구 꼭지를 쏘아 적중시키자 투구가 떨어졌다. 이 틈에 이두란이 쏘아 죽이니 적은 기세가 꺾여 도망가고 고려는 대승을 거두었다. 그들이 흘린 피로 냇물이 온통 붉어져 6~7일간이나 변하지 않아서 사람들이 마시지를 못하였다고 한다. 지금도 남원에는 그 지역의 땅에 붉은빛이 돈다는 이야기가 전하고 있다.

이렇게 최영과 이성계 두 사람은 뛰어난 무장으로서 고려 말 격변기에 홍건적과 왜구를 격퇴하며 출세할 수 있었다. 이후 두 사람의 행보는 고려 멸망과 조선 건국으로 이어진다. 최영은 명나라의 강압적인 태도에 반발하여 요동 정벌을 단행하였고, 이성계는 요동 정벌을 거역하고 위화도에서 회군하여 최영을 제거하고 조선 건국의 첫걸음을 내디뎠다.

이형우 _ 인천대 교수

전환기의 갈림길,
고려의 충신이냐 조선의 공신이냐

도현철

고려 후기 사대부 앞에 놓인 두 길

　조선왕조의 건국을 둘러싸고 고려 후기 사대부는 정치적 행보가 달랐다. 당대 유학의 종장(儒宗)이라는 이색, 선죽교에서 맞아 죽은 정몽주, 이숭인 등 많은 사대부들은 고려에 절의를 지켰다. 성씨 문중에서 흔히 자랑스러운 조상으로 받드는 두문동 72현도 같은 길을 간 사람들이다. 후대 사람들은 이들을 절의를 다하여 인간이 인간으로서 지켜야 할 윤리 도덕에 충실했던 인물로 평가하였다. 반면 고려 말 최고의 경세가라는 정도전과 조준, 그리고 윤소종 등은 '새 술은 새 부대에 담아야 한다.'라는 신념으로 무너져 가는 고려왕조를 근본적으로 부정하고 새 왕조 조선을 세웠다. 이들은 부정과 비리를 저지르는 권세가를 비판하고 정적을 가차 없이 숙청하면서 백성을 위한 정치를 하려고 했다.
　비슷한 시기에 성리학이라는 신사상을 이념으로 받아들인 사대부들이 고려 말이라는 시점에서 현실 정치에 참여하면서 한쪽은 고려를 지키려는 사대부로, 한쪽은 새로운 왕조를 세워 개혁을 하려는 사대부로 나뉘고, 궁극에 가서는 고려의 충신과 조선의 공신으로 갈라진 이유는 무엇인가.

사대부의 정치와 경제에 관한 논리

사대부에게는 정치와 경제 운영에 대한 견해 차이가 있었다. 우선 누가 정치 운영의 주체가 되느냐, 인재를 어떻게 선발하느냐 하는 점에서 차이가 있었다. 이색과 정몽주 등은 기존의 인재 등용법인 음서제(蔭敍制)와 좌주문생제(座主門生制)에 찬성하였다. 음서제란 공신과 종실의 자손이나 5품 이상의 관료의 후손이 과거에 합격하거나 특별한 공이 없어도 관리가 될 수 있는 제도이고, 좌주문생제란 과거에서 시험관인 좌주와 응시자인 문생이 뒤에도 부모 자식 관계처럼 서로를 돌보아 주고 받드는 관습이다. 이색은 15세 때 아버지 이곡이 5품 이상의 관료가 되었으므로 별장(別將)이 되었고 이색 계열의 한수와 우홍수 등도 음직을 받아 출세의 발판으로 삼았다. 음서제를 실시하면 고급 관리의 자손은 어려서부터 관리가 될 수 있었고, 그렇지 못한 다른 관리들보다 고위직에 빨리 오를 수 있었다.

또한 이들은 좌주문생제를 긍정하였다. 이색 계열의 사대부는 좌주를 중심으로 문생을 세력화하여 자신들의 정치적 입지를 확대하는 데 이용하였다. 이색은 좌주와 문생을 부모와 자식의 관계와 같은 것으로 보고 그들 사이의 사적인 은혜와 의리가 국가의 원기를 배양한다고 하였다.

반면에 정도전과 같은 사대부는 음서제와 좌주문생제에 대하여 비판적이었다. 이들은 권세 가문과 혈연적인 관계를 맺지도 않았고 다른 사적인 인연도 없었다. 관직에 나아갈 때에도 좌주문생제의 혜택을 받지 못하였다.

윤소종은 이숭인, 권근 등과 더불어 이색의 문생이었으나, 이숭인과 권근이 우왕 대에 요직에 있었던 것과 달리, 향리에 내려가 있거나 한직에 머물렀다. 조선의 개국공신이 된 남재는 공민왕 20년 과거에 합격하였지만 종 9품 벼슬에 9년간이나 머물러 있어서 장인에게도 예를 갖추지 못하는 형편이었다. 정도전은 좌주문생 관계를 '공적인 선발로서 사사로운 은혜를 삼는 것'이라고 비판하기도 하였다.

〈이색상〉(국립중앙박물관 소장)
이색은 고려왕조를 수호하고 절의를 지킨 길재·이숭인과 함께 삼은(三隱)의 한 사람이다.

이들은 경제 제도 특히 토지제도[田制]를 어떻게 다룰까 하는 점에서 방법상 차이가 있었다. 고려시대는 요즘처럼 화폐가 널리 사용되지 않아서 국가가 관리들에게 봉급을 주는 방법도 요즘과 달랐다. 국가는 토지 주인에게서 생산물의 일정량을 토지세로 거두었는데, 관리들에게 그들의 지위와 직책에 따라 규정된 토지의 세금을 거둘 권리를 나누어 주었다. 이렇게 나누어 준 토지를 사전(私田)이라 한다. 관리 개개인이 토지 주인에게서 직접 토지세를 거두어 갖는 것이었다. 그런데 무신정변 이후 토지제도 운영이 법대로 되지 않았다. 권세 있는 자들은 사전을 자손에게 불법적으로 세습하고 힘없는 농민의 토지를 강제로 빼앗을 뿐 아니라, 농민들에게서 규정 이상의 토지세를 징수했다. 농민들은 1년에 한 번만 내면 되는 토지세를 서너 번, 심지어 여덟아홉 번까지 내기도 했다. 그 결과 농민 생활이 곤궁해지고 국가재정도 점점 어려워졌다.

이에 대하여 이색과 권근 등은 농민이 곤궁하게 되는 이유가 하나의 토지에서 1년에 여러 번 세금을 거두는 데 있다고 보았다. 그러므로 농민의 곤궁을 해결하기 위해서 사전(私田) 주인을 규정대로 잘 가려서 1년에 한 번씩만 세금을 거두면 된다고 하였다. 반면 조준 등은 관리들에게 사전을 나누어 주는 제도 자체에 문제가 있다고 보고 기존의 사전을 재조정하자고 하였다. 이들은 기존의 사전을 전부 없애고 경기도에만 지급한다는 원칙에서 다시 분배해야 된다고 하였다. 이는 관리 개개인이 농민에게서 직접 세금을 거두는 사전을 축소하는 가운데 국가의 조세 수취권을 강화하는 것이다. 이를 통하여 수조권에 의한 중간 수탈을 없애고 농민 생활을 안정시키려는 것이다.

이러한 차이는 이들의 경제적 이해 기반과 무관하지 않다. 사대부들은 지배층이고 대개 지주였지만 그들 간에는 차이도 컸다. 이색과 같은 사대부는 상대적으로 경제생활이 윤택했다. 이색은 한산·면주·여흥·광주·덕수·장단·개경·유포·적제촌 등 열 곳에 토지를 소유하였다. 또한 그는 아버지에게서 상속받은 토지와 자신이 직책에 따라 받은 사전이 있었고, 홍건적이 침입했을 때 안동까지 공민왕을 시종한 공으로 일등 공신이 되어 토지 100결, 노비 10명을 받았다. 처음에는 중소 지주 출신이었지만, 이제는 대토지 소유자이자 중앙 정계의 권력자가 되었던 것이다.

반면에 정도전과 같은 사대부는 같은 지배층으로서 과거나 군공으로 중앙 정계에 진출하였지만, 그에 상응하는 정치·경제적 혜택을 받지 못하였다. 국가의 재정이 바닥나서 봉급마저 지급되지 않았고 직책에 따라 받은

정도전 시비(서울시 종묘공원 소재)
새로운 왕조를 개창하고 급진적인 개혁을 추진하다 피살된 비운의 혁명가 정도전의 시비(詩碑)이다. 1995년에 세워졌다.

사전조차 권력자에게 빼앗기기도 했다. 정도전은 우왕 초에 나주 지방의 거평부곡에서 3년간 유배 생활을 하고 선향인 영주와 생가인 삼봉을 왕래하면서 4년을 보냈으며, 그 뒤에 유배가 완화되어 서울 근교에 오게 되었다. 이때 그는 오막살이 집을 짓고 스스로 밭갈이도 하였다. 그의 부인은 집안 사정의 어려움을 다음과 같이 말하였다.

당신은 평일에 부지런히 독서하느라 아침에 밥이 끓든 저녁에 죽이 끓든 간섭하지 않아, 집안 형편은 경쇠를 걸어 놓은 것처럼 한 섬의 식량도 없고 아이들은 방에 가득해서 춥고 배고프다고 울었습니다. 제가 끼니를 맡아 그때그때 어떻게 꾸려 나가면서도 당신이 독실하게 공부하시니 뒷날 입신양명하여 처자가 우러러 의지하고 가문에는 영광을 가져오리라고 기대했습니다. 그렇지만 끝내는 나라법에 저촉되어 이름은 욕스럽게 되고 몸은 남쪽 변방에 귀양을 가며, 형제들은 나가쓰러지고 가문은 흩어져 세상 사람들의 웃음거리가 된 것이 이 지경에 이르렀습니다.

정도전은 사대부였지만 집안 형편은 매우 어려웠던 것이다.

두 파 사대부의 사상적 차이

이 시기 사대부가 정치 현장에서 두 파로 나뉘게 된 것은 사상 차이에서도 이유가 있다. 이들은 유학자로서 성리학을 이념으로 받아들이고, 성리학에서 제시하는 질서를 지향하였다. 원래 유교의 예(禮)를 구성하는 원리로는 혈연관계를 중시하는 친친(親親)과 인위적인 인간관계를 중시하는 존존(尊尊)이라는 두 측면이 있다. 앞의 것은 혈연을 매개로 한 가족 관계를 중심으로 사회관계를 설명하고 혈연에 의한 인정이나 사사로운 정감을 중시한다. 뒤의 것은 혈연보다는 인위적이고 2차적인 인간관계를 중심으로 사회관계를 설명하고 공공성을 강조한다. 이 두 측면은 결합되어 있지만 강조점의 차이는 있다.

이색과 같은 사대부는 혈연을 매개로 하는 가족 중심의 인간관계를 중시하였다. 중국의 한나라 때 요서 지방을 방비하던 조포라는 관리가 있었다. 이민족이 침입하여 어머니와 처자식이 인질로 잡히자 이민족을 공격하여 격퇴시켰으나, 조포의 어머니와 처자식은 그 와중에 죽게 되었다. 그러자 조포는 어머니와 처자식의 장례를 치르고 스스로 목숨을 끊었다. 이에 대하여 이색의 아버지인 이곡은 조포가 "어머니를 죽이면서도 공적을 세우는 것이 충이라는 것만 알았지 자신을 보전하며 어버이를 섬기는 것이 효라는 것을 몰랐다."라고 비판하였다. 자신을 보존하며 어버이를 섬기는 것이 진정한 효라는 것이다. 그에 따르면 조포는 관직을 버리고 인질로 잡힌 어머니를 구해 은둔하여 섬기는 것이 합당하다. 즉 국가의 공적인 관계, 혹은 군신 관계보다는 혈연을 매개로 한 부모와 가족 관계가 우선이라는 것이다.

이러한 생각에서는 대의보다 사적인 인정을 강조한다. 이색의 제자인 이숭인은 어머니의 상을 당하여 상중에 있었으나 시험관이 되었다. 그 이유는 늙고 병든 아버지가 생전에 아들의 영화를 보고자 했기 때문이다. 원래 상중에는 벼슬에 나아갈 수 없었고, 국왕이 명령하는 경우에만 벼슬할 수 있었

고려동 유적지(경남 함안군 소재)
고려의 유민으로 절의를 지킨 이오 선생이 왕조 개창을 반대하고 이곳에 숨어 살았다고 한다.

지만, 이숭인은 이를 어기고 아버지의 뜻을 따랐던 것이다. 이는 부모의 뜻을 따르는 효자의 마음, 곧 혈연에 입각한 인정(親親)을 중시하는 것이다. 이러한 태도는 가족에만 한정되는 것이 아니라 국가 사회로까지 확대되었다.

이와 달리 정도전과 같은 사대부는 성리학을 통하여 국가의 공적 관계, 사회적 명분을 중시하였다. 이들은 《춘추》의 "대의는 부모, 자식 관계에 앞선다."라는 명분을 '선'으로 내세우면서 사적인 인정에 치우치는 것을 '악'이라 하여 공적 의리를 중시하였다. 따라서 당연히 혈연 가문을 중시하는 음서나 인적으로 결합하는 좌주문생제를 비판하고 능력 위주로 인재를 등용할 것을 주장하였다.

이들의 차이점은 임금과 신하의 관계를 어떻게 이해하느냐는 군신관(君臣觀)과 현실 정치의 문제점을 어떻게 해결하느냐 하는 점에서도 나타난다. 이색 계열의 사대부는 절대적인 군주관을 견지했다. 사회적 관계는 의리로 맺어졌기에 의리가 맞지 않으면 언제든지 떠날 수 있다. 그러나 혈연으로 맺어진 관계는 끊으려야 끊을 수 없는 절대적인 관계이다. 이들이 혈연관계로 비유된 인간관계, 사회관계를 중시했다는 점은 그 관계는 끊을 수 없는 영원한 관계, 불변의 관계로 파악했다는 것이다. 그러므로 혈연관계로 비유된 임금과 신하의 관계는 절대 변하지 않는 인간관계가 되므로 영원하고 변경할 수 없는 관계가 된다. 이들은 이미 주어진 군신 관계를 어떠한 여건에서도 받아들이고 지키려 하였다. 선왕인 공민왕의 말에 복종해야 했고 군주에 대한 충성은 절대적이었다. 이들이 많은 문제점을 보면서도 결국 고려왕조를 부인하지 못하고 충신으로 남을 수밖에 없었던 이유는 여기에 있다.

이와 달리 정도전과 같은 사대부는 성리학의 대의명분에 충실하였다. 이들은 '대의'라는 명분을 내세우며 혈연적이고 사적인 가치관을 비판하였다. 과거 춘추시대의 역사적 사례를 통하여 신하의 왕위 찬탈에 관한 시시비비를 가리고 엄정하게 평가하였다. 군주는 존재하는 그 자체로서 충성의 대상이 되지 않고 대의명분에 합치될 때에만 정통이며 충성해야 한다는 것이다. 유교 경전에 나오는 천명사상이나 맹자의 역성혁명론을 역설하고, 왕이 존립할 수 있는 근거가 무엇인가를 논의의 초점으로 삼았다. 동양 고대의 대표적 성군이라는 상(은)나라 탕 임금이나 주나라의 무왕을 이상 군주로 제시하였다. 혈연으로만 보증되는 군주상에 만족하지 않고 천명과 인심에 순응하는 군주상을 원했던 것이다. 그러므로 이들은 명분에 맞는 정통 군주를 원하게 되고 이에 어긋난다면 이를 정정하고 바꾸어야만 했다. 그래서 유교의 명분론과 춘추대의에 비추어 볼 때 우왕이 왕이 아니라고 주장하였고, 따라서 명분에 맞지 않은 우왕과 그의 아들로 왕위에 오른 창왕을 물러나게 했다. 나아가 명분에 맞는 군주의 즉위와 새로운 군신 관계를 도모하였다. 이러한 명분론은 혈연을 기조로 하는 고려의 예론과 배치되므로 고려에 대한 비판은 근원적일 수밖에 없었다. 결국 고려를 부정하는 논리가 나왔던 것이다. 정도전과 같은 사대부가 고려의 신하였으면서도 고려의 충신이 아니라 새 왕조 조선의 개국공신이 된 이유도 사상적 차이에 있었던 것이다.

충신과 공신의 차이

조선왕조는 개국 11일 만에 고려 말에 당(黨)을 만들어 반란을 꾀했다고 하여 이색, 우현보 등 56명에게 죄를 주었다. 그리고 두 달 후 정도전, 조준

등 44명을 개국공신으로 임명하였다.

  충신과 공신이란 하나의 500년 왕조가 망하고 다른 하나의 500년 왕조가 들어서던 정치적 격변기에 사대부들이 택할 수 있었던 두 가지 길이었다. 그들에 대한 후세의 평가가 어떠했든, 오늘날 우리가 그들을 어떻게 평가하든, 그들은 자기네 이념에 충실하게 정치적 행보를 하였다. 때론 목숨까지 버리면서. 강남의 귤이 양쯔강을 건너면 탱자가 되듯, 같은 사상이라도 받아들이는 사람에 따라 서로 다른 빛깔로 나타난다. 그리고 역사의 큰 흐름 속에서 그런 빛깔의 차이는 때로 커다란 변혁의 물줄기를 이루기도 하는 것이다.

도현철 _연세대 교수

고려시대 사람들은 어떻게 살았을까 2

2부 자주와 사대의 사이

황제국 체제를 지향한 고려 국가
세계 제국 몽골과 맞선 고려 민중의 힘
고려판 정신대, 공녀
원나라의 마지막 황후가 고려 여인이었다는데
고려양(高麗樣), 얼마나 사실일까

황제국 체제를 지향한 고려 국가

김기덕

황제·천자·왕

　왕조 사회에서 한 나라의 최고 통치자를 뜻하는 칭호는 여러 가지가 있었다. 우리나라에서 흔히 '왕'이라 칭했다. 그러나 중국은 '황제', 일본은 '천황'이라 했으며 그 밑에 각 지역의 통치자로 봉건 제후인 여러 '왕'들이 있었다. 우리의 경우도 '황제'나 '천황'처럼 '왕'보다 상위개념으로 '대왕'이 사용되기도 하였으나, 일반적으로 '왕'이라 칭했다.

　중국에서 원래 군주 칭호는 '왕' 또는 '천자'였다. 왕은 '훌륭한 사람', 천자는 '상제(上帝)의 아들로서 천명을 받은 자'라는 뜻이다. 진나라는 기원전 221년 처음으로 중국을 통일한 후 '황제'라는 칭호를 새로 만들었다. 이후 중국의 최고 책임자는 항상 황제라 했고, 이는 1912년 청나라 마지막 황제가 퇴위할 때까지 2,000여 년 계속되었다. 흔히 황제(皇帝)는 전설적인 중국의 임금인 삼황(三皇)과 오제(五帝)를 한 단어로 줄여서 만든 칭호라고 한다. 그러나 황제의 '황'은 '빛이 난다' '위대하다' '크다'는 뜻이고, '제'는 상제, 즉 천계(天界)에 살면서 우주 만물을 주재하는 최고의 절대 신을 뜻한다. 따라서 황제는 '빛나는 우주의 주재자'라는 뜻으로 이해되기도 한다.

중국을 통일한 진시황(秦始皇)은 '왕' 또는 '천자' 대신, 그보다 더 초월적인 절대 신을 의미하는 '황제'라는 칭호를 새로 만들어 사용하였다. 이는 자신을 지상에 출현한 상제 그 자체로 인식했음을 뜻한다. 이러한 개념으로 정의된 황제는 원칙적으로 천하에 단 한 명이 존재할 뿐이다. 따라서 진시황은 제(制)·조(詔)·짐(朕)과 같이 황제만이 사용할 수 있는 각종 용어를 제정하였다.

진이 천하를 통일한 뒤, 중국은 여러 왕조로 이어지며 분열과 통일을 반복하였다. 중국 왕조와 우리나라의 삼국과 고려, 조선의 왕조는 서로 교류하였다. 한국과 중국의 교류는 외형적으로 책봉 형식을 통해 이루어졌다. 책봉은 중국이 황제국 입장에서 우리를 제후 왕으로 봉작해 주는 외교적인 의례 행위였다.

고려와 외교관계를 맺었던 중국의 왕조는 송·요·금·원·명이었다. 고려는 국왕이 즉위하면 중국에 사신을 보내

청동 도장(국립중앙박물관 소장)
인종의 장릉(경기도 파주시 소재)에서 각종 청자와 청동 수저 그리고 인종의 옥책(玉冊) 등이 출토되었다. 이 도장도 그중 하나이다. 장릉 출토 유물들은 한결같이 단정하고 깔끔하며 우아한 기품이 있어, 당시 왕실 사용 공예품의 수준과 미감을 짐작할 수 있게 해 준다.

형식상 승인을 요청하였고, 중국은 '고려 국왕'이라 책봉해 주었다. 이렇게 본다면 고려는 중국이라는 황제국에 제후국으로 신속(臣屬: 신하의 입장에서 종속)한 것이 된다. 그러나 이러한 형식은 단지 외교적이고 의례적인 관계였을 뿐 실제적인 구속력은 거의 없었다.

제왕(諸王)과 왕작(王爵)의 수여

고려 국가는 실제 여러 면에서 황제국 체제로 운영되었다. 중국을 중심으로 하는 당시의 형식적인 국제 질서를 인정하면서도 내부적으로는 황제국 체제를 지향하였다. 무엇보다 이를 잘 보여 주는 것은 '제왕(諸王)'의 존재였다.

고려는 가까운 왕족이나 공훈이 있는 신하에게 봉작, 즉 작위를 수여했다. 작위는 공(公)·후(侯)·백(伯)·자(子)·남(男)의 오등작(五等爵)이 있었다. 왕족은 오등작에서 상위의 공작·후작·백작 3단계까지를 수여하였고, 일반 신하는 공작에서 남작까지 5단계를 다 수여했다. 그리고 수여된 작위는 다른 나라와 달리 상속되지 않고 자신의 대에서 그 혜택이 끝났다. 단 왕족일 때는 작위를 가진 자의 자식(아들 및 사위)에게 사도(司徒) 혹은 사공(司空)의 최고 관직을 명예직으로 수여하였다.

그런데 고려는 공작·후작·백작을 수여받은 왕족과 그들의 다음 대(아들 및 사위) 사도·사공을 수여받은 자를 총칭하여 제왕(諸王)이라고 했다. 제왕은 본래 왕작(王爵)을 수여받은 사람을 총칭하는 용어이다. 중국은 황제국이어서 실제 왕작이 수여되었는데, 왕작에는 친왕(親王), 사왕(嗣王), 군왕(郡王)의 등급이 있었고 이들을 모두 제왕이라 했다.

그러면 고려는 중국처럼 왕으로 봉하지도 않았으면서 왜 제왕이라 했을까? 고려는 건국 초기에 항복해 온 신라 경순왕에게 낙랑왕을 봉해 주고 일부 왕족에게 대왕을 봉한 예가 있었다. 그러나 그 후에는 중국과의 외교 관계를 고려하여 황제만이 수여할 수 있는 왕작을 직접 수여하지는 않았다. 대신 고려는 왕족으로 봉작받은 자와 다음 대의 사도·사공을 총칭하여 제왕이라 함으로써, 실제 왕작은 없었으나 왕작을 수여한 것과 똑같은 효과를 냈던 것이다.

고려시대 기록을 보면 '제왕'이라는 표현이 자주 나온다. 아울러 '친왕'이라는 표현도 나오고, 또 후작(侯爵)을 받은 자를 후왕(侯王)이라고 하였다. 이처럼 고려 봉작제는 황제가 제후 왕을 봉해 준 형식과 내용을 담고 있었다. 이 점은 작위와 함께 주어진 식읍(食邑)에서도 나타난다. 식읍의 구체적인 내용은 별도로 하더라도, 그 식읍의 규모와 형식은 중국과 거의 같았다.

이처럼 고려는 중국에 대해 외교적으로 제후국 입장을 취하였으나, 국내에서는 황제국의 제도와 형식을 취한 이중 체제로 운영하였다. 이는 당시의 세계 제국인 중국과 가장 근접해 있는 지정학적 조건을 염두에 둔 외교적 방안의 하나로 이해된다. 반면 일본은 중국과 바다 건너 멀리 떨어져 있어 군사적 위급성이 적었으므로 중국을 직접적으로 의식하지 않아도 되었다. 따라서 굳이 고려처럼 이중 체제를 취하지 않고 바로 천황을 칭하였다.

왕실 용어에 반영된 황제국 체제

고려의 국가 체제는 황제국 체제였으며, 고려의 국왕은 실제로는 황제였다. 이 점은 왕실 관계 용어가 황제국이었던 중국과 같았던 점에서 다시 한 번 확인된다. 국왕의 명령은 성지(聖旨)·조(詔)·칙(勅)·제(制)라 하였다. 백성들은 국왕을 폐하라 하고 국왕은 스스로를 짐이라 하였다. 왕위 계승자를 태자라 하고 국왕의 어머니를 태후라 하였다. 이러한 용어들은 진시황이 황제 칭호를 제정하면서 황제국만이 사용하도록 하였던 것이다. 그러나 고려는 이러한 용어를 사용하였을 뿐 아니라 기타 복장이나 의식(儀式)에 있어서도 중국과 대등하게 하였다.

한편 국왕을 공식적으로 황제라 부르지 않았고, 왕비 또한 황후라 하지 않고 왕후라 하였다. 다른 왕실 용어들은 전부 황제국 용어로 하면서, 최고 통치자와 그 부인은 왕과 왕후라는 제후국 용어를 그대로 사용한 것은 중국과의 외교적 관계 때문이었다. 연호를 사용하지 않은 것도 마찬가지 이유 때문이다. 이처럼 대외적으로 중국의 책봉을 받는 왕과 왕비는 제후국 용어를 그대로 쓰고, 역시 황제만이 사용하는 당시 국제적인 연대 표기인 연호는 중국연호를 썼다. 그러나 그 외의 왕실 용어는 전부 황제국의 용어를 사용하였던 것이다. 고려시대 묘지명이나 금석문을 보면 돌아가신 왕을 '선황(先皇)'이라고 표현하거나, 당시 국왕에게 "황제가 만세토록 살기를 원합니다[皇帝萬歲願]."라고 표현하고 있어 고려 백성들은 실제로 고려 국왕을 황제로 인식하고 있었다.

고려 역사에서 공식적으로 칭제건원(稱帝建元), 즉 황제를 칭하고 연호를 사용한 적이 두 번 있었다. 제4대 광종은 황제를 칭하고 광덕·준풍 등의 독자적인 연호를 사용하였다. 제17대 인종 때 묘청은 서경으로 도읍을 옮길 것과 칭제건원을 건의하였다. 그러나 그 건의가 받아들여지지 않자 반란을

마애약사상(오른쪽)과 명문 탁본(경기도 하남시 소재)
바위에 새긴 약사부처 옆에 세 줄로 27자의 글자가 있다. 그 내용은 977년(경종 2)에 다시 불상을 만들고 임금의 만수무강을 축원하는 것이다. 그런데 '황제만세원(皇帝萬歲願)'이라 하여 경종을 황제로 적었다.

일으킨 묘청은 국호를 대위라 하고 연호를 천개라 하였다. 이러한 시도는 황제국을 지향했지만 중국과의 관계에서는 제후국을 인정한 고려의 '이중체제'를 부정하는 것으로, 명실상부하게 황제국을 천명하고자 한 것이었다.

우리가 흔히 알고 있는 왕의 이름은 묘호(廟號)라고 하는 것이다. 묘호는 왕이 죽은 뒤 신위를 모시는 종묘의 각 현실(玄室)에 붙이는 이름이다. 고려의 '태조·혜종·정종·광종……'이나 조선의 '태정태세문단세(太定太世文端世)……'가 다 묘호이다. 묘호는 첫 글자 다음에 '조(祖)'나 '종(宗)'을 붙이는데, 이러한 조나 종의 묘호 또한 사실은 황제의 묘호인 것이다. '조'는 창업한 왕이나 공이 큰 왕에게만 붙이고, 보통은 '종'이었다. 조선시대에는 창업한 왕인 태조(이성계) 외에도 '조'가 붙는 왕이 일곱 명이나 되어 어떤 이유로 '조'가 붙었는지 자세히 따져 보아야 하지만, 고려에서는 창업한 왕인 태조(왕건) 외에는 '조'를 붙인 왕은 없었다. 뒤에서 설명하겠지만 원간섭기에 제후국 체제가 되면서 이러한 황제식 묘호인 '조'나 '종'은 쓰지 않게 되었다.

각종 제도에 반영된 황제국 체제

왕조 국가의 제도 중 가장 기본적인 것이 종묘와 사직이다. 특히 종묘는 역대 왕의 신주(神主)를 모신 왕실의 사당으로, 조상숭배와 왕조의 정통성을 상징한다. 종묘에서 제사를 모시는 역대 왕들의 수는 황제의 경우 7대조까지 모시는 7묘제, 제후는 5묘제였다. 고려는 성종 때 처음 종묘를 세우면서 5묘를 택하고 있어 제후국의 예를 따른 것으로 보이나, 실은 중국에서도 건국 초기에는 7묘를 채우지 못하였다. 그러다가 의종 때 7묘제가 되었다. 공민왕 때에는 종묘 제도가 다시 정비되는데, 불천지주(不遷之主: 영원히 옮기지 않는 신주)와 좌우 각각 2묘씩을 두어 언뜻 보면 5묘제가 된 것 같다. 그러나 여기서 유의할 것은 태조만이 아니라 혜종과 현종의 신주도 불천지주였다. 따라서 결국 자연히 7묘제가 되었던 것이다.

황제국 체제는 제천, 즉 하늘에 대한 제사에서도 나타나고 있다. 본래는 황제만이 하늘에 제사를 지낼 수 있었다. 그러나 고려 국왕은 황제만이 제천할 수 있는 제사를 거행하였는데, 이를 원구제(圓丘祭)라 하였다. 원구는 제천을 하기 위한 제단의 모습을 가리키는 용어이다. 하늘의 형상이 둥근 것과 제단을 높게 쌓아 하늘에 가깝게 하려는 데서 나온 말이다. 고려 국왕이 제천한다는 것은 고려 왕실이 천명을 받았다는 정치적 의미를 확인하는 일이며, 하늘의 신인 상제를 대리하여 백성과 나라를 통치한다는 것을 과시하는 행위이다. 뒤에 제후국 체제를 취한 조선에서는 무례하다 하여 없앴으나, 고려는 일찍부터 원구제를 거행하였다.

황제국 체제의 모습은 중앙 정치제도에서도 찾을 수 있다. 고려의 중앙관제는 당나라의 제도를 받아들여 황제국 체제의 삼성육부(三省六部) 체제로 운용되었다. 삼성이란 임금의 명령인 조칙을 작성하는 중서성, 조칙을 심의하는 문하성, 조칙을 집행하는 상서성을 말한다. 조칙을 작성한다는 것

조선시대의 원구단 자리에 남아 있는 황궁우(서울시 중구 소공동 소재)
1897년 고종은 대한제국의 황제 즉위식을 여기에서 가졌다. 뒤에 조선호텔이 들어서면서 원구단 유적은 대부분이 헐리고, 지금은 위패를 모신 황궁우(皇穹宇)와 제천을 위한 악기를 상징하는 세 개의 석고(石鼓)만 남아 있다. 제천 행사가 빈번했던 고려시대의 원구단은 현재 남아 있지 않다.

은 실제 모든 정책을 관장한다는 것이며, 조칙을 심의한다는 것은 정책에 대해 옳고 그름을 따진다는 의미가 된다. 그런데 고려는 당의 삼성체제를 받아들이되, 중서성과 문하성을 합쳐서 중서문하성으로 운영하였다. 육부는 상서성 밑의 이·호·예·병·형·공 여섯 개 부서로 국가행정의 주무 부서였다.

이 밖에도 군대가 적과 전투를 하기 위해 출정할 때의 군대 편제를 제후국 체제의 삼군[中·左·右] 편성이 아닌 황제국 체제의 오군[中·前·後·左·右] 편

성으로 한 점이나, 수도인 개경을 황도(皇都)라고도 하고 개경의 내성을 황성(皇城)이라고 표현한 점 등은 다 황제국 체제를 지향한 고려 국가의 일면을 말해 준다. 물론 고려의 황제국 체제가 모든 면에서 반영된 것은 아니었다. 또한 각종 제도가 실제로는 다분히 형식적인 점도 있었다. 그러나 당시의 세계 제국인 중국과 지리적으로 가장 근접하여 있으면서 중국에 대해서는 외교적 측면에서 제후국으로, 국내에서는 실제로 황제국이라는 이중 체제로 운영한 고려의 국가 체제는 주목할 만한 것이었다.

원간섭기, 제후국 체제로의 변화

고려의 황제국 체제의 모습은 후기에 원의 간섭을 받으면서 변하였다. 충렬왕 때에 원나라는 자기들과 같은 황제국 수준의 제도와 칭호를 무례하다고 하여 고칠 것을 요구하였다. 이에 고려는 원과 유사한 것은 모두 고쳤다. 당연히 삼성 체제는 폐지되었다. 그리고 왕실 용어도 선지(宣旨)를 왕지(王旨)로, 짐(朕)을 고(孤)로, 사(赦)를 유(宥)로 하는 등 여러 칭호를 바꾸었다. 태자도 세자(世子)라 하였으며, 묘호 또한 종(宗)을 칭하지 않고 충선왕·충혜왕처럼 제후 왕의 묘호로 강등되었다. 더구나 원나라에 충성한다는 뜻에서 왕의 이름에 '충(忠)'이라는 글자를 돌림자로 넣었다.

이와 함께 황제의 입장에서 제후 왕을 봉해 준 형식과 내용을 담고 있던 봉작제는 폐지되었다. 아울러 봉작에 따른 식읍의 수여 또한 없어졌다. 이러한 변화들은 결국 원간섭기에 와서 고려의 체제가 황제국 체제에서 제후국 체제로 바뀌었음을 말해 준다.

원의 지배를 받는 한 제후국 체제로 전환하는 것은 불가피했다. 그런데 이러한 원간섭기나 조선의 제후국 체제를 사대하는 것으로 단정 짓는 일은 잘못이다. 원간섭기 때에도 나름대로 고려왕조 고유의 풍속과 제도를 지키려고 줄기하게 노력하였고, 어느 정도 성공을 거두었다. 오히려 세계 제국인 원의 지배하에서 제후국 체제일망정 독립국가를 유지한 점은 세계사에서 그 유례가 없었다는 점에서 높이 평가되어야 할 것이다.

조선은 건국 초기에 중국과 관계하는 일에서 국가 위상을 제후국 체제로 하느냐 고려처럼 실질적인 황제국 체제를 유지하느냐는 논쟁을 벌였으나, 결국 제후국 체제 갖추었다. 그 결과 비록 묘호는 조와 종의 황제 칭호를 그대로 사용하였으나, 원칙적으로는 제후국 체제로 운영하게 되었다. 이러한 점은 성리학을 국교로 하는 한 어쩔 수 없는 측면이 있었다. 성리학을 기본 이념으로 삼았기에 성리학의 명분론과 그 연장으로서의 화이론(華夷論: 중국은 황제국 '화', 주변 국가는 제후국 '이')을 엄격하게 적용할 수밖에 없었던 것이다. 조선은 제후국 체제였으므로 외교적 관계와 군사적 관계에서는 좀더 현실적인 구속력이 있었다. 중국 외교사절의 조선 방문 시 때때로 나타나는 고자세의 행태나 중국의 필요에 의한 군사동원 사례가 그러하다고 할 수 있다.

과거 식민사관은 중국과 우리나라의 관계, 즉 황제국과 제후국 관계를 전부 우리 민족의 '사대성'으로 설명하였고, 한국사의 굴욕적인 상징으로 치부하였다. 그러나 이는 다분히 의례적이고 형식적인 외교관계에 불과하였다. 중국 주변의 수많은 민족들이 사라진 지금, 중국이라는 세계 제국 바로 옆에서 항상 독립국가를 유지해 온 우리 민족의 역사는 높이 평가받아야 할 것이다.

    조선왕조의 마지막인 1897년 고종은 국호를 조선에서 대한제국(大韓帝國)으로 바꾸었다. 고종은 문무백관을 거느리고 새로 만든 원구단에 나아가 황제 즉위식을 거행한 뒤 우리도 황제국임을 선포하였다. 이는 당시 내용이 뒷받침되지 않는 명분만의 조치였지만, 왕조 사회에서 유지되어 온 황제국 중국과 제후국 조선의 형식적인 관계마저 부정하고 조선 국왕을 중국의 황제와 동등한 위치에 놓고자 한 뜻이었다. 실로 우리 역사상 고려시대 광종이 칭제건원한 이후 처음으로 황제 체제를 공식적으로 선포한 것이다.

김기덕 _건국대 교수

세계 제국 몽골과 맞선 고려 민중의 힘

심재석

역사를 보는 눈, 현재를 보는 눈

고려는 승패가 달리 결정되었더라면 민족의 운명이 크게 위태로웠을 여러 외침을 물리치며 500여 년을 지속하였다. 양규의 분전, 강감찬의 귀주대첩 등과 같이 나라의 운명을 가름한 중요한 전투를 오늘날 우리는 자랑스럽게 기억하고 있다.

그런데 우리는 모든 공로를 전투 지휘관에게 돌리는 경향이 있다. 물론 그들의 뛰어난 자질과 업적은 칭송을 받아 마땅하지만, 영웅들이 성공한 이면에는 결의에 찬 백성들이 있었음을 지나치게 간과하는 것 같다. 추운 겨울날 삼베옷에 맨손으로 병장기를 잡고 적진에 뛰어들던 평민 군사의 모습을 연상하지 못한 채 지휘관을 찬양하는 데에만 여념이 없다면, 그는 역사의 반쪽만을 이해하며, 나아가 현실도 반쪽밖에 보지 못한다 할 수 있겠다. 지난 군사정권 시절에 장군이나 성군을 떠들썩하게 재조명하고 현창 사업을 대대적으로 벌인 것도, 따지고 보면 과거를 바라보는 반쪽짜리 시각을 은연중에 현재에 적용시키려는 불순한 의도가 끼여 있었다고 볼 수 있다.

〈몽고래습회사〉 부분(일본 궁내청 산노마루쇼죠칸 소장)
여몽 연합군의 일본 침략을 생생히 묘사한 두루마리 그림이다.

지배층이 쓴 역사책에는 지배층의 역할이 크게 부각되는 사건이 주로 수록되었고, 이로부터 독자는 위인에게서 강렬한 인상을 받는다는 점을 이용하여, 독재를 합리화하고 독재자를 미화하려 한 것이다.

그러나 역사책에서는 지배층이 별다른 역할을 하지 못하는 가운데 일반 백성만의 힘으로 국난을 극복한 전투들을 찾을 수 있다. 이러한 전투들은 수록되었다는 그 자체만으로도(지배층 스스로 자신들의 낯을 깎아내릴 승리를 기록했다는 점에서) 무엇인가 대단히 의미심장한 사건이었음을 우리에게 알려 준다. 이러한 기록은 대개 몽골 침략기에 집중되어 있다.

몽골의 1차 침입

몽골족은 고려에서 최씨 정권이 안정기에 접어들던 시기에 흥기하기 시

작했다. 이들은 초원에서 약탈을 일삼던 자신의 생활 방식을 접촉하는 모든 민족에게도 그대로 적용했다. 대다수의 농경민족이 취하고 있던 중간의 길(적당한 군림과 복종)에 익숙하지 않았던 것이다. 몽골족의 공격에 직면하여 택할 수 있는 것은 저항 아니면 무조건 항복뿐이었다.

　항복하면 몽골족의 노예가 되어 상상하기 힘든 부담을 져야 했고, 견디다 못해 저항하면 모든 주민은 학살당하고 도시와 마을은 불태워졌다. 바그다드에서는 하루에 수십만 명이 살육당했고, 러시아의 귀족들은 몽골군의 승전 기념 술자리 밑에 깔려 질식해 갔다. 서하·금·호라즘 제국·러시아의 공국들·아바스 왕조·대리국·동진·남송 등 많은 나라가 지도에서 자취를 감추었다. 몽골족이 농경민의 생활 방식을 이해하기 전까지 그들의 공격에 대항하여 살아남는 것은 불가능한 일처럼 보였다. 그런데 동방의 작은 나라 '고려'는 끝내 독립을 유지하였고 오히려 몽골족이 세운 원나라가 먼저 망해 버렸다.

1231년(고종 18) 몽골은 고려에 1차 침략을 개시하였다. 이때는 고려에서 저고여를 살해했다는 것을 구실로 삼아 침략해 왔다. 저고여는 공물을 거두어 가려고 몇 년 전 몽골에서 파견한 사신이었다. 몽골은 고려와 관계를 맺은 이래 과중한 물품을 끊임없이 요구하였다. 이는 고려 측으로서는 요나라나 금나라에 했던 것과 같은 의례적인 조공이 아니라 견디기 힘든 수탈이었다. 사신 한 떼가 가면 곧바로 또 한 떼가 오고, 뒤에 온 자는 먼저 가지고 간 물품 중 나쁜 것을 왕 앞에 던지면서 더 좋은 것을 더 많이 내놓으라고 윽박질렀다. 저고여도 이렇게 행패를 부리던 사신 중의 하나였다.

그런데 이 자가 공물을 받아 가던 도중 압록강 부근에서 살해당하는 사건이 벌어졌다. 이를 조사하러 나왔던 몽골인들은 고려 복장을 한 군사들이 쏘아 대는 화살에 쫓겨 도망하고 말았다. 이에 몽골에서는 고려와 관계를 끊고 급기야 침략을 감행하게 된 것이다. 저고여를 고려에서 죽였는지 아니면 고려를 모함하려는 다른 세력이 죽였는지는 아직도 풀리지 않는 역사의 수수께끼이다. 물론 고려에서는 금나라 장수가 한 짓이라고 강변했지만.

고려 백성의 적극적인 저항

고려에서는 몽골의 침략에 정면으로 맞서 싸울 태세를 갖추었다. 고려의 중앙군이 몽골군을 물리치기 위하여 북상할 때, 몽골군은 서북 지방의 여러 성들을 공격해 함락하고 있었다. 함락되면 닭이나 돼지의 소리도 들을 수 없을 만큼 처참하게 도륙당하였다. 철주(지금의 평북 철산)에서 벌어진 전투는 당시 서북 지역이 겪어야 했던 고통을 잘 대변해 준다.

　철주는 압록강을 넘어 남하하는 적이 반드시 통과해야 하는 요로에 자리하고 있었다. 몽골군은 철주성을 공격하기에 앞서 '문대'라는 사로잡은 장교에게 "진짜 몽골 병사가 왔으니 항복하라."라고 외치게 했다. 그러나 문대는 "가짜 몽골 병사이니 항복하지 마라."라고 외치고 죽임을 당했다. 문대를 죽인 몽골군은 철주성에 맹공을 퍼부었고 공방전은 보름 동안 계속되었다. 결국 더 이상 버티지 못하고 무너지게 되자 성을 지키던 관리 이세화는 부녀자와 어린아이가 있는 창고에 불을 질렀으며, 자신은 장정들과 함께 자결하였다. 성이 무너지면 부녀자는 욕을 당하고 아이들과 함께 끌려가 노예가 되며, 저항한 장병들 모두 처참하게 살육당할 것이기 때문이었다.

　이렇게 해서 중앙에서 파견한 대군이 도착하기 전에 서북의 여러 성들은 거의 적의 수중에 들어가고 말았다. 그러나 몇몇 성은 끝내 항복하거나 함락되지 않았다. 이 가운데 지휘관 박서를 중심으로 단결한 주민들이 끝내 성을 지킨 구주(지금의 평북 구성) 전투가 가장 유명하다. 몽골군은 큰 돌을 날리는 포차를 만들어 성을 파괴하였고, 소가죽을 씌운 큰 수레에 병사를 태워 성 밑에 접근시킨 다음 성벽에 구멍을 뚫었으며, 심지어는 마른풀에 사람 기름을 적셔 두껍게 쌓아 놓고 불을 지르기도 하였다. 이에 대해 성에서도 포차를 만들어 반격하고, 구멍에 쇳물을 녹여 부어 수레를 태워 버렸으며, 물에 갠 진흙을 던져 불을 끄는 등 치열한 방어전을 펼쳤다. 결국 몽골군은 구주를 그대로 둔 채 남하할 수밖에 없었다.

　한편 삼군으로 편제한 고려의 대군은 황주(지금의 황해도 황주)에서 몽골군과 첫 전투를 치르게 되었다. 기병을 주축으로 한 몽골군 선봉이 기습을 감행하였던 것이다. 기록에 따르면 "놀란 고려군은 일시 무너질 뻔하였으나 몇몇 장군들의 분전으로 겨우 몽골군을 격퇴하였다."라고 되어 있다. 그러나 한편으로는 "마산(지금의 경기도 파주)의 초적(산골에서 물품을 터는 도적)으로 종군한 두 사람이 몽골 병을 쏘니, 쏘는 대로 엎어졌다. 관군이 이긴 기세를 타 쳐서 패주시켰다."라고 하여 실제로는 지배층의 부패에 항거하다 국난을 맞아 정부에 협력하게 된 초적 출신 병사의 역할이 매우 컸음을 알 수 있다.

황주에서 적의 선봉을 격퇴한 후 중앙군은 북상을 계속하여 안북부(지금의 평남 안주)에서 몽골 주력 부대와 일전을 벌이게 되었다. 전투 결과는 고려 측의 완전한 패배였다. 고려군의 태반이 살상당하였다. 이 싸움은 고려 중앙군이 몽골군과 접전한 마지막 전투가 되었다. 고려 정부가 몽골의 힘에 놀라 화친을 요청하였기 때문이다.

그러나 화친 교섭이 진행되는 동안에도 몽골군은 남하를 계속하여 충주성에서 또 하나의 중요한 전투 기록을 남기게 되었다. 당시 충주의 주민은 지배층인 양반 별초와 피지배층인 노군·잡류 별초로 나뉘어 자위 부대를 조직하고 있었다. 그런데 막상 몽골군이 들이닥치자 양반들은 모두 도망하고 오직 노군·잡류들이 힘껏 싸워 성을 지켰다. 지배층이 도망한 가운데 피지배층만으로 구성된 부대가 치열하게 항전하여, 몽골군을 격퇴하는 혁혁한 전과를 올렸던 것이다.

그 이후에 기막힌 일이 일어났다. 도망했던 양반들이 돌아와서는 관청의 은그릇이 없어졌다고 트집을 잡은 것이다. 실상 은그릇은 몽골군이 약탈해 간 것이었다. 그러나 양반들은 노군·잡류들에게 혐의를 씌워 죽이려 하였다. 이에 노군·잡류 부대는 "몽골군이 오자 다 달아나 숨어 버리고 성은 지키지도 않더니, 이제는 몽골군이 약탈해 간 것까지 우리에게 죄를 돌려 죽이고자 하는가?" 하면서 반란을 일으켰다. 결국 역사는 승리와 반란이 동시에 부각되는 쪽으로 서술되고 말았다. 할 말 없는 지배층이 권위를 회복하고자 큰 공로를 세운 피지배층을 몰아붙인 안타까운 사례이다.

몽골의 2차 침입

충주성 전투를 마지막으로 화의가 성립되어 몽골군은 철수하였다. 그러나 화의의 결과는 고려의 주권을 크게 침해할 뿐만 아니라 최씨 정권에게도 큰 타격을 주었다. 몽골에서는 점령한 지역과 개경에 다루가치를 두어 내정을 간섭하게 했다. 또한 국내에서 몽골의 간섭이 심화될수록 최씨 정권의 입지는 더 위험해질 것이었다. 이에 따라 최우는 대다수 관료들의 반대 속에 다루가치를 모두 죽이고 수도를 강화로 옮겨 몽골에 대항하기로 결정하였다. 몽골과 다시 전쟁을 하게 된 것이다. 그 당시 사람들은 그렇게 생각하지 못했겠지만 30여 년에 걸친 긴 싸움의 시작이었다.

그러나 강화천도와 대몽항쟁은 정권 유지 차원에서 결정된 것이었기에 사실상 백성들을 몽골 병의 말발굽 아래 아무 대책 없이 노출시킨 것과 다름없었다. 강화천도 이후 기나긴 대몽항쟁 기간 동안 중앙에서 출동한 대군이 몽골군과 정면 대결을 벌인 적은 한 번도 없었다. 정예병은 다만 좁은 강화도에서 권력층의 안일한 삶을 보호할 뿐이었다. 중앙에서 백성들에게 한 일이란 기껏해야 정든 삶의 터전을 버리고 산성(山城)이나 해도(海島)로 들어

▌ 몽골의 1·2차 침략 경로와 주요 항전지

가도록 독려 혹은 위협한 것뿐이었다. 백성들은 몽골군의 침략에 맞서 스스로 살길을 찾아야 했다.

이렇듯 어려운 조건에도 백성들은 꿋꿋하고 치열하게 맞서 싸웠다. 이 시기에 백성들의 힘으로 몽골군을 격퇴한 기록은 단편적이나마 자주 발견된다. 그 가운데 처인성 전투가 가장 대표적이다.

처인성 전투

눈발이 몹시나 휘몰아쳤을 1232년 12월 16일, 몽골 장군 살리타는 용인 아곡리 처인성에서 맥없이 꺼꾸러져 이국땅을 떠도는 외로운 혼이 되었다. 살리타는 몽골의 고려 원정군 총사령관으로 왔다가 용인의 처인성에서 피살되었다. 《원사》에 따르면 "태종 4년 8월, 다시 살리타를 파견하여 군사를 거느리고 고려를 정벌케 했는데, 왕경 남쪽에 이르러 처인성을 공격하던 중 유시(流矢)에 맞아 죽었다."고 하고, 《고려사》에는 "몽골의 원수 살리타가 성을 공격하자 김윤후가 이를 사살하였다."고 기록하였다.

그러면 처인성은 어떤 곳일까? 몽골군의 침입을 격퇴하고 그 장수를 죽였으니만큼 험한 지형, 돌로 쌓은 튼튼한 성벽, 높은 망루 등과 같은 난공불락의 조건을 갖추지 않았을까? 실상은 이와 정반대이다. 처인성은 경기도 용인시 남사면 아곡리에 있다. 이 성은 둘레가 650여 보밖에 되지 않는 조그마한 토성으로 총면적 5,820평에 불과한 동산 모습이다. 지금은 흙으로 메워져 잡목들만이 어지럽게 서 있을 뿐, 이곳이 '경기도 기념물 44호'라는 사실을 인근의 주민들조차 모르는 사람이 많다. 이 조그마한 성에서 세계

처인성(경기도 용인시 소재) 전경과 승첩기념비(아래)
관아리 입구 들판 중간 지점에 조금 솟아오른 언덕에 쌓은 토성으로 북쪽은 다 허물어져 도로가 되고, 동·남·서쪽에만 토성의 자취가 남아 있다.

    역사에 크게 기록될 만한 사건이 지금으로부터 790여 년 전에 발생하였다. 세계를 제패하던 몽골군의 고려 정벌군 총사령관 살리타가 이곳에서 파란만장한 삶을 마감한 것이다.

    1232년 10월 살리타를 사령관으로 한 몽골군의 제2차 원정군은 강화도 정부를 비켜 지나 지금의 서울인 남경을 노략하면서 큰 저항 없이 광주(廣州)에 이르렀다. 이때 몽골군은 특정 지역을 목표로 공략에 나섰던 것이 아니라, 육지를 무제한 노략하여 고려 정부가 스스로 백기를 들게 하려는 작전을 구사하였다. 몽골의 주력군이 광주에 이르는 동안 그들의 별동 부대는 대구까지 내려가 부인사에 소장되어 있던 초조대장경을 불태웠다.

남경을 수비하는 중요한 요충인 광주에 살리타가 휘하 병력을 이끌고 도착한 때는 1232년 11월 중순이었다. 살리타는 쉽게 광주성을 공략할 수 있으리라 생각했다. 그러나 부사 이세화를 중심으로 주민들이 일장산성(지금의 남한산성)에 웅거하여 강력히 저항하자 공략에 실패하고 말았다.

이에 살리타는 말 머리를 돌려 수주(지금의 경기도 수원)에 속했던 처인부곡을 지나 충주로 남하하고자 했다. 이 길목 한편에 흙으로 쌓아 올린 처인성이 초라하게 서 있었고, 성안에는 인근 부곡에 사는 주민들이 대피하여 있었다.

일반 주민의 힘으로 살리타를 사살하다

처인 부곡민들은 몽골군의 말 머리가 자기네 고장으로 향하자 가까운 처인성에 들어갔다고 짐작된다. 이렇게 들어온 사람들 중에는 백원현에서 온 승려 김윤후(金允侯)도 있었다. 대덕(大德)이나 선사(禪師) 등과 같이 지배층 출신이 거의 독점하는 승계를 띠지 않고 다만 '승려'라고 표기된 것을 볼 때, 그는 일반 백성 신분의 승려였던 것 같다. 그리고 《고려사》에는 김윤후가 처인성에 피난하였다고 기록하고 있으나, 그는 피난을 한 것이 아니라 전투를 위하여 처인성에 포진한 것으로 해석해야 마땅하다. 피난하려는 승려가 몽골군이 이동하는 길목으로 찾아들 이유가 없었을 것이기 때문이다.

광주성 공략에 실패한 살리타는 준마에 높이 올라 남하를 시작하였다. 그의 눈에 비친 처인성은 그야말로 싸울 만한 그리고 점령할 만한 가치도 없어 보였으리라. 다만, 지나치는 길목 그 한 귀퉁이 조그마한 토성에서 감히 자신에게 대항하는 '애교의 화살'을 둔 채 남진하는 것은 그의 체면이 허락하지 않았으리라. 살리타는 처인성의 맞은편 1킬로미터 정도 떨어진 구릉에서, 가볍게 치고 계속 남하할 요량으로, 휘하 군사들에게 성을 시급히 함락하라고 재촉하였다.

이때 처인성 안에서는 주민들 모두가 필사적으로 대항하겠다는 결의를 다지고 있었다. 여기서 구심점으로 활약한 사람이 바로 승려 김윤후였다. 김윤후를 중심으로 단결한 주민들은 몽골군의 공격에 맞서 응사하기 시작하였고, 필사적인 전투가 한창일 때 맞은편 언덕 위에서 부하들을 독려하던 살리타가 느닷없이 말에서 굴러떨어졌다. 처인성에서 날아온 화살에 맞은 것이다. 사령관이 어이없게도 쓰러져 버둥거리자 몽골 기마 부대는 더 이상 싸울 수가 없었다. 총사령관이 죽을 경우 전투를 중단하는 것이 몽골의 관습이었다. 몽골군은 살리타의 싸늘한 시체를 거두어 황급히 퇴각하고 말았다.

살리타의 뒤를 이어 몽골군을 지휘한 테케는 강화도 정부와 몇 가지 가벼운 조약을 맺어 체면을 세운 뒤 철수하지 않을 수 없었다. 이 처인성의 승리는 몽골의 침략 기간 중 고려가 세운 가장 큰 전승이었다. 정규군이 아닌 주민들이 자위적으로 항전하여 대륙을 헤집고 다니던 몽골 장수 살리타를 죽이고 나라를 구했다는 점에서 크게 기록되어야 할 것이다.

전쟁이 남긴 울림

이후로도 오랜 기간 전쟁이 계속되었다. 산성과 해도로 들어간 백성들은 결국 피로와 굶주림에 지쳐 더 이상 항전할 수 없는 지경에 이르렀다. 몽골족도 어느덧 농경민족의 삶을 이해하고 그전처럼 약탈과 살육을 일삼지 않았다. 그들은 시일이 지날수록 요구 조건을 대폭 낮추어 제시하였다. 최씨 정권은 정권 유지를 위해 전쟁을 계속하자고 주장하였지만, 이러다가 지배층 전체가 망할 것이라는 위기의식 속에서 최씨 정권이 무너지고 태자가 직접 몽골에 가서 화친을 요청함으로써 전쟁은 끝났다.

이때 고려가 몽골로부터 승인받은 조건은 실로 파격적이었다. 나라가 망하지 않은 것은 물론, 예부터 내려온 관습과 제도 또한 그대로 유지할 것을 허락받았으며, 국력이 회복될 동안은 강화도에서 나오지 않아도 된다는 배려까지 얻었다. 이때 태자(뒷날의 원종)와 쿠빌라이(원 세조) 간에 합의된 사항은 '세조구제(世祖舊制)'라 하여 중요한 협정으로 취급되었고, 이후 원의 간섭으로 고려의 독립이 위협받을 때마다 이를 방어할 수 있는 근거가 되었다. 이렇게 해서 고려는 많은 나라가 멸망하는 속에서도 끝내 독립을 유지할 수 있었던 것이다.

고려가 몽골제국 체제하에서 이러한 지위를 누릴 수 있었던 것은 고려 백성들이 장기간에 걸쳐 피어린 항쟁을 펼친 덕분이었다. 백성들은 지배층 출신의 훌륭한 장수가 지휘할 때 물론 그를 중심으로 단결하여 몽골군을 격퇴했거니와, 지배층이 도망했을 때조차 스스로 단결하여 성을 고수했던 것이다. 초적 출신 병사들의 대활약, 양반과 지휘관이 모두 도망한 성을 노군·잡류들이 끝내 지킨 충주성 전투, 아예 지배층의 지휘를 받지 않고 부곡민 스스로 단결하여 침략군 총사령관을 죽인 처인성 전투, 백성들의 이러한 항쟁이 고려가 독립을 유지할 수 있었던 가장 근본적인 요인이 되었던 것이다.

이러한 점에서 우리는 일개 지휘관이 모든 것을 다했고, 그 인물이 없었더라면 우리 민족은 나락으로 떨어지고 말았을 것이라는 '누구의 무슨 무슨 대첩' 식의 역사 이해는 그릇되었음을 인식해야 할 것이다. 일반 백성을 국난 극복의 궁극적이고 능동적인 주체로 보는 역사 인식은 현재를 올바로 보고 더욱 나은 사회로 만드는 데도 큰 도움이 될 것이다.

심재석 _ 한국역사연구회 연구회원

고려판 정신대, 공녀

김창현

우리는 요즘 자유로운 연애를 추구하는 사회에 살고 있다. 성의 해방은 시대적 대세처럼 보인다. 이에 편승하여 성을 상품화함으로써 돈을 벌려는 풍토가 유행하는 형편이다. 이러한 분위기는 사람들이 성을 소중히 여기지 않는다는 착각을 불러일으킨다. 하지만 본인의 의사에 반하는 성폭행은 물론 성추행도 범죄로 처벌을 받는다. 성은 인간의 자존을 지켜 주는 최후의 보루이므로 강요된 성은 자아를 파괴한다.

그런데 자칫 지나치기 쉬운 것은 집단적인 성범죄이다. 동서고금을 막론하고 전쟁 시에 남자들은 목숨을 위협받고 여자들은 성의 헌납을 강요당한 적이 많았다. 힘이 약한 민족이 외부 세력의 지배를 받을 때 여자들의 성은 파괴될 위험에 노출되었다. 일제강점기에 우리 여인들은 일본군 '위안부'로 끌려가 '성 노예' 취급을 당했고, 강제노역 '정신대(挺身隊)'로 끌려간 여인들이 강압적으로 위안부로 전락되기도 했다. 임진왜란과 병자호란 때에는 조선의 여인들이 일본과 청나라에 잡혀갔다. 일부가 운 좋게 돌아와도 더럽혀진 몸을 깨끗이 한다며 수차례 목욕을 하였지만 '환향녀(還鄕女)'라 하여 남편을 비롯한 가족에게까지 배척당하였다. 원래 외적의 방어는 전통적으로 남자의 임무였다. 그런데도 조선의 남자들은 외적을 막아 내지 못한 책임을 전가시켰으니 돌아온 조선의 여자들은 졸지에 '화냥년'의 기원이 되는 누명을 뒤집어썼던 것이다. 몽골 간섭기에도 고려 여인들이 몽골 원에 '공녀(貢女)'로 끌려갔다. 공녀는 '정신대', 약탈혼과 유사한 측면을 지녔고 때로는 '위안부'의 성격을 띠기도 했다. 집단적인 성범죄는 명백한 강간임에도 자발적인 행위로 포장되기도 하며, 가해자가 개인적인 죄책감을 별로 느끼지 않는다는 데 심각성이 크다.

공녀가 발생한 사연은

13세기는 세계사적으로 태풍의 시대였다. 칭기즈칸이 몽골을 통일하고 대대적인 정복 전쟁을 수행해 감에 따라 사방은 공포에 떨어야 했다. 불행하게도 그 여파는 우리나라에까지 밀려왔다. 몽골군은 1231년(고종 18)에 마침내 고려를 침략하기 시작하였던 것이다. 고려 사람들은 침략군에 맞서 수십 년 동안 대대적인 항쟁을 전개하였다. 이 기간 동안 고려는 대부분의 지역이 유린당하여 인적·물적 피해가 막심하였다. 특히 고려 여인들이 몽골군에게 당한 수모는 이루 다 말할 수 없었다. 몽골군은 저항하는 방어대를 격파하고 성을 점령하면 성인 남자는 대부분 살해하고 남자 아이와 여자들을 사로잡아 가곤 했다. 몽골의 제6차 침략이 시작되는 때인 1254년(고종 41) 한 해 동안에 무려 20만 6,800여 명의 남녀 고려인이 몽골군에게 사로잡혀 갔다는 기록을 참고하건대, 전쟁 기간 동안 몽골군에게 끌려가 갖은 고초를 당한 고려 여인의 수는 수십만 명이 되었을 것이다. 몽골에 끌려간 고려인들은 노동력을 착취당했으며, 특히 여인들은 성적인 학대까지 받아야만 했다.

고려 여인들은 전쟁 기간에만 수난을 당한 것이 아니었다. 1259년(고종 46) 강화가 성립되어 전쟁이 끝난 후에도 또 다른 형태의 위협에 직면하게 된다. 유목 생활을 하는 몽골족은 다른 나라를 정복하면 그 지역의 모든 것을 전리품으로 간주하였다. 이에 따라 많은 공물을 바칠 것을 강요하였으며 여기에는 사람, 특히 여성까지 포함되었다. 고려는 오랫동안 저항한 대가로 왕국을 유지하였지만 속국의 처지였기 때문에 몽골족이 세운 원나라의 간섭을 많이 받았다. 원은 일본 정벌을 단행하는 데 드는 막대한 경비를 고려에 대부분 전가시켰을 뿐만 아니라 지배 기간 내내 여러 가지 명목으로 특산물을 요구하는 등 경제적 수탈을 자행하였다. 이에 따라 고려 정부는 금은, 사냥매, 인삼, 잣, 약재 등을 마련하여 보내느라 백성들을 수시로 닦달하였다.

원은 여기에 그치지 않고 특정한 분야에 종사할 사람들을 선발하여 보내 달라고 요구하였다. 고려인들은 공물로서 원에 끌려갈 운명에 처하였던 것이다. 이에 따라 남성의 일부는 자의 반 타의 반으로 거세되어 궁중의 환관으로 보내졌으며, 여성의 일부는 처·첩·궁녀·잡역부 등으로 끌려갔다. 이처럼 고려 여성의 일부가 마치 공물처럼 원나라에 바쳐졌으니 이들이 바로 '공녀(貢女)'였다. 공녀 선발은 일방적이어서 선택의 여지가 전혀 없었.

1274년(원종 15) 원나라가 고려에 사신을 파견하여 부녀(婦女) 140명을 요구한 것이 공녀로 끌려간 시초이다. 이는 원에 투항한 남송의 중국인에게 처를 얻어 주기 위한 것이었다. 이에 고려 정부는 전례에 없는 '결혼도감'이라는 임시 관청을 설치하고 마을을 샅샅이 뒤져 그 인원을 채워 줄 수밖에 없었다. 당시에 고려인의 울부짖는 소리가 거리에 가득 찼다 한다. 색출당한 고려 여인들은 말만 처이지 사실상 그들의 노리갯감이었다. 1275년(충렬왕 1) 원은 칭기즈칸이 13국을 정복한 이래 각 나라들이 미녀를 바치고 있다면서 고려도 여자를 바치라고 은근히 종용하였다. 이러한 압력을 받은 고려는 즉시 혼인 금지 명령을 내리고 처녀를 색출하여 원에 보냈다. 당시 여기에 선발된 어린 소녀들의 심정을 김찬(金贊)이라는 시인이 쓴 〈동녀시(童女詩)〉가 잘 대변하고 있다.

온 세상이 갑자기 한집이 되니
동쪽 땅에 명령하여 궁녀를 바치라 하네
규중(閨中)에 거처하여 드러나지 않도록 조심하였더니
관청에서 선발함에 심사하는 많은 눈을 어찌 감당할까
살짝 다듬은 근심 어린 두 눈썹이 파란데
부끄러워하는 얼굴을 억지로 들게 하니 온통 발개지누나
어린 꾀꼬리가 깊은 숲 속 나무를 떠나려 하고
젖내 나는 제비가 날아 옛 둥지를 잃으려 하네
낭원*에 옮겨 심은 꽃은 금방 핀다 하고
광한(廣寒)*에 붙여진 계수나무는 편안히 자란다 하지
떠나가는데 미적미적대지만 솜털 깔린 수레에 실리고
바쁘게 떠나려 하자마자 준마가 달리누나

자금성(중국 베이징 소재)
명·청의 황제들이 기거하던 궁. 본래 이곳은 금나라의 중도(中都)였는데, 원의 쿠빌라이가 금의 중도를 파괴하고 그 자리에 대도(大都)를 건설하였다. 공녀로 끌려간 고려 여인들이 대부분 여기에서 고초를 당하였다.

부모의 나라가 멀어지니 혼(魂)이 바로 끊어지고
황제의 궁성이 가까워질수록 눈물이 비 오듯 하는구나.
(■낭원은 신선이 산다는 곳, 광한은 달의 궁전을 의미하며, 모두 원나라 궁궐을 비유한 것이다.)

   규중에서 세상모르고 자라던 어린 소녀들이 선발 위원들 앞에 끌려 나와 발발 떨며 얼굴과 몸매를 자세히 심사받는 광경을 상상해 보라. 불행하게 심사에 통과된 소녀들은 떠나려 하지 않지만 강제로 수레에 실렸다. 혼절하였다 깨어 보니 고국은 이미 멀어진지라. 눈물을 펑펑 쏟으며 울어 보지만 아무런 소용이 없었다. 그들은 과연 누구를 원망하였을까? 그들이 구박받거나 병들었을 때 도와줄 이 어디 있으랴! 이후 공녀의 헌납은 본격화하여 고려는 원나라가 요구하는 대로 여자를 바쳐야만 했다. 고려는 계속되는 공녀 요구에 부응하기 위하여 과부와 처녀를 색출하여 원나라에 보내기 위해 '과부처녀추고별감'이라는 관청을 두기도 하였다.

몽골인이 고려 여인을 그토록 탐낸 이유는 무엇일까. 우선 정복자로서의 위세를 과시하기 위한 심리적 요인과 다처(多妻)의 풍습을 들 수 있다. 다음으로 환경적 요인을 지적할 수 있겠다. 그들은 춥고 건조한 초원지대에서 유목 생활을 하였다. 남성은 물론이고 여성도 태어나면서부터 말과 함께 생활하여 강건했다. 몽골 여인들은 건조하고 겨울이 한랭한 기후 속에서 생활한데다 짐승의 고기와 젖을 주식으로 하여 곡물·채소·과일 등이 결핍되었기 때문에 피부가 빨리 노화되고 윤기가 없었다. 이에 비해 사계절이 뚜렷하여 습도와 온도가 알맞은 기후 속에 살며 곡물·채소·과일 등을 적당히 섭취한 고려 여인들은 피부가 뽀얀 미인들이 많았을 것이다. 일 잘하고 다소 곳하고 나긋나긋한 고려 여인들은 몽골 남성들에게 매우 인기가 있었다 한다. 이러한 연유로 고려 여인들은 피눈물을 쏟으면서 머나먼 타국으로 끌려가 노동력 착취와 성적 학대를 당하는 신세가 되었다.

눈물 실은 마차는 끊이지 않고

고려 지배층은 원나라 비위를 맞추기 위하여 공녀 색출에 광분하였다. 백성들의 원망 따위는 그들의 관심사가 아니었다. 공녀를 색출하는 방법은 한

마디로 '인간 사냥'이었다. 원나라 세조 쿠빌라이의 딸로 충렬왕비가 되어 위세를 떨친 제국공주가 측근들에게 양가의 여식으로 나이가 14~15세인 자를 뽑아 올리라고 명령한 적이 있었다. 그들은 순군(경찰)과 홀치(왕의 경호 부대) 등에게 인가를 수색하도록 하였는데, 밤중에 침실로 돌입하거나 노비를 결박하여 주인의 자녀가 숨은 곳을 캐물었다. 그러자 비록 자녀가 없는 집이라도 놀라고 소란하였으며 원망하여 울부짖는 소리가 마을에 가득 찼다고 한다. 제국공주는 친정인 원나라에 고려의 자녀를 선물로 가져간 셈이다. 고려 여인들은 공녀로 선택되는 것을 무엇보다도 싫어하여 기피하였다. 딸을 가진 집에서는 나이가 어리더라도 일찍 혼인을 시키는 풍조가 생겨났다. 딸이 공녀가 되는 것을 미연에 방지하기 위해 일찍감치 사위를 맞아들인 것이다. 이 때문에 원나라가 요구하는 인원을 채우기 힘들어지자, 고려 정부는 혼인을 금지하는 명령을 내리기까지 하였다. 1287년(충렬왕 13)에는 "양갓집 처녀는 먼저 관청에 신고한 다음에 혼인시켜라. 어긴 자는 처벌하라."라는 왕명을 내리고 어린 여자들을 색출했다. 1307년에는 "나이 16세 이하 13세 이상의 여자는 마음대로 혼인할 수 없게 하라."라는 왕명을 내렸다. 여기에서 공녀는 나이가 대략 10대 초반에서 중반의 앳된 소녀가 선발되었음을 알 수 있다.

공녀의 대상으로는 초기에는 독신녀, 역적의 아내, 승려의 딸, 과부 등이 포함된 적도 있었다. 하지만 원은 양가(良家)의 처녀를 계속 요구하였으며 그때마다 민가를 뒤졌다. 공녀에는 왕족이나 관인의 딸도 포함되었지만, 주 대상은 일반 백성의 딸로서 '동녀(童女)'라 표현된 어린 미녀들이었다. 공녀들은 지배층 출신인 경우 황제의 후궁, 귀족 내지 고위 관료의 처 혹은 첩이

고려시대의 철릭(경남 합천군 해인사 소장)
이 옷은 저고리와 치마를 허리에서 연결시킨 '철릭'이다. 철릭은 대개 몽골풍 의복으로 간주되고 있다. 한편 고려 여성들이 끌려간 후 원나라에서 고려의 의복과 음식 등이 유행하여 '고려양(高麗樣)'이라는 말이 생겼다고 한다.

되어 그런대로 지낼 만하였지만, 대부분을 차지하는 일반 백성의 딸들은 원에 귀부한 여러 나라 군인의 처, 원나라 궁실의 궁녀 혹은 잡역부가 되어 고달픈 생활을 해야 했다.

일단 공녀로 선발되면 거의 빠져나올 수 없었다. 한번은 충렬왕 때 세자(뒷날의 충선왕)가 마음속으로 점지한 왕족의 처녀가 공녀에 포함되어 길을 떠난 일이 있었다. 세자의 안색이 좋지 않음을 보고 한 신하가 그 이유를 알아내고는 모후인 제국공주에게 아뢰어 그녀는 가까스로 돌아올 수 있었다. 우리는 세자의 모후가 원 황제의 딸로서 남편인 충렬왕을 쥐고 흔든 여인이었음을 기억해야 한다. 이 사건은 공녀로 선발되면 어떤 막강한 배경을 지니더라도 거기에서 빠져나오기가 얼마나 힘들었는지를 잘 말해 준다. 공녀로 뽑힌 딸을 구하려다 갖은 수모를 겪은 한 아버지의 일화는 우리 눈물을 자아낸다.

충렬왕과 왕비 제국공주가 양가의 여자를 뽑아서 원나라 황제에게 바치려고 하였다. 홍규의 딸도 그중에 뽑혔다. 홍규는 권세가에게 뇌물을 바쳐 보기도 했지만 자신의 딸을 빼낼 수가 없었다. 그는 한사기에게 "내 딸의 머리카락을 잘라 버리려고 하는데 어떻겠는가?"라고 말하였다. 한사기는 "화가 공에게 미칠까 두렵습니다."라고 대답하였다. 홍규는 한사기의 충고를 듣지 않고 딸의 머리카락을 잘라 버렸다. 제국공주가 이것을 듣고 크게 노하여 홍규를 가두어 혹독한 형벌을 가하고 그 집의 재산을 몰수하게 하였다. 제국공주는 또한 홍규의 딸을 가두어 심문하였다. 딸은 "제가 스스로 머리카락을 잘랐습니다. 아버지는 모르는 일입니다."라고 대답하였다. 제국공주가 그이의 머리카락을 휘어잡아 땅에 처박고 쇠로 만든 채찍으로 마구 때리도록 하였다. 홍규의 딸은 몸뚱이의 살갗이 온전한 곳이 없었지만 끝내 굴복하지 않았다.

홍규는 무인정권 최후의 집권자 임유무를 제거하여 왕권을 회복하는 데 가장 큰 공을 세웠으며 고위 관직을 지낸 사람이었지만 딸을 구해 낼 수 없었다. 권세가에게 뇌물을 주어 사정해 보았지만 소용이 없자 최후의 수단으로 딸의 머리카락을 잘라 버린 것이다. 그러나 결국 두 사람은 모진 고문을 당한 끝에, 아버지는 섬으로 귀양 가고 딸은 원나라 사신에게 선물로 바쳐지고 만다.

한편 공녀로 끌려간 고려 여인이 원나라 실력자의 총애를 입어 출세하는 경우도 간혹 보인다. 하급 관료를 지낸 기자오의 막내딸은 고려 출신 환관의 도움으로 원나라 궁중에 들어가 황제인 순제의 사랑을 독차지하게 된다.

기자오의 딸은 결국 황후가 되었으며, 그 딸, 즉 기황후가 낳은 아들이 황태자로 책봉되자 더욱 세력을 떨친다. 기황후와 고려 출신 환관들은 큰 세력을 형성하여 원나라 정치를 좌우하였으며, 고려 정계에도 막강한 영향력을 행사하였다. 오빠 기철 등 기황후의 가족과 친인척은 하루아침에 출세 가도를 달리게 된다. 이에 자극받은 고려의 고급 관인들 중에는 일부러 자신의 딸을 원나라의 실력자에게 바치는 풍조가 생겨나기도 하였다. 좌정승(종일품)을 지낸 노책은 원나라 황제에게, 판삼사사(종일품)를 지낸 권겸은 황태자에게 딸을 바쳐 권세를 부렸다.

그들의 넋이 떠돌고 있다면

원나라의 공녀 요구는 자식을 사랑하는 부모의 마음에 못을 박는, 천륜에 어긋나는 만행이었다. 수녕옹주 묘지명에는 "동방의 딸들이 긁히듯 뽑혀 서쪽(원나라)으로 가기를 거른 해가 없었다. 비록 고귀한 왕친이라도 숨길 수 없었다. 모녀가 한 번 헤어짐에 아득하여 만날 날을 기약하지 못하니, 아픔이 골수에 사무쳐 병에 걸리게 되어 죽음에 이르게 된 자가 한두 명이 아니었다. 천하에 무엇이 있어 지극히 원통함이 이보다 더하단 말인가."라고 새겨져 있다. 이 묘지명의 주인공은 경주 김씨 문벌 가문 출신으로 왕족 왕온(王溫)과 혼인해 29세에 과부가 된 여인이었다. 그런데 그 딸이 공녀로 원에 가 있어서 근심과 번민 끝에 병이 생겨 일찍 죽었다 한다. 그 딸은 원나라 고급 관리의 처가 되었는데, 그럼에도 가슴앓이 끝에 병들어 죽었으니 일반 부모들은 어떠하였으랴. 고려인들은 딸을 낳으면 그 사실을 숨겨 이웃이 찾아와도 보여 주지 않았다는 당시의 기록은 과장만은 아니었던 것이다. 이러한 비통한 심정은 고려 말 대학자 이색의 아버지 이곡이 1335년(충숙왕 후 4) 원나라에 올린 상소문에 잘 표현되어 있다.

> 여자들을 모아들여 공녀를 선발하는데, 예쁜 여자도 있고 미운 여자도 있습니다. 사신에게 뇌물을 먹여 그 욕심을 채워 주면 비록 미인이라도 놓아 주고 다른 데에서 구합니다. 이러다 보니 한 여자를 얻으려 수백 집을 뒤지게 됩니다. 오직 사신의 말만 통할 뿐, 누구도 어길 수 없습니다. 황제의 명령을 받고 왔다고 하기 때문입니다. 이런 일들은 1년에 한 번 또는 두 번, 아니면 2년마다 벌어지고 있습니다. 한 번에 데려가는 여자의 수는 많게는 40~50명에 이릅니다. 공녀로 뽑히면 부모와 친족이 서로 모여 곡을 하여, 밤낮으로 우는 소리가 끊이지 않습니다. 공녀를 나라 밖으로 떠나보내는 날이 되면, 옷자락을 부여잡아 끌다가 난간이나 길에 엎어집니다. 울부짖다가 비통하고 분하여 우물에 몸을 던지거나 스스로 목을 매어 죽는 자도 있습니다. 근심 걱정으로 기절하거나 피눈물을 흘려 실명한 자도 있습니다. 이런 예들은 이루 다 기록할 수가 없습니다.

이 애절한 상소를 접한 원나라 황제 순제는 고려 여성의 헌납을 받지 않겠다고 약속하였다. 하지만 이는 고식적인 조치에 지나지 않아 이후에도 고려 여인의 수난은 계속되었다. 결국 공녀는 1356년(공민왕 5) 반원 개혁 정책을 실시한 후에야 비로소 중단되었다. 앞에서 살펴본 이곡의 상소에 따르면 공녀는 한 번에 많게는 40~50명이 선발되었다. 80여 년에 걸친 원간섭기

문헌서원(충남 서천군 소재)
공녀 징발의 중단을 요청했던 이곡과 그의 아들 이색을 모신 서원이다.

동안 1년에 한 번 또는 두 번, 아니면 2년에 한 번 바쳐졌으니 수천 명이 끌려갔던 셈이다. 원나라의 사신이나 귀족, 관리들이 개인적으로 데려간 자들까지 계산하면 그 수는 더욱 늘어난다. 고려가 주권을 완전히 회복한 다음에야 그들은 성적 수난에서 해방될 수 있었다. 명나라가 들어선 이후 조선 초기까지도 가끔 공녀를 보내지만 그 규모나 횟수는 이전과 비교가 되지 않는다.

고려 여인들은 몽골과의 전쟁 중에 이미 수십만 명이 끌려갔다. 전쟁이 끝나고 원나라의 지배를 받는 동안에도 수천 명이 '공녀'라는 이름하에 끌려가서 성적 노리갯감이 되었다. 고려왕조는 결국 백성의 딸을 제물로 바쳐 목숨을 부지한 것이다.

세월이 많이 흘러 버린 지금에 와서 당시의 야만적인 행위에 대해 현재의 몽골 정부에 배상을 요구하기는 좀 무리이다. 그렇다고 일본이 태평양전쟁 때 우리나라 여인들을 '위안부' 내지 '정신대'로 마구잡이로 끌고 가서 성(性)과 노동력을 착취한 만행을 납득할 만한 사과와 배상을 받지도 않고 용서할 것인가. 만약 그렇다면 먼 훗날 고려시대의 공녀처럼 아물지 않는 수치로 남으리라.

김창현 _ 전 고려대 연구교수

원나라의 마지막 황후가 고려 여인이었다는데

이익주

지금으로부터 약 650년 전, 14세기 후반에는 중국에서 몽골족이 세운 원나라가 쇠퇴하고 명나라가 중원의 패권을 잡는 대변동이 일어났다. 오랫동안 몽골족의 지배를 받아 왔던 한족(漢族) 농민들의 봉기가 치열하게 전개되었으며, 원나라 조정에서는 황제 자리를 둘러싼 권력투쟁이 거듭되고, 권신과 환관들이 발호하는 등 왕조의 말기적 현상이 두루 나타나고 있었다.

이러한 정치적 혼란의 한가운데에 원나라의 마지막 황제(순제)의 황후였던 고려 여인 기씨, 즉 기황후가 자리하고 있었다. 그는 원나라에 공녀로 들어갔다가 순제의 눈에 들어 황후의 지위에 올랐다. 이 과정에서 순제의 다른 황후들과 벌였던 암투는 우리 '왕비 열전'을 능가하는 궁중 비사였다. 결국 기황후가 낳은 아들이 황태자가 되었는데, 만일에 원나라가 망하지 않고 순조롭게 황위가 계승되었다면 고려의 피가 섞인 황제가 출현하였을 것이다.

고려 여인이 원나라의 황후가 되고, 그 아들이 황제가 되는 것이 과연 고려와 무슨 상관이 있을까? 그보다 먼저, 그러한 일이 어떻게 가능했을까?

그것이 우리 역사에 끼친 영향은 무엇일까? 이러한 의문들을 풀기 위해서는 고려와 원나라의 관계가 어떠했는가 하는 문제부터 차근차근 살펴보자.

고려와 원나라는 어떤 관계를 맺고 있었나

13세기에 고려는 몽골족의 침략에 맞서 30년이 넘도록 치열하게 싸웠다. 세계 역사상 가장 넓은 영토를 정복했던 몽골족과 그토록 오랫동안 싸운 나라는 없었다. 이것만으로도 항전의 주체가 되었던 고려 민중의 투쟁담은 역사에 길이 남을 것이다.

항쟁의 결과, 고려는 몽골에서 요구하는 강화 조건을 대폭 완화해 강화를 성립시킬 수 있었다. 강화 교섭을 위해 몽골에 간 태자가 쿠빌라이(뒷날의 원 세조)를 만났을 때, 쿠빌라이는 "고려는 만 리나 되는 큰 나라이다. 당나라 태종이 친히 공격했어도 굴복시키지 못했는데, 지금 그 태자가 내게 왔으니 이는 하늘의 뜻이다."라며 기뻐했다고 한다. 쿠빌라이가 고려를, 고구려를 계승한 강국으로 인식하였던 것은 끈질긴 고려의 항전에서 강한 인상을 받았기 때문이었다.

더욱이 이때 쿠빌라이는 동생 아릭부케와 황제 자리를 다투고 있었으므로 고려 태자가 자신에게 찾아온 것을 하늘의 뜻으로 받아들였음 직하다. 결국 쿠빌라이가 황제가 되었고, 태자가 쿠빌라이 쪽을 선택한 것은 결과적으로 중요한 고비에서 외교적 성공을 거둔 셈이었다. 고려는 이러한 분위기에서 진행된 외교교섭에서 실리를 얻을 수 있었다.

고려는 몽골과 벌인 이 첫 교섭에서 전통적인 풍속, 즉 '토풍(土風)'을 고치

〈쿠빌라이상〉
원 세조 쿠빌라이는 고려와 강화를 맺으면서 고려의 전통문화를 인정하였다.

라고 강요하지 않겠다는 약속을 받았고, 이로써 중국과 다른 독자적인 문화를 보존할 수 있게 되었다. 그런데 이것은 고려의 문화뿐 아니라 독자적인 국가 체제의 존속을 인정받은 것으로, 이를 근거로 '고려'라는 국가와 왕실이 그대로 유지될 수 있었다. 몽골에서 볼 때 고려는 엄연한 하나의 외국이었고, 고려와 몽골의 관계는 외교 관계가 되었던 것이다. 이러한 관계는 몽골족이 이때까지 정복한 지역을 모두 자기 영토로 편입시켰던 것과 비교할 때 아주 획기적인 일이었다.

그러나 강화에 반대하는 무신정권을 붕괴시키는 과정에서 몽골의 군사력이 개입하였고, 이에 따라 고려의 자주성은 커다란 시련을 겪게 되었다. 몽골의 군대와 다루가치가 고려에 상주하고 내정에 간섭하였던 것이다.

이러한 상황에서 충렬왕이 즉위하였는데, 그는 쿠빌라이의 딸과 결혼하여 원 황실의 부마가 되었다. 이 점은 이후 두 나라의 외교 과정에서 큰 효력을 발휘하였다. 유목 민족의 전통을 가진 원나라에서는 국가의 중대사를 쿠릴타이라고 하는 회의에서 결정하였는데, 부마도 왕자들과 나란히 참석할 수 있었다. 이같이 부마의 지위가 왕자와 동등하였으므로, 충렬왕은 이러한 지위를 활용하여 원나라의 간섭을 줄이기 위한 외교 활동을 전개할 수 있었다.

충렬왕은 직접 원나라에 가서 쿠빌라이를 만나 담판을 벌였고, 그 결과 원나라의 다루가치와 군대를 철수시키는 성과를 거두었다. 이후 고려에는 원나라의 관리나 군대가 주둔하지 않게 되었다. 또 호구조사를 고려에서 독자적으로 시행하기로 합의하였다. 호구조사는 일차적으로 세금을 거두기 위한 것이므로, 이 합의를 통해 고려 백성들은 원나라에 세금을 바치지 않게 되었다.

물론 원나라가 고려 지배를 완전히 포기한 것은 아니어서 필요할 때마다 사신을 보내 내정간섭을 하였다. 그러나 원나라에서 이런 정도의 느슨한 지배 방식을 택할 수 있었던 것은 고려 국왕에 대한 책봉권을 장악하고 있었기 때문이었다. 본래 책봉이란, 중국 왕조와 주변 국가 간의 사대 관계에서 조공의 반대급부로 주어지던 것이지만, 실제로는 그 나라의 왕위 문제에 직접 간여하는 것이 아니라 이미 이루어진 왕위 계승을 추인하는 것이었다. 그러나 원나라에서는 책봉의 기회를 이용하여 고려의 왕위 계승에 개입하였고, 이 때문에 국왕이 갑자기 바뀌거나, 아버지와 아들이 왕위를 두고 다투는 일이 일어나게 되었다. 즉 원나라에서는 책봉권을 이용하여 고려 국왕을 조종할 수 있었고, 그를 통해 고려 정치에 간섭하였던 것이다.

따라서 고려는 당시 몽골족이 지배하던 세계 질서 속에서는 드물게 독자적인 국가 체제를 유지하였지만, 대신 원나라의 간섭을 강하게 받았다고 할 수 있다. 이것은 자주와 사대라는 기준으로 볼 때 분명히 이중적인 성격을 띠었다. 당시에 살았던 사람들에게는 이러한 이중성을 어떻게 수용할 것인가 하는 문제가 중요한 고민거리였을 것이다.

자주와 사대가 종이 한 장 차이?

당시 고려 사람들이 자신이 살고 있던 시대를 어떻게 인식하였는가를 보여 주는 자료는 많지 않지만, 아주 없는 것도 아니다. 우리가 잘 아는 일연(1206~1289)의 《삼국유사》와 이승휴(1224~1300)의 《제왕운기》가 모두 충렬왕 때 쓰인 역사책들이다. 이 두 책은 무엇보다도 단군신화를 처음 기록한 것으로 유명한데, 그것은 단군에서 시작한 우리 역사의 유구함을 강조하고, 또 삼국 통일이 이루어진 지 무려 600년이 지난 뒤에까지도 각 지방에 남아 있던 고구려와 백제와 신라의 계승 의식을 극복하여 민족의 일체성을 확인하고자 한 것이었다. 이 대목에서 몽골과 치른 전쟁을 전후하여 신라부흥운동, 고구려부흥운동, 백제부흥운동이 각각 일어났던 사실을 상기할 필요가 있다.

특히 《제왕운기》는 "요동에 별천지가 있으니 중국 왕조와 뚜렷이 구분된다."라는 말로 우리 역사를 서술하기 시작한다. 중국과 구분되는 딴 세상이란 곧 우리의 독자적인 혈연 및 문화 공동체를 가리키는 것으로, 이때 새삼스레 이 점을 강조한 까닭은 원나라와 이룬 관계에서 '토풍'으로 표현되는 독자적인 문화와 국가 체제를 유지할 수 있었던 점을 부각시키고자 한 것이었다. 이들보다 한 세대 뒷사람인 이곡(1298~1351)이 자

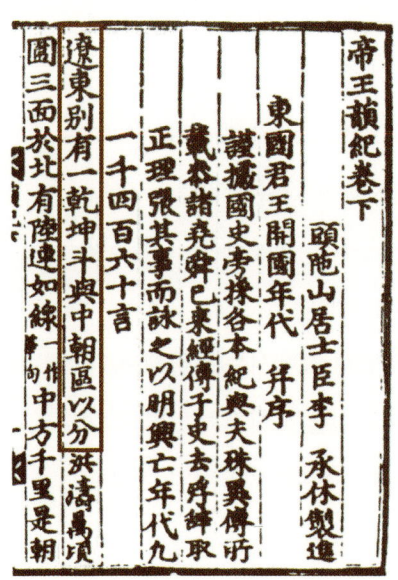

《제왕운기》
이승휴가 중국과 우리나라의 역사를 시로 읊은 것이다. 이 부분은 우리나라 역사를 기록한 첫 장으로, "요동에 별천지가 있으니 중국 왕조와 뚜렷이 구분된다."(밤색 선)라는 구절이 보인다.

기 시대를 말하면서 "오늘날 천하에 임금과 신하가 있고 백성과 사직이 있는 곳은 우리 삼한뿐이다."라고 한 것도 원나라를 중심으로 하는 세계 질서 속에서 고려가 국가 체제를 유지하고 있는 것에 대한 자부심의 표현이었다.

그러나 다른 한편으로, 몽골족이 세계를 지배하는 현실은 그 자체로서 인정하고 있었다. 《제왕운기》에서는 원나라를 중국의 정통 왕조로 인정하면서, "토지는 광대하고 인민은 많으니, 개벽한 이래로 이런 나라 처음이네."라고 노래하여 그 융성함을 극찬하였다. 또 충렬왕이 쿠빌라이의 부마가 되고, 그 아들인 쿠빌라이의 외손자가 세자가 됨으로써 고려의 왕업이 빛나게 되었다고 찬양하였다. 따라서 원의 간섭 역시 부정할 수 없었는데, 그것은 종족에 관계없이 중원을 차지한 나라가 곧 중화이고, 그에 대해 사대하는 것은 당연하다는 논리로 합리화되었다.

독자적인 역사와 문화 전통에 대해 자부심을 가지고 있으면서도, 다른 한편으로는 이민족의 간섭을 인정하는 이중적인 가치관이 당시 사회를 지배하고 있었다. 이러한 인식은 고려가 국가 체제를 유지하면서 원의 정치적 간섭을 강하게 받던 현실을 뛰어넘지 못하고, 그 현실과 타협하는 한 불가피한 것이었다. 이 때문에 많은 사람들이 원에서 고려의 노비법을 고치려 한다든가, 고려를 원의 한 행성(行省)으로 만들려는 시도에 대해서는 강력하게 반대하면서도, 원나라의 과거에 급제하여 그곳에서 관직에 오른 것을 평생의 자랑으로 여기는 이중적인 태도를 가지게 되었던 것이다.

당시 사람들의 그러한 태도를 어떻게 평가할 수 있을 것인가. 지금 우리가 원간섭기를 생각하면서 반원(反元)과 친원(親元), 또는 자주와 사대라는 술어를 사용할 때, 그것들은 모두 제한적인 의미를 가질 것이다. 예를 들어

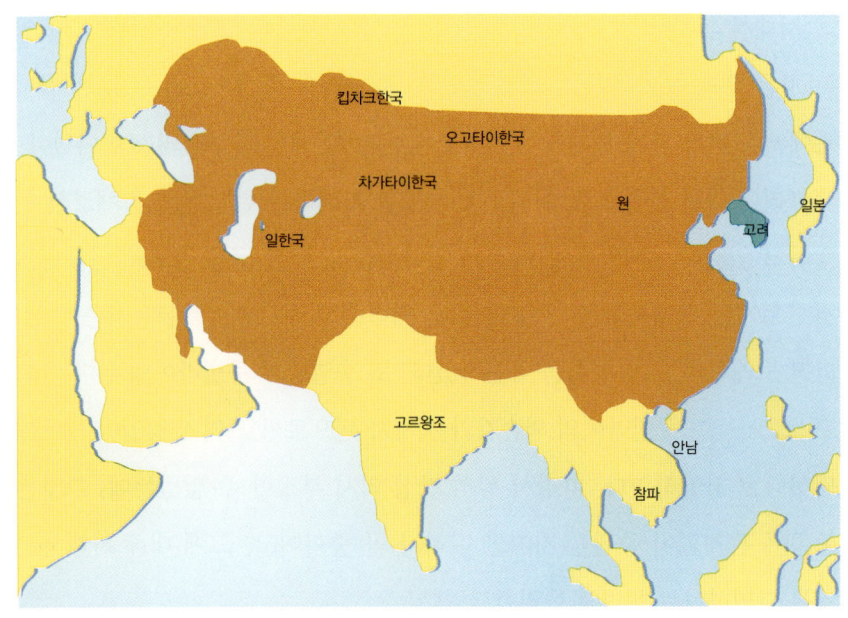

13세기 후반의 몽골제국
몽골제국은 중국의 원나라와 네 개의 한국(汗國)으로 구성되었다. 몽골제국 중심의 세계 질서 안에서 독자적인 국가 체제를 유지한 것은 고려뿐이었다.

《제왕운기》에 보이는 이승휴의 역사 인식은 단군신화를 수록하고 '요동의 별천지'를 강조한 데서 보듯이 자주적이지만, 동시에 사대의 논리를 들어 원의 간섭을 현실로서 인정한다는 점에서 그의 '자주'는 제한적이다. 그렇다면 당시 현실에서 자주와 사대, 반원과 친원의 구분은 존재하지 않았던 것일까?

그렇지는 않다. 원의 정치적 간섭을 현실로 인정하는 것이 대체적인 분위기였지만, 고려가 독자적인 국가 체제와 문화 전통을 유지해야 한다는 생각에서는 차이가 있었다. 이 시기에 단군신화가 기록된 것은 몽골족이 지배하는 세계 질서 속에서나마 독자적인 국가 체제를 지탱해 가려는 노력의 결과였다. 반면, 원나라에 빌붙어 개인적인 이익을 챙기려는 사람들도 있었고, 이들의 책동은 궁극적으로 고려의 국가 체제 자체를 부정하는 데 이르렀다. 이러한 사람들을 '친원파' 또는 '부원배'라고 부를 수 있을 것이다.

두 가지 생각은 모두 원의 간섭을 현실적으로 인정한다는 점에서 공통점이 있었고, 따라서 종이 한 장의 작은 차이일 수도 있었다. 그렇지만 이 차이가 현실 정치에 있어서는 고려왕조를 지킬 것인가, 아니면 고려왕조를 없애고 원의 영토로 편입할 것인가 하는 대단히 중대한 문제로 나타났다. 좀 더 적극적으로 원의 간섭을 부정하고 자주성을 회복하려는 노력은 없었을까 하는 아쉬움도 남지만, 그러지 못한 점은 그 시대의 한계였다.

원에 기대어 출세하려는 자들

고려에서 부원배가 출현한 것은 몽골과 전쟁을 할 때부터였다. 몽골족의 침략을 맞아 고려의 군민들은 치열한 항쟁을 벌였지만, 여느 전쟁과 마찬가지로 이때에도 외적에게 항복하여 그 앞잡이 노릇을 한 반역자들이 있었다. 가장 대표적인 사람이 홍복원(1206~1258)으로, 그는 일찍이 몽골이 고려를 처음 침략해 왔을 때 항복한 뒤로 몽골군을 안내하며 고려 침략을 도왔다. 그 공으로 몽골에서 관직에 임명되었으며, 이로부터 아들 홍다구와 손자인 홍중희에 이르기까지 3대에 걸쳐 고려 조정에 반역 행위를 하였다.

그 밖에도 전쟁 중에 항복했던 사람들이 원나라의 위세를 업고 폐해를 일으키는 일이 많이 있었다. 예를 들어 몽골에 있으면서 고려의 어느 지역에서 어떤 특산물이 많이 생산된다고 하고는 고려에 파견되어 토색질을 일삼거나, 이것을 빌미로 고려에서 관직을 얻기도 하였다. 몽골에서 배운 몽골어 실력을 앞세워 통역관으로서 두 나라 사이를 오가며 사실대로 전달하지 않고 자기 욕심을 채움으로써 국익을 훼손하는 일도 있었다.

시간이 흐를수록 두 나라 사이의 교류가 빈번해지면서 원나라에 연고를 갖고 그것을 이용하여 자기 이익을 확대하려는 사람들도 늘어났다. 한 예로 공녀라고 해서 원나라에 처녀를 보냈는데, 그 때문에 딸을 빼앗기지 않으려는 사람들로 소란이 일어났지만 다른 한편에서는 거꾸로 자기 딸을 원나라의 실력자와 혼인시켜 그 덕을 보려는 사람들도 있었다. 또한 이 시기에는 원의 요구에 따라 환관도 많이 보냈는데, 그것이 출세의 한 방편이 됨으로써 원나라에 환관으로 들어가기 위해 자기 스스로 거세하는 사람들조차 있었다.

특히 충숙왕 이후로는 정치적 혼란이 계속되면서 정쟁에 패배한 사람들이 원나라로 도망해 들어가 부원배로 변신하였다. 이들은 원나라에 있으면서 고려를 원의 영토에 편입시키려는 책동을 벌였다. 이처럼 원간섭기에는 환관이나 공녀의 친족들과, 정쟁에서 패하여 원으로 도망한 사람들이 주로 부원배가 되었다. 이들은 개인적인 이익을 위해 고려의 정치 질서를 문란케 하고, 더 나아가서는 고려의 국가 체제 자체를 없애려고까지 하였다. 이러한 상황에서 부원배들의 도움을 받아 고려의 기씨 여인이 원나라의 황후가 될 수 있었다.

원나라 기황후는 고려의 공녀

기황후는 행주를 본관으로 하는 기자오의 막내딸로 태어나 원나라에 공녀

원나라 황실의 계보

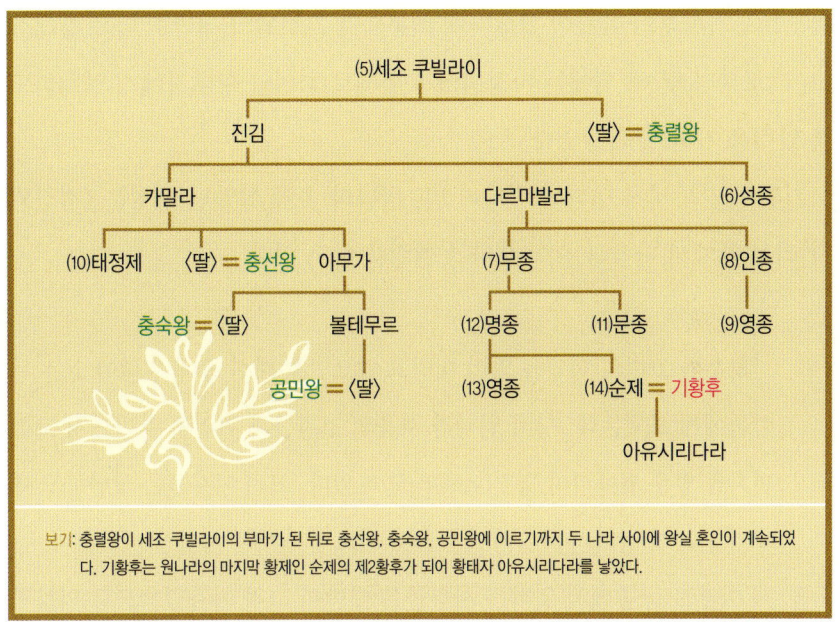

보기: 충렬왕이 세조 쿠빌라이의 부마가 된 뒤로 충선왕, 충숙왕, 공민왕에 이르기까지 두 나라 사이에 왕실 혼인이 계속되었다. 기황후는 원나라의 마지막 황제인 순제의 제2황후가 되어 황태자 아유시리다라를 낳았다.

로 보내졌다. 1335년(충숙왕 후 4) 경에 원나라 황궁의 궁녀가 되었고, 1339년 아들 아유시리다라를 낳은 뒤 이듬해 제2황후에 봉해졌다. 그는 먼저 가 있던 고려인 환관들의 주선으로 궁녀가 되었고, 황후가 된 뒤에도 고용보·박불화 등 고려인 환관들이 그 주변에서 활약하였다.

　기황후와 고려인 환관들은 원나라에서 막강한 정치 세력을 이루었다. 기씨가 제2황후에 봉해진 바로 그해에 자정원이라는 황후의 부속 관청이 설치되었는데, 여기에는 고려인 환관뿐 아니라 원나라의 고위 관리들도 포함되어 '자정원당'이라 불리는 당파를 형성하였다. 당시 이들의 위세는 대단해서 관리들의 인사에도 영향력을 행사하였고, 당시 원나라의 재상이 이들과 가까이하였다가 "권세에 아부한다."라는 비난을 들을 정도였다. 1353년(공민왕 2)에 기황후의 아들이 황태자에 책봉되자 자정원의 세력도 더욱 강해졌고, 그로부터 몇 해 뒤에는 자정원에서 황제로 하여금 황태자에게 양위하도록 압력을 가한 일도 있었다.

기황후의 득세에 대하여 원나라 말, 명나라 초에 살았던 권형은 《경신외사》라는 책에서 다음과 같이 색다른 설명을 하고 있다.

> 기황후가 고려의 미인을 많이 데리고 있으면서 대신 중에 권력이 있는 사람들에게 보냈는데, 당시 원나라 서울의 고관들과 귀인들은 반드시 고려 여자를 얻은 뒤에라야 명가(名家)라고 하였다. 고려 여자들은 상냥하고 애교가 넘치며 섬기기를 잘하여 이들이 이르면 대부분 사랑을 빼앗았다. 순제 이후로 궁중에서 일하는 사람들은 태반이 고려 여자였으므로 의복과 신발·모자·물건 등이 모두 고려의 것을 따르게 되었다.

말하자면 기황후가 원나라의 실력자들을 상대로 미인계를 썼다는 것인데, 이 말을 어디까지 믿어야 할지는 모르겠지만, 아무튼 기황후가 다양한 방법으로 자신의 지위와 권세를 유지했던 것만은 분명하다고 하겠다.

기황후의 존재는 고려의 정치에도 당연히 커다란 영향을 미쳤다. 무엇보다도 고려에 있던 기황후의 일족들이 권세를 부렸다. 기철·기원·기주·기륜 등 기황후의 오라비들이 국법을 무시하고 다른 사람의 토지와 노비를 함부로 빼앗았을 뿐 아니라, 심지어는 국왕의 권위에 공공연히 도전하는 일도 종종 있었다. 특히 기철은 충혜왕이 탐음 무도하므로 고려왕조를 없애고 원나라에 편입시켜 달라고 요청하여 결국 왕이 원나라에 붙잡혀 가는 초유의 불행한 사태를 일으키기도 하였다.

더욱이 공민왕 때에는 권겸과 노책이 딸을 원나라에 시집보냈는데, 권겸의 딸이 황태자의 궁녀가 됨으로써 기황후의 뒤를 따르게 되었고, 기철과 권겸, 노책 세 사람이 서로 어울리며 권세를 누렸다. 따라서 1356년(공민왕 5)에 공민왕이 중국에서 원나라가 쇠퇴하는 정세 변동을 이용하여 전격적으로 반원 운동을 일으켰을 때, 당연히 가장 먼저 이들을 제거하였다.

공민왕의 반원 운동을 통해 기철 일당이 제거되고, 동시에 나머지 부원배들도 자취를 감추었다. 이러한 사태를 당하여 기황후는 대단히 놀라고 분노했겠지만, 이미 쇠퇴하고 있던 원나라의 힘으로 고려의 반원 운동을 어쩌지 못하던 상황에서 기황후로서도 뾰족한 대응책이 있을 리 없었다. 다만 아들 아유시리다라 황태자에게 "네가 이미 장성했으니 나를 위해 원수를 갚아야 한다."라고 다짐을 주고는 군사 1만을 내어 고려를 공격하게 하였지만, 이들은 압록강을 건너자마자 최영과 이성계가 이끄는 고려군을 만나 겨우 17명이 살아 돌아갔다고 할 정도의 참패를 당하였다. 이후 기황후는 고려에 대한 복수는커녕 원나라가 무너져 가는 모습을 지켜보면서 아마도 분노와 회한 속에 말년을 보냈을 것이지만, 부원배를 제거하는 데 성공한 고려에서는 신흥 유신들이 등장하여 개혁을 추진하고 새 왕조 개창의 길로 들어설 수 있었다.

이익주_서울시립대 교수

고려양(高麗樣), 얼마나 사실일까

정동훈

 고려와 몽골제국의 밀접한 교류 결과, 고려에서는 몽골의, 그리고 몽골에서는 고려의 의복과 음식문화가 크게 유행했음은 잘 알려진 사실이다. 이른바 '몽고풍(蒙古風)'과 '고려양(高麗樣)'이라는 것이다. 이 사실은 해방 직후인 1946년에 만들어진 《국사교본(國史敎本)》이래 역대 국사 교과서에 빠짐없이 수록되었고, 그 결과 당당하게 우리나라 사람들의 상식의 일부로 자리 잡았다.

 그런데 고려-몽골 관계를 10년 이상 공부하면서 관련 자료를 어지간히 훑어본 필자는 '고려양'의 실체를 전하는 기록을 거의 마주하지 못하였다. 물론 필자가 어두운 탓이겠으나, 무언가 '상식'으로 치부하고 넘어가기에는 미심쩍은 부분이 분명히 있다. 그래서 실제로 검증해 보기로 했다. 검증은 세 가지 방향으로 진행했다. 첫째, 고려양을 전하는 기록을 찾아보고, 그것이 어디까지 사실인지를 확인한다. 둘째, 이러한 기록이 어떠한 맥락 속에서 언급되었는지 그 앞뒤를 살펴본다. 마지막으로 이것이 우리의 상식으로 굳어진 계기, 과정은 어땠는지 추적해 본다.

 다행히 첫 번째 작업은 큰 공력이 들지 않았다. 백과사전은 물론이거니와 그보다 훨씬 상세한 정보가 각종 블로그 등 인터넷 페이지에 소개되고 있었다. 특히 최근 논란이 되었던 '한복(韓服)'과 '한푸[漢服]' 문제와 얽혀 고려양은 더 크게 주목받고 있는 것 같다. 일일이 전거를 밝힐 수 없다는 점이 아쉽고 미안하지만, '나무위키'를 비롯한 다양한 인터넷 페이지의 힘을 빌었음을 밝힌다(뒤에 밝히겠으나, 관련 자료를 찾아서 열거하는 작업은 한치윤(韓致奫)이 이미 다 해 놓았다.). 필자가 한 일은 여기에 약간의 소견을 보탠 데에 지나지 않는다. 다만 결론은 조금 달라질 수도 있다. 두 번째 작업은 텍스트를 콘텍스트 속에서 읽어 보자는 것으로, 역사학자들이 약간의 전문성을 발휘할 수 있는 영역일 것이다. 세 번째 작업은 상식이 구성된 과정을 살펴보자는 것으로, 어쩌면 상식과 맞서는 것일 수 있어 조금 더 주의가 필요하였다.

'고려양'은 어떤 기록에 등장하나?

적어도 필자가 아는 한, '고려양'이라는 단어는 고려 측에서 남긴 기록에는 보이지 않는다. 이 단어는 몽골 측의 기록 가운데 다음의 두 군데에서 등장한다.

궁중의 옷차림에서 고려양이 새로 유행하니	宮衣新尙高麗樣
방령은 허리를 지나지만 팔은 반이 드러나네.	方領過腰半臂裁
밤마다 궁중에서 앞 다투어 구경하니	連夜內家爭借看
전에 이 옷 입고 어전(御前)에 왔기 때문이라네.	爲曾著過禦前來

(장욱, 〈궁중사(宮中詞)〉, 《장광필시집(張光弼詩集)》 권3 중)

지정(至正) 연간(1341~1368) 이래로 궁중의 급사(給事)와 사령(使令) 태반이 고려 여성이었다. 그런 까닭에 사방의 의복과 신발, 모자, 기물 등이 모두 고려 양식[高麗樣子]을 따랐다. [自至正以來, 宮中給事使令, 大半爲高麗女. 以故四方衣服鞋帽器物, 皆依高麗樣子.]

(권형,《경신외사(庚申外史)》권 하(下), 무술(戊戌) 지정(至正) 18년(1358) 중)

앞의 글은 장욱(張昱, 1289~1371)이 지은 〈궁중사(宮中詞)〉라는 사(詞)의 한 구절이고, 뒤의 글은 권형(權衡)이 지은《경신외사(庚申外史)》라는 역사서에 등장하는 대목이다. 장욱은 궁중의 부귀란 저잣거리의 선비들이 결코 상상할 수 없는 것이라고 하며, 자신이 직접 본 내용을 바탕으로 이 노랫말을 짓는다고 하였다. 그러면서 금으로 용과 봉을 그린 종이, 금실로 짠 바탕에 빨간 실로 수놓은 부채, 쟁반에 담긴 잘 익은 붉은 앵두와 참외, 연못에서 노니는 원앙과 청둥오리 등 화려한 소재들을 여럿 등장시켜 당시 원나라 궁중의 비길 데 없는 부귀를 묘사하였다. 위의 인용문은 그 일부로, 고려 스타일의 옷차림 역시 대단히 이국적인 소재의 하나로 그려졌다. 다만 그것이 유행하는 공간과 범주는 궁 안, 그중에서도 여성의 옷차림에 한정되었다.

다음으로 역사학자에게 좀 더 익숙한 후자, 사서를 좀 더 자세히 살펴보자. 이 책은 몽골제국이 중원을 차지하고 있었던 때의 마지막 대칸, 토곤 테무르의 재위 기간(1333~1370)의 역사를 다룬 야사(野史)이다. 책의 제목부터 설명이 필요한데, '경신(庚申)'이란 토곤 테무르가 경신년, 즉 1320년에 출생한 까닭에 당시에 '경신제(庚申帝)'라고 불린 데서 따온 것이다. '외사(外史)'라고 한 것은 조금 더 복잡하다. 명나라는 1368년 음력 정월에 건국하고서 그

여산 송씨 남세현 기증 방령 상의(대전 여산송씨 묘 출토, 15세기, 대전선사박물관)
장욱의 〈궁중사〉에서 묘사한 방령이란 이런 모양이 었을 것이다.

해 가을에 대도(大都), 즉 현재의 베이징을 점령하였다. 명 태조(太祖) 주원장(朱元璋)은 이듬해에 곧바로 《원사(元史)》를 편찬할 것을 지시하였는데, 이때는 아직 토곤 테무르가 상도(上都)에서 눈을 부릅뜨고 있던 때였다. 따라서 6개월 만에 완성된 《원사》의 초고에는 '마지막' 황제의 재위 기간에 관한 일이 기록되지 않았다. '외사'라는 제목은 여기서 비롯되었다. 따라서 《경신외사》는 "정사에 실리지 않은, 보고 들은 이야기[史外見聞錄]"라고도 불렸다. 토곤 테무르는 홍무(洪武) 3년(1370)에 사망하였고, 명나라 조정에서는 그에게 순제(順帝)라는 시호(諡號)를 주었다. 그의 치세 부분을 서둘러서 추가로 서술하여, 《원사》 편찬이 최종 완료된 것은 그로부터 두 달 후인 홍무 3년 8월의 일이었다. 이것이 현재 우리가 보고 있는 《원사》이다. 그의 치세를 다룬 순제 본기(本紀), 그리고 그 시대를 살았던 인물들의 열전은 이 책, 그러니까 《경신외사》를 많이 참조해서 썼다고 한다.

이 책의 저자인 권형은 원나라 말, 명나라 초를 살았던 인물로, 원나라 말년에는 하남(河南) 일대에 살다가 명나라 건국 후에 강서(江西)로 이주해 갔다고 한다. 그는 비록 관직에는 나서지 않았지만 제국의 수도, 특히 궁중 안에서 일어난 일에 관심이 많았던지,《경신외사》에는 그가 보고 들은 이야기가 매우 구체적으로 서술되어 있다.

저자는 "사방의 의복과 신발, 모자, 기물 등이 모두 고려 양식을 따랐다."고 했는데, 약간의 과장이 있었을 것임을 고려해도 매우 인상적인 증언이 아닐 수 없다. 장욱의 글에서는 궁중 여성의 옷에 한정되었던 고려양이 '사방'으로 번졌다는 것인데, 유행이란 중심에서 주변으로 번져 나가는 것임을 고려하면 자연스러운 현상이었다고 해도 좋겠다. 다만 여기서 말하는 '사방'의 범주는, 수도 대도, 아무리 넓게 잡아도 권형이 활동했던 화북(華北) 일대에 한정되었으리라 보는 것이 합리적이다.

'고려양'은 어떤 맥락에서 언급되었나?

《경신외사》는 원 말의 정치, 특히 기황후(奇皇后)와 그의 정치적 영향력에 대해 극도로 혐오하는 시각을 담고 있다. 저자는 기황후를 가리켜, "기(祁)씨는 성품이 영특하고 약아서[黠慧] 황제에게 사랑을 받았다."라고 하였다. 원문의 '힐혜'는 중국어-영어 사전에서는 'crafty', 'clever' 정도로 옮기며, 우리말로는 가장 중립적으로는 '눈치가 빠르다'에서 나쁘게는 '교활하다' '간교하다' 등 부정적인 뉘앙스가 매우 강한 단어이다. 당시 황실의 여성들이 세도가의 딸들이라서 황제에게 고분고분하게 대하지 않는 일이 많았는데, 멀리 고려에서 온, 비천한 출신의 기황후만큼은 달랐다는 것이다. 또 이 책의 첫머리에서는 "세조 황제의 가법(家法)에 고려 여자를 천시하여 궁에 들이지 못하게 하였는데 이때 이르러 비로소 조종의 가법을 무너뜨렸으니, 식자들은 천하가 장차 혼란에 빠질 것임을 알았다."라고도 하였다. 요컨대 권형은 몽골제국이 몰락하게 된 원흉으로 기황후를 가리켰던 것이다.

위에 인용한 '고려양'에 관한 기록 역시 그러한 맥락에서 등장한다. 위 인용문의 바로 앞에는 다음과 같은 내용이 등장한다. "기황후 또한 고려의 미인을 여럿 데려다 놓고서 대신(大臣)들 가운데 권력 있는 자가 있으면 곧 그 여자를 보냈다. 수도의 높은 관원과 귀인들은 반드시 고려 여성을 얻은 후에라야 명가(名家)라고 하였다. 고려의 미인들[婉媚]은 사람을 잘 모셔서, 오는 족족 총애를 독차지하였다." 원나라 말, 명나라 초를 살았던 엽자기(葉子奇)가 지은 《초목자(草木子)》라는 책에서는 원나라 말기의 몽골인들을 두고 "여종은 반드시 고려 여자 아이를, 남자 종은 반드시 흑인을 얻어야" 잘 나가는 집안이라고 했다며 흉을 보았는데, 권형도 이런 풍문을 들었던가 보다. 그래서 궁중에 고려 여성들이 많아졌고, 그래서 고려양이 유행했다는 것이다. 권형의 눈에 고려 출신 여인들이 하고 다닌 이국적인 스타일은 망국의 징조였던 셈이다. 훗날의 일이지만 청나라 때 역사학자 필원(畢沅) 등이 지은 《속자치통감(續資治通鑑)》에서는 《경신외사》의 위 구절을 옮겨 놓고서 맨 마지막에 "온 세상이 미친 것 같았다[舉世若狂]"라고 한탄하기도 했다.

고려 스타일의 신발이 유행했음을 말해 주는 기록으로, 권형과 비슷한 시기를 살았던 도종의(陶宗儀)가 지은 《남촌철경록(南村輟耕錄)》이라는 책에 언급된 다음과 같은 글도 있다. (권28, 〈처사문전겁설(處士門前怯薛)〉)

두청벽(杜淸碧) 선생이 초대를 받고 전당(錢唐)에 가니, 여러 유자(儒者)들이 앞 다투어 그 집 앞에 모여들었다. 연맹초(燕孟初)가 시를 지어 그를 조롱하는데, "보라색 등꽃 모자와 고려 신발, 처사들이 문 앞에서 케식을 맡네."라는 구절이 있었다. 듣는 이들이 이를 전하며 비웃었다. 보라색 등나무꽃을 모자에 꽂고 신발을 고려국 스타일로 만드는 것은 모두 한때의 유행이었다. 케식이란 궁중에서 잡일을 하는 사람들을 뜻하는 몽골어이다.

이 글에서 '고려양'을 언급한 맥락도 크게 다르지 않다. 당시 전당, 즉 항저우[杭州] 지역 유자들이 고려 스타일로 만든 신발을 신고 있었다는 것이다. 저자는 그들이 당시의 유명한 의사 두본(杜本)을 보러 모여든 모습을 두고 궁궐에서 잡일하는 사람들 같다고 조롱한 시귀를 인용하였다. 유생들이 본업인 공부는 소홀히 하고, 머리끝, 발끝을 최신 유행으로 치장한 채 줏대 없이 우르르 몰려다니는 모습을 비웃는 소재로 '고려양'이 등장하였다.

붉은 볼 보조개에 버들처럼 가는 허리,	杏臉桃腮弱柳腰
복이 바로 화근일 줄 그 어찌 알았으랴.	那知福是禍根苗
고려의 비자(妃子)를 책봉하던 그날,	高麗妃子初封册
유월에도 날 음산해 대설이 날렸어라.	六月陰寒大雪飄

주원장의 손자이자, 명나라 초기 희곡 작가로 유명했던 주왕(周王) 주유돈(朱有燉)이 〈원궁사(元宮詞)〉라는 글에서 '고려비자(高麗妃子)' 즉 기황후를 묘사한 노랫말이다. 여기서도 기황후를 가리켜 아름다움이라는 복(福)이 망국이라는 화(禍)의 뿌리가 되었다고 한탄하였다. 고려양을 직접 언급하지는 않았지만 기황후가 대표하는, 그리고 기황후로 상징되는 고려양을 두고 당

대의 이른바 '지식인'들이 느꼈을 감정의 일단을 잘 보여 준다.

이상의 자료를 다시 살펴보자. 기록의 표면만 살펴보면, 원나라 말기에 황궁 안에서 여성들 사이에 고려 패션이 유행하기 시작하여 점차 수도 베이징을 중심으로 고려 양식의 생활 도구들이 번져 나갔고, 또 강남(江南)에서도 가장 번영했던, 과거 남송의 수도였던 항저우 일대에도 고려 스타일의 신발이 유행했음을 읽을 수 있다. 그러나 실제로 그 기록을 남긴 이들의 눈에 '고려양'이란 혀를 끌끌 차게 만드는 유행이었다. 더 나아가서는 "온 세상이 미친 것"처럼 바람을 일으킨 이 세태는 망국의 조짐과도 같은 것이었다. 저들의 점잖은 척에 공감할지 여부를 떠나서, 적어도 우리가 접할 수 있는 기록은 한결같이 곱지 않은 눈길로 고려양을 바라보고 있음은 분명하다. '한류의 원조'로서 고려양을 찾으려는 우리의 기대(?)와는 조금 다르지 않은가?

'고려양'은 어쩌다가 우리의 상식이 되었나

이른바 고려양이 몽골제국에서 유행했다는 기록은 조선 후기 학자들의 눈에도 띄었던 모양이다. 이익(李瀷)은《성호사설(星湖僿說)》가운데 만물(萬物)에 얽힌 다양한 정보를 실어 놓는 부분에서 조선의 음식문화 중 쌈을 소개하면서, 원나라 사람 양윤부(楊允孚)의 시를 인용하여 원나라 사람들이 고려의 나물을 수입해다 먹었다고 하였다. 또 같은 부분에서 앞서 인용한 장욱의〈궁중사(宮中詞)〉를 언급하며, 당시까지 유행하던 괘배(掛背)라는 옷차림이 고려시대에도 그러했으며, "어쩌면 원나라 사람들도 이를 본떠 입었던 것 같다."고 하였다. 이익의 글은 이 이상의 견해나 평가를 덧붙이지 않으며, 다만 과거에 그런 일이 있었노라고 가볍게 스케치한 정도이다.

반면 한치윤(韓致奫)은 《해동역사(海東繹史)》에서 기황후에 대한 기록을 수집하며, '고려양'과 관련해서 앞서 언급한 자료들을 모두 인용하였다. 한치윤은 이들 자료의 콘텍스트를 필자와 같은 방식으로 읽었다. 그는 원나라 말이나 그 멸망 직후에 작성된 글에서 기황후를 대단한 악녀, 기황후와 그 일파의 농단을 나라를 망친 원흉으로 지목한 사례를 많이 찾아 소개하였다. 주원장의 가장 가까운 조언자였던 유기(劉基)나, 주원장의 손자이자 영락제(永樂帝)의 아들이었던 주고후(朱高煦) 등이 내린 경멸에 가까운 평가를 두루 옮겨 실었다.

현재 학계의 가장 일반적인 설명을 담고 있다고 할 수 있는 《한국민족문화대백과사전》에서 '고려양' 항목을 찾아보면, 참고문헌으로 앞서 언급한 《경신외사》와 함께 1957년에 유홍렬(劉洪烈)이 《진단학보(震檀學報)》에 실은 〈고려(高麗)의 원(元)에 대(對)한 공녀(貢女)〉라는 논문을 제시하고 있다. 이 논문은 본문 20쪽 분량으로, 양국 왕실의 통혼 관계, 공녀(貢女) 문제 등을 두루 다루었다. 고려-몽골 관계를 주제로 한 글로는 해방 이후 발표된 거의

유홍렬, 〈고려의 원에 대한 공녀〉(1957, 《진단학보》18)

최초의 논문 가운데 한 편이다. 이 논문의 맨 마지막 페이지에 '고려양'이 언급되었다. 해당 부분을 직접 옮겨 보면 다음과 같다.

> 고려의 공녀가 원조(元朝)에 끼친 막대한 영향의 하나는 고려 생활양식의 전파라는 것이다. (중략) 특히 궁녀(宮女) 나인의 활동은 원실(元室)의 소박무미(素朴無味)한 생활환경을 고려식으로 개량함에 가장 효과적이었던 것이었으니 이로써 고려의 우미(優味)한 복제(服制)와 정미(整味)한 요리술은 급속도로 원실 가정(家庭) 속깊이 유행하게 되어 이곳에 「고려양(高麗樣)」이라는 신용어가 나타나게 되었다. 오늘날까지도 몽고인간(蒙古人間)에서는 「고려만두(高麗饅頭)」 「고려병(高麗餠)」 「고려아청(高麗鴉靑)」이라는 명사가 사용되고 있다 하니 이것은 그 때의 유풍(遺風)이라고 말할 수 있다. 《경신외사(庚申外史)》라는 명 초의 야사(野史)에서도 원 말에 있어서의 의복·화모(靴帽)·기(器)들의 체제(體制)가 모두 「고려국양(高麗國樣)」 「고려양」이었음을 전하여 주고 있다.

다만 논문의 해당 부분은 각주를 통해 전거를 밝히지 않아, 무엇을 근거로 했는지는 확인할 수 없다. "원실의 소박무미한 생활환경"이란 장욱의 〈궁중사〉에서 묘사한 사실과는 딴판이다. 이 부분이야 고정관념의 발로로 치부한다 하더라도, 고려의 요리술이 유행하였다는 설명은 근거가 없다. "오늘날까지도……사용되고 있다 하니"는 전해 들은 이야기인 것처럼 서술하였을 뿐이다. 그것이 1950년대 당시에는 사실이었는지 현재로서는 확인하기 어렵지만, 적어도 600년 정도의 간격을 둔 시점에서 '그때의 유풍(遺風)'

이었다고 성급하게 결론 내린 것은 썩 합리적인 해석이라기엔 어렵지 않을까?

'고려양'이 현대 한국인들의 상식으로 굳게 자리 잡은 직접적인 계기는 교과서이다. '고려양'은 해방 직후부터 지금까지 만들어진 한국사 교과서에 거의 빠지지 않고 등장하는 단골, 아니 필수 소재였다. 예컨대 1946년에 진단학회(震檀學會)에서 편찬한 중등《국사교본(國史敎本)》에서는 다음과 같이 서술하였다.

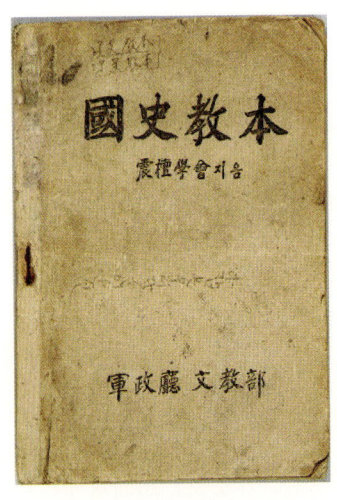

국사교본(군정청 문교부, 1946, 국사편찬위원회, 우리역사넷)

> 한편으로 고려에서도 처녀가 궁녀로 혹은 몽고 귀족의 배우로 뽑혀 간 것이 적지 아니한데 그중에는 원나라[순제]의 황후가 된 사람도 있었다. 이들로 말미암아 고려의 생활양식이 몽고의 상류사회에 묻어간 것이 또한 많았나니 이른바《고려양》이라 함은 이를 말하는 것이다.

앞서 언급한 유홍렬의 논문 내용과 정확히 일치한다. 유홍렬의 논문은 1957년에 발표되었으니,《국사교본》은 그보다 10년 먼저 발행된 셈인데 양자의 서술이 동일한 것이 의문이다. 이는 유홍렬의 논문이 실은 그보다 20여 년 앞선 1935년 경성제국대학 조수회(助手會)에서 간행한 잡지《학해(學海)》에 실렸기 때문에 가능했다. 더구나 유홍렬은 해방 이후 교과서 편찬에 대단히 적극적으로 참여하였다. 유홍렬 자신의 회고에 따르면 중등《국사교본》뿐만 아니라, 그가 단독으로 집필한 고등학생용《한국문화사(韓國文化史)》도 검인정 체제로 유지되었던 1950년대의 국사 교과서 시장에서 가장 높은 점유율을 기록했다고 한다.

이후의 교과서에서 고려양은 거의 비슷한 맥락에서 등장하였다. 예컨대 1996년에 간행된, 제6차 교육과정에 근거한 중학교 국사 교과서에서는 〈몽고풍과 고려양〉이라는 박스글에서 이를 소개하였다. "고려 후기에 원과의 교류가 활발해짐에 따라 몽골의 여러 가지 풍속이 고려에 들어와 유행하였는데, 이를 몽고풍이라 하였다. (중략) 한편, 고려의 풍속도 몽고에 흘러들어가 유행하였는데, 이를 고려양이라 하였다." 그 이하의 더 구체적인 서술은 그보다 50년 전에 간행된《국사교본》의 그것과 그대로 일치한다.

문화는 서로 영향을 주고받는 것이라는, 우리 문화가 외국의 영향을 받은 것만이 아니라 반대로 우리 문화도 외국에 큰 영향을 주었다는 명제를 뒷받침하기에 '몽골풍과 고려양'보다 더 좋은 소재도 드물 것이다. 이렇게 해서

> 한편, 고려의 풍속도 몽고에 흘러들어가 유행하였는데, 이를 고려양이라 하였다. 원 왕실과 귀족들은 후궁, 궁녀, 시녀 등에 충당하기 위해 자주 고려의 처녀들을 데려갔고, 또 많은 고려인들이 전쟁 포로로 원에 붙잡혀 갔다. 바로 이들에 의해 고려의 풍속이 원의 왕실과 일반 사회에 널리 퍼지게 되었다.
> 특히, 고려의 풍속 가운데 의복, 신발, 모자와 만두, 떡 등의 음식이 몽고 사회에 급속히 전파되었는데, 고려 만두, 고려 떡 등의 용어는 오늘날까지도 사용되고 있다.

▎6차 교육과정 중학교《국사》의 고려양 부분(국사편찬위원회, 우리역사넷)

해방 이후 초중등 교육을 성실하게 이수한 국민이라면 누구나 '고려양'을 자랑스럽게 배워 왔다. 그렇게 해서 고려양은 한국인의 상식의 한 페이지를 당당히 차지하게 되었다. 그리고 최근에는 한류 열풍의 원조 격으로 재차 소환되어 유명세를 떨치고 있다. 다만 애당초 고려양을 언급한 원말명초의 문인들은 거기에 결코 고운 시선을 보내지 않았다. 이를 눈치 챈 한치윤에게 만약 교과서 집필을 맡겼더라면 아마도 '고려양'은 교육 내용으로 선정되지 않았을 것이다.

정동훈 _ 서울교대 조교수

고려시대 사람들은 어떻게 살았을까 2

3부 관료의 길

천하의 문장가 이규보도 삼수한 과거 시험
재상 이자연의 관료 생활
고려인들이 선망한 최고의 직업, '관료'의 삶
내시, 그들은 누구인가

천하의 문장가 이규보도 삼수한 과거 시험

김인호

과거 시험으로 가는 길

촛불이 타들어 가고 있었다. 절의 강당에는 이따금 한숨 소리만 들릴 뿐 모두들 침묵으로 자기 앞의 종이를 응시하고 있었다. 더운 여름 날씨였지만 산속 깊은 곳에 있는 절의 강당은 바깥의 따가운 햇볕과는 다르게, 시원한 바람이 스며들었다. 그래도 수십 명이 앉아 있는데다가 무언가 모를 열기가 이들을 감싸고 있어, 방 안에 있는 사람들의 얼굴에는 어느덧 땀이 흘러내렸다.

밝은 대낮인데도 절의 강당 앞쪽에는 붉은빛의 커다란 양초를 켜 놓았고, 방 안으로 파고드는 약한 바람에 초의 심지는 껌벅거리면서 점차 짧아져만 갔다. 그에 따라 가끔씩 머리를 들어 초가 타들어 가는 것을 힐끔힐끔 훔쳐보던 사람들의 표정도 굳어져 갔다.

어린 나이의 이규보도 강당 한구석에 앉아 있었다. 그는 주변을 둘러보지도 않고 심호흡을 하면서, 머릿속으로는 시구를 짜내고 있었다. 이윽고 그의 얼굴에 흐르는 미소. 그러고는 하얀 종이 위에 붓이 흐르듯 날아갔다. 아직 초가 반쯤 남아 있을 때, 그는 일어나 자신의 답안을 제출하고는 밖으로 나갔다. 시원한 바람이 그를 감싸 안을 때, 가슴속에도 청량감이 스치고 지나갔다. 방 안에 남아 있는 나머지 학생들은 그를 바라보면서 내심 부러운 눈치였다. 이윽고 붉은 초가 다 타들어 가 촛농만이 남자, 시험관 중 한 사람이 일어나 조그만 종을 쳤다. 답안지가 걷히고, 모두들 아쉬운 표정으로 자리에서 일어났다.

얼마간의 시간이 지나고, 웅성거리면서 학생들이 강당에 다시 들어오자 시험관은 결과를 발표하기 위해 일어섰다. 일등은 역시 이규보였다. 모두들 예상했던 일이라는 듯 고개를 끄덕였다. 모두의 머릿속에는 관복과 모자를 쓴 이규보의 장래 모습이 떠올랐다.

이윽고 그 자리에서 작은 연회가 벌어졌다. 그러나 시끄럽고 떠들썩한 연회가 아니었다. 나이에 따라 차례로 술잔을 주고받으며 시(詩)를 화답하는 그런 연회 자리였다. 연회는 종일토록 계속되다가 저녁때에야 끝났다.

위의 장면은 흔히 각촉부시(刻燭賦詩)라고 불리는 일종의 문장 시험에서 이규보가 일등 한 광경을 그려 본 것이다. 이규보가 살았던 고려 중기에는 사립학교에서 하과(夏課)라고 하는 일종의 과거 시험 대비 여름 수련회를 산속에 있는 절에서 가졌다. 이때 치러진 각촉부시란 시험은 초가 다 타기 전에 글을 지어야 해서 붙여진 이름으로, 일명 급히 짓는다고 해서 급작(急作)이라고도 했다. 따라서 형식에 맞추어 빠르게 문장 짓는 기술을 익히는 것이 중요했으며, 이를 위해서는 좋은 학교에 입학하는 것이 필요하였다.

▎이규보 묘(인천시 강화군 소재)

관료를 꿈꾸는 이규보의 과거 시험 준비

이규보(1168~1241)는 무인 정변이 일어나기 두 해 전에 태어나 주로 최씨 정권기에 활약한 대표적 문신 관료였다. 우리에게는 고구려 건국 신화인 〈동명왕편〉의 저자로 잘 알려져 있다.

그런데 그는 아버지인 이윤수가 호부낭중이라는 중앙정부 기관의 벼슬을 지내기 전까지도 경기도 여주에 기반을 둔 토호 집안 출신이었다. 이처럼 고려시대 지방에서 거주하던 토호 집안은, 자신의 거주지에서 일부는 향리가 되어 그 지역사회를 지배하기도 하고, 또 일부 사람들은 수도인 개경에 진출해 중앙 관료로 출세하면서 서로 인적인 연관을 지녔다.

이때 중앙 관료로 진출하는 가장 좋은 방법은 말할 것도 없이 과거 합격이었다. 물론 다른 방법이 없는 것도 아니었다. 예를 들어 무술을 인정받아 무관(武官)으로 진출하는 길도 있었다. 무관은 전쟁에 나가 공을 세우거나, 탁월한 무술로 국왕이나 중앙 권력자들의 눈에 띄어 발탁되면 더욱 쉽게 출세할 수 있었다. 특히 이규보가 활약했던 시기에는 이런 사람들이 많았다. 당시 무인정변을 주도한 정중부(鄭仲夫)나 이의민(李義旼) 등은 대표적 사례였다.

그러나 일반적으로는 문관(文官)의 등용문인 과거 시험에 합격해 관료가 되는 것이 자신의 사회적 지위를 보장받는 가장 확실한 길이었다. 그러기에 부친의 음덕으로 벼슬을 시작한 고위 관료의 자제들마저도 또다시 과거 시험을 보았던 것이다. 하물며 중앙 정계에 배경이 별로 없는 지방 출신은 더욱더 과거 시험에 매달릴 수밖에 없었다.

이규보의 집안도 그런 사정은 마찬가지였다. 그의 문집인 《동국이상국집》의 연보에는 이와 관련된 다음과 같은 이야기가 실려 있다.

> 공(이규보)의 처음 이름은 인저였다. 기유년(1189) 사마시(司馬試)를 보려고 할 때, 꿈에 노인들이 검은 베옷을 입고 술을 마시고 있었다. 옆 사람이 이르기를 "이들은 이십팔수(二十八宿)이다."라고 했다. 공은 깜짝 놀라 두 번 절하고 물었다. "제가 이번 과거 시험에 합격할 수 있겠습니까?" 그러자 한 사람이 옆에 있는 사람을 가리키면서 "저 규성(奎星)이 알 것이다."라고 하였다. 공이 즉시 그에게 나아가 물었으나 그의 대답을 듣기 전에 꿈이 깼다. 조금 후에 다시 꿈을 꾸었는데, 그 노인이 찾아와, "자네는 꼭 장원(壯元)할 것이니 염려하지 말라. 이는 천기(天機)인 만큼 절대로 누설

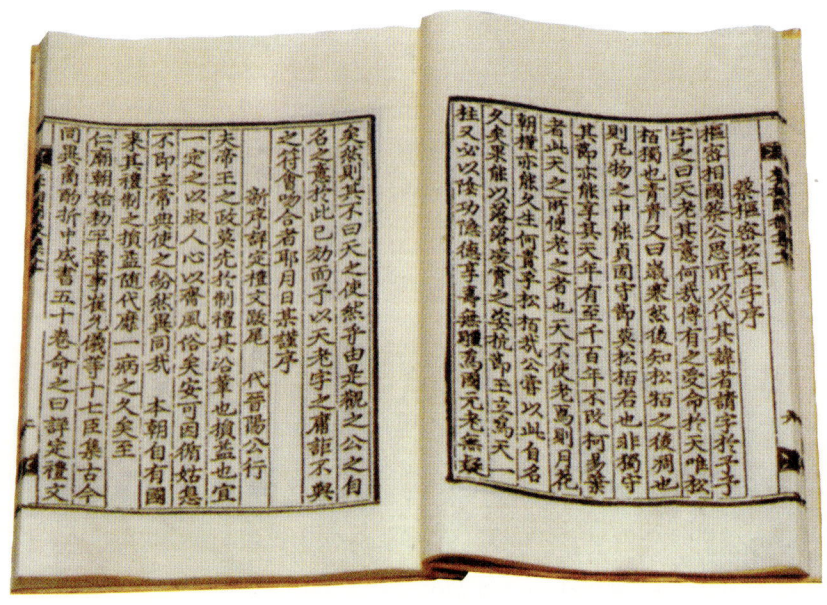

《동국이상국집》(서울대학교 규장각한국학연구원 소장)
이규보가 지은 시문집으로 고려시대 문집 중 최고의 분량을 자랑한다.

하지 말아야 한다."하였다. 그래서 이름을 규보(奎報)로 바꾸고 시험을 치렀는데, 과연 일등으로 합격하였다.

이처럼 이름을 고칠 정도라면 당시 과거 합격에 대한 바람이 어느 정도였는지 알 수 있다. 하지만 이를 성취하기란 그리 쉬운 일이 아니었다. 열한 살 때 숙부인 이부(李富)가 그를 관청에 데려가 동료들 앞에서 자랑삼아 글짓기를 시킬 만큼 신동이었던 이규보도 과거 시험 준비를 위해서 열네 살이 되자 당시의 명문 사립학교인 구재학당에 입학하였다.

해동공자라 불렸던 최충이 세운 이 학교는 100년 이상의 전통을 가지고

성균관(개성특급시 소재)
고려의 최고 국립학교로 전기의 명칭인 '국학'이 충렬왕 때 '성균'이라는 말로 개칭되고, 공민왕 때 중건되었다. 현재의 건물은 임진왜란 이후에 중건한 것으로 개성고려박물관으로 사용되고 있다.

많은 문신 관료를 배출한 곳이었다. 그래서 고려 후기 유명한 문신인 이제현은 이곳을 "위로는 재상집 자제에서 아래로는 지방의 과거 응시자에 이르기까지 모두 구재학당에 이름을 걸고 성인의 길을 익혔다."라고 했으며, 또한 조선시대 문신인 서거정도 "이곳에서 뛰어난 문장가가 많이 배출되어 중국에서도 시서(詩書)의 나라라고 칭송하였으니 지금에 이르게 된 것은 모두 최충의 공이다."라고 평가했던 것이다.

따라서 이 학교에 입학하는 것이 곧 과거 합격의 지름길이었으며, 그만큼 자신의 출세도 보장받을 수 있었다. 왜냐하면 이곳 출신의 관료가 정부 기관 곳곳에 깔려 있었으며, 이들이 대부분 과거의 고시관이 되었으므로 출제 경향을 쉽게 알 수 있었다. 또한 합격한 후에도 곳곳에 있는 선배 관료들의 지원을 받아 출세도 쉽게 할 수 있었다. 그만큼 좋은 학교 출신이라는 것이 명예롭고 중요하게 여겨졌으므로, 이 학교 출신들은 설립자인 최충의 호(號)를 따서 문헌공의 무리[文憲公徒]라고 불렸다.

물론 고려시대에는 사립학교 외에 공립학교도 있었다. 수도 개경에는 최고학부인 국자감과 중등학교인 학당이 있었고, 지방에는 중등교육기관인 향교가 있었다. 그러나 이규보가 입학했을 당시에는 사립학교가 과거 시험 공부에 보다 유리하였으므로, 당연히 사립학교에는 중앙 관료나 명문가의 자제들이 주로 입학하였다.

한편 이규보가 학교에 입학한 후 공부한 교과목은 대부분 유교의 경전이었다. 학교에서는 주로 아홉 가지의 경서와 세 가지 역사책을 가르쳤다. 아홉 가지 경서란 《주역(周易)》·《상서(尙書)》·《모시(毛詩)》·《예기(禮記)》·《주례(周禮)》·《의례(儀禮)》·《춘추좌씨전(春秋左氏傳)》·《춘추공양전(春秋公羊傳)》·《춘추곡량전(春秋穀梁傳)》이고, 세 가지 역사책은 《사기(史記)》·《한서(漢書)》·《후한서(後漢書)》와 같은 중국 역사책을 말한다. 이런 책들을 정해진 해석에 따라 암기하는 것은 쉬운 일이 아니었다. 예컨대 《주역》은 글자 수가 2만 4,107자, 《예기》가 9만 9,010자, 《춘추좌씨전》은 무려 19만 6,845자나 되니, 머리 좋은 이규보도 암기하는 일이 그리 쉽지 않았을 것이다.

그 밖에 시부(詩賦) 등과 같은 문장 짓는 수업도 받았다. 경전이나 역사책에 나온 고사 성어나 음률 등이 문장을 지을 때 기초가 되었으므로 경전을 암기하는 것은 중요하였다. 학교를 다니는 동안 이규보는 뛰어난 글재주를 자랑했다. 앞에서 보았듯이 여름에 치러진 수련회인 하과(夏科)에서 계속 일등만을 했던 것이다.

네 번 재수 끝에 턱걸이

하과에서 계속 일등만 했던 그도 열여섯 살 때 처음 치른 시험인 사마시에서 보기 좋게 낙방했다. 본고사는커녕 예비시험에서도 합격하지 못한 것이다. 그리고 열여덟 살 때 두 번째로 본 사마시에서도 합격하지 못하자, 그는 아버지가 지방관으로 근무하던 수원으로 내려가야만 했다. 그곳에서 절치부심하면서 2년 동안 공부했지만 그는 세 번째 시험에서도 역시 낙방하고 말았다.

1차 시험에서 세 번이나 낙방한 일은 천재 소년이라 불리던 그의 자존심을 무척이나 상하게 했던 것 같다. 그의 연보에는 이에 대한 변명이 다음과 같이 실려 있다. 즉 "공은 이 네다섯 해 동안 술에 쏠려 멋대로 놀면서 마음을 단속하지 않고 오직 시 짓기만 일삼느라고 과거에 대한 글은 조금도 연습하지 않아서 계속 응시했어도 합격하지 못하였다."라고 하여, 요즘 재수생의 방황을 엿보는 듯하다.

스물두 살 때 치러진 사마시에서야 그는 비로소 일등으로 합격할 수 있었다. 학교 입학 후 관료로 가는 두 번째 관문을 통과한 것이다. 그러나 아직 과거 시험이 끝난 것은 아니었다. 마지막 관문인 예부시가 남아 있었다. 여기에서는 1차 시험 합격자 중 33명을 예비 관료로 선발하도록 되어 있었.

이 시험은 제술업과 명경업으로 나뉘어 있었다. 이 중에서 제술업을 통과하는 것이 관료로 진출하여 승진하는 데 가장 유리하였다. 제술업의 합격 기준이 주로 문장 능력이었으므로 이 같은 이름으로 불린 것이다. 반면에 명경업은 유교 경전의 이해 능력을 시험하였다. 예부시의 이 두 시험은 오늘날의 2차 고시와 비슷하며, 흔히 대과(大科)라고도 불렸다. 이 밖에 법률

지식이나 통역, 천문, 지리학 등에 밝은 사람을 뽑는 기술 고시가 있어, 잡업(雜業)이라고 하였다. 그러나 장교를 선발하는 무과 시험은 없었던 것이다.

이규보가 응시한 시험이 바로 제술업이었다. 그는 사마시에 통과한 이듬해에 예부시에 합격하기는 했지만 등수는 자신의 기대에 미치지 못하였다. 당시에도 합격 등수가 현직 관료로 보직을 받는 일에 적지 않은 영향을 미쳤다. 낮은 등수에 실망한 그는 합격을 사양하고자 하였다. 그러나 심한 아버지의 꾸지람과 주변에서 전례가 없었던 일이라고 말리는 바람에 그는 자신의 합격 통지를 그대로 받아들일 수밖에 없었다.

그가 좋은 성적을 얻지 못한 이유는 과거 시험의 문체를 좋아하지 않았기 때문이었다. 그는 시험에 쓰이는 형식적이고 화려한 문체가 불만이었다. 그 때문에 글 짓는 감성과 세상 사는 도(道)를 잘 드러내지 못한다고 생각했다. 훗날 그가 당나라 유학자인 한유가 벌였던 고문체 복귀 운동을 고려에서 실천하려 했던 것도 이러한 생각에서 연유하였던 것이다.

이런 생각을 가진 이규보가 시험을 올바로 볼 리가 없었다. 그는 과거 시험장에서 시험관 중 하나가 그를 부르자, 큰 잔으로 술을 한 잔 마시고는 곧 취해서 휘갈겨 쓴 글을 찢어 버리려 하였다. 옆 사람이 그의 글을 빼앗지 않았다면 아마 그는 불합격했을 것이다. 당시 고시관이던 이지명이 그의 시구를 좋아해서 낮은 등수로나마 합격시켜 주었다.

이처럼 어렵게 과거 시험을 통과했다고 해도 곧바로 관직에 등용되는 것은 아니었다. 원래는 합격 후 3~4년 내에 지방관으로 임용되는 것이 원칙이지만, 이규보가 살던 무인 집권기에는 심지어 30년 가까이 임명되지 못하는 경우도 있었다. 그 이유는 과거 시험이나 정상적인 관료 승진 절차를 거

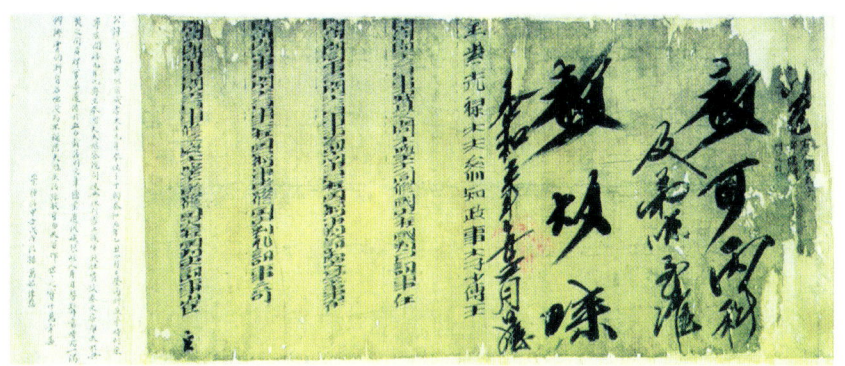

장양수 국자감시 급제 홍패(장진택 소장)
장양수가 1205년(희종 1)에 치른 진사 시험에서 병과에 합격하고 받은 합격 증서이다.

치지 않고 권력자와의 개인적인 관계로 추천되어 지방관으로 진출하는 사람이 당시에 크게 증가했기 때문이었다. 따라서 이규보처럼 중앙의 권력자들과 줄이 닿지 않았던 사람들은 임용되기 어려웠다. 이규보 역시 23세에 합격하였지만 정작 관직에 임용된 것은 9년이나 지난 32세 때였다. 그동안에 그는 천마산에 들어가 백운거사를 자칭하면서 술과 시, 그리고 여행 등으로 세월을 보내야 했다.

오늘날 되짚어 보는 과거 시험의 의미

고려시대 과거 시험은 대체적으로 문신 관료가 될 수 있는 가장 중요한 관문이었다. 그러나 무인 집권기와 같은 정치적 격동기에는 그 역할을 제대로 수행하지 못하였다. 이에 대해 이규보처럼 전형적인 문신 관료들은 무인들에 의해 비정상적으로 운영되던 정치제도를 가능한 정상화시키려고 하였다. 이규보가 추구한 방법 중의 하나가 백성들을 올바로 통치할 수 있는 관료를 선발하는 일이었고, 그것은 바로 과거제도의 정상적 운영이었다. 말하자면 행정 능력이 있으면서 백성과 국왕을 위해 올바른 관료가 되려고 생각하는 사람들을 선발하는 일이다. 이러한 생각은 고려 후기에 이르면 과거 시험제도 자체를 이 목적에 맞도록 개정하려는 노력으로 이어졌다.

그래도 고려시대 과거 시험은 한 개인의 출세를 보장하는 일이었다. 마찬가지로 오늘날에도 신분 상승을 가능케 하는 국가고시가 존재한다. 모든 국민에게 '기회균등'이라는 이름으로 주어진 이 시험에 통과하기 위해서 수많은 사람들이 오늘도 고생하며 매달리고 있다.

또한 대학 입학시험도 고시 공부와 사정이 별로 달라 보이지 않는다. 좋은 대학 출신이 이 사회에서 쉽게 출세한다는 것이 하나의 상식이 된 지는 오래전이다. 따라서 좋은 대학을 가기 위해 초등학교 때부터, 아니 최근에는 영재교육 바람에서 보듯이 아예 갓난아이 때부터 경쟁을 시작한다. 이런 모습이 바람직하다고는 아무도 생각하지 않으면서도 자신의 자식을 그러한 경쟁의 장(場)으로 몰아넣고 있는 것은 아닐까.

김인호 _광운대 인제니움학부대학 교수

재상 이자연의 관료 생활

박재우

이자연의 수상 취임

집안은 온통 잔치 분위기였다. 관료 중 최상의 관직인 문하시중에 취임하면서 수상이 된 것이다. 재상이 된 지 9년밖에 되지 않았는데 이렇게 빨리 수상이 될 줄은 생각하지 못했다. 재상이 된 다음에 정상적인 인사 과정을 밟아 승진한 것이었지만, 원래 재상의 승진은 근무 기간과 상관없이 이루어지는 경우가 많았고 게다가 수상은 전임 수상이 은퇴하거나 사망하지 않으면 오를 수 없어 재상 중에는 아상(亞相)이나 삼재(三宰)에서 은퇴하는 경우도 많았다. 또 수상이 되었다고 해도 문하시중은 지위가 높다고 하여 좀처럼 임명하지 않아 평장사로 끝나는 경우도 많았으므로 이자연처럼 수상이 되면서 동시에 문하시중에 임명되는 경우는 드물었다.

이렇게 힘든 자리에 이자연은 겨우 53세의 나이로 올랐으니 이런 나이에 이런 영광을 누리는 것은 아무나 할 수 있는 것이 아니었다. 그야말로 개인과 집안의 영광이었다. 아내와 아들딸들에게 이미 축하 인사를 받았고 소식을 들은 친척과 동료들의 축하가 계속 이어졌다. 가족들은 음식 장만이나

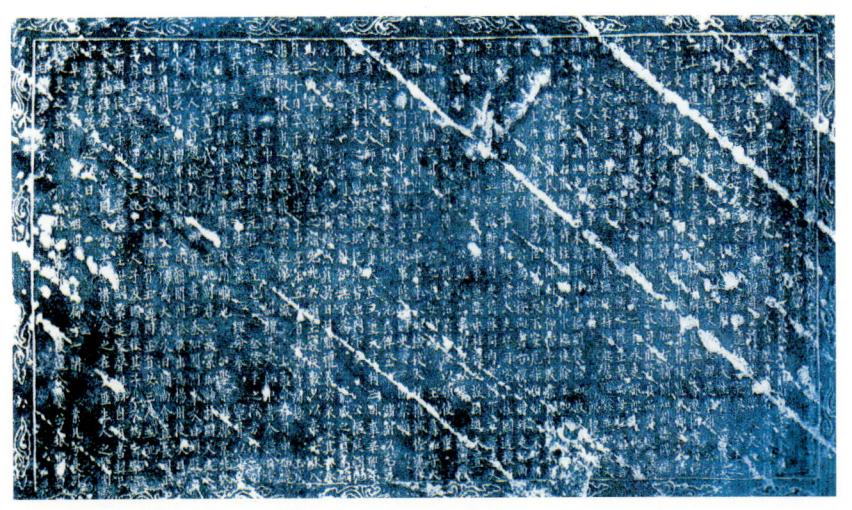

이자연 묘지석(국립중앙박물관 소장)
1061년(문종 15)에 이자연이 죽자 그의 가계와 일생을 기록하여 무덤에 함께 넣었던 지석이다. 고려는 중앙 관료와 그 가족이 죽으면 묘지석을 만드는 관습이 있었다.

손님맞이에 여념이 없이 분주했지만 모두 즐거운 표정이었다.

출세가 이렇게 빨랐던 이유로 가계의 배경을 생각하지 않을 수 없다. 아버지 이한은 중추원부사까지 승진한 상급 관료였고, 고모부 김은부는 지위가 더 높은 중추원사까지 오른 인물이었다. 특히 김은부는 공주의 지방관으로 있다가 거란의 2차 침략으로 개경이 함락될 위기에 처한 상황에서 남쪽으로 피난해 오는 현종을 잘 보필하고 두 딸을 바쳐 왕비로 삼은 인물이었다. 두 딸은 현종의 셋째와 넷째 왕비가 되어 모두 후대의 왕을 낳았는데, 셋째 왕비는 덕종과 정종을 낳고 넷째 왕비는 문종을 낳았다.

이러한 배경을 가진 그는 1024년(현종 15)에 22세로 과거에 수석으로 합격하여 개인적으로도 뛰어난 능력을 보였다. 과거 급제자들이 상당수 지방 수령 아래의 속관(屬官)에 임용된 다음에 중앙 관료에 임명된 것과 달리 그는 수석을 했던 까닭에 정팔품의 양온령에 곧장 임명되어 순탄한 출세가 예견되었다. 그의 실력이 평가를 받은 것은 물론이겠지만 왕실과 각별한 사이였다는 것도 작용했던 것으로 보인다.

사실 이자연은 지금의 왕인 문종의 상당한 신임을 받고 있었다. 그는 문종의 외가 쪽으로 항렬이 높았고 나이는 문종보다 열여섯 살이나 많았다. 문종은 형들인 덕종, 정종이 어린 나이에 왕위에 올랐을 때에 그가 곁에서 성실하게 보필하는 것을 눈여겨보았다. 그래서 28세의 혈기 왕성한 나이에 왕위에 오른 문종은 44세의 이자연을 이부상서 참지정사에 임명하고 재상으로 삼았다. 국정을 함께 이끌어 가고 싶다는 의지의 표명이었다. 이후 승진을 거듭해 마침내 문하시중이 된 것이다. 딸 셋이 문종에게 시집가고 그 중에 맏딸이 문종의 왕비로 책봉된 지 3년 만에 또다시 맞이한 커다란 경사였다.

왕명을 전달하던 승선 시절

생각해 보면 세월이 어떻게 지나갔는지 모르겠다. 과거에 급제하고 관료가 되어 친척들의 찬사를 받으며 기뻐하던 것이 엊그제 같은데, 조정의 온갖 중요한 직책을 다 맡아 보고 나이도 벌써 쉰 중반이나 되어 머리가 희끗희끗하다. 옛날 생각을 하니 절로 웃음이 나왔다. 과거에 급제한 뒤에 처음 임명된 곳이 왕이 마시는 술이나 단술을 빚는 일을 하는 양온서였는데, 출근한 첫날 어찌나 흥분하고 긴장했던지 하루가 어떻게 지났는지도 모르게 보내고 말았다.

그 뒤 실록이나 시정기(時政記)를 편찬하는 사관(史館)이나 서릿발 같은 눈초리로 관료들의 비행을 감시하는 어사대 등 여러 관청에서 근무하였다. 그렇지만 무엇보다 좋았던 것은 중추원 승선으로 근무하던 시절이었다. 승선은 국왕의 명령을 관청이나 관료에게 전달하고 또 관청이나 관료들이 아뢰는 문서를 국왕에게 전달하는 일을 하였다. 승선은 단순히 기계적으로 전달하는 기능만 했던 것은 아니고 문서의 내용에 따라 전달 여부를 결정할 수도 있었고, 국왕이 국정을 결정하는 과정에서 자문을 하면 적절히 답변하기도 했다. 국왕을 늘 가까이 모시는 직책이었던 만큼 정치적인 부담도 컸고 혜택도 많았다.

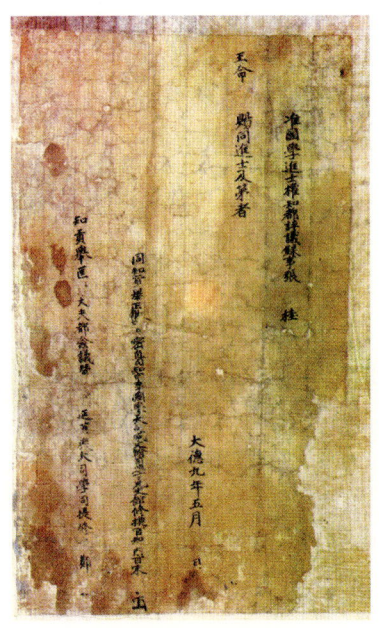

장계 홍패(장덕필 소장)
1305년(충렬왕 31) 장계의 과거 급제를 인정하여 지급한 합격증이다. 연호, 고시관의 관직과 서명이 있는 고려 후기 홍패 양식의 전형을 보여 준다.

이자연이 승선에 올라 국왕을 보필하기 시작한 것은 그의 나이 서른을 막 넘긴 한창때였다. 그 나이에 승선이 되는 것은 매우 드문 경우였으므로 주위의 부러운 눈총을 한 몸에 받았다. 처음 승선이 된 것은 덕종의 나이 겨우 열여섯 살로 왕위에 오른 다음 해였다. 국왕의 나이가 어리다고 볼 수는 없지만 경륜이 깊지 않은 것은 사실이었다. 그래서 승선으로서 그의 역할이 더욱 중요하였다. 왕명을 내리거나 신료의 결재 서류를 전달하는 과정에서 덕종은 이자연에게 종종 자문을 구했고 그때마다 적절히 대답해야만 했다.

특히 당시는 거란과 화친을 맺기는 했으나 국경에서 분쟁이 계속되고 있어서 신료들 사이에 외교 문제를 놓고 논란이 있던 시기였으므로 국왕이 바른 판단을 할 수 있도록 보필하는 것이 쉬운 일은 아니었다.

업무 자체의 성격상 늘 긴장해야 했고 이틀에 한 번은 숙직을 해야 했으므로 집에 돌아오면 온몸이 파김치가 되었다. 이러한 생활을 정종 중반기까지 근 10년을 한 셈이었다. 그렇지만 승선은 관료라면 누구나 선망하는 자리였고 이곳에서 능력을 인정받기만 하면 중추원의 상급 관료인 추밀로 승진하고 추밀이 되면 재상이 되는 것은 그리 어렵지 않은 일종의 승진 코스였다. 이자연도 승선의 임기가 끝날 무렵 추밀로 발탁되었다. 문종은 덕종과 정종 때 이자연의 활동을 눈여겨보면서 민첩한 업무 능력을 인정하고 있었다. 이자연은 30대를 그렇게 국왕 가까이에서 보냈는데 아무리 생각해도 정말 행운이었다.

문신 관료의 인사를 관장한 이부 시절

중추원이 궁궐 안에 있었던 반면 육부는 광화문 밖에 있었다. 이자연의 육부 활동은 형부원외랑도 있었지만 문신에 대한 인사 행정을 담당한 이부에서 오랫동안 근무하였다. 이부원외랑에서 시작하여 이부낭중, 이부시랑을 거치면서 줄곧 이부를 떠나지 않았다. 이부에서 근무하기 시작한 것은 승선으로 활동하던 덕종 때부터였다.

고려의 관직은 겸직제로 운영되고 있었는데 이자연도 이부와 중추원 두 곳의 업무를 겸하였다. 상서성은 상부의 상서도성과 하부의 육부로 구분되었다. 상서도성은 중앙에서 지방에 업무를 전달할 때 공문서가 반드시 거쳐야 하는 곳으로 문서 전달 사무를 담당하였던 반면 육부는 각각 기능에 따라 이부·병부·호부·형부·예부·공부 등으로 구분되어 국가 행정을 담당하였다. 그중에서 지위가 가장 높았던 것은 문신의 인사를 담당했던 이부였고 그 다음은 무신의 인사를 맡았던 병부였다.

이부는 문신들의 인사 기록부인 정안(政案)과 고과 성적표를 바탕으로 인사이동이 있을 때에 각 관료들의 승진과 탈락을 심사하였다. 이부는 평소에 정안을 정리하였다. 정안에는 관료의 이름, 나이, 본관, 사조(四祖), 관직의 이력 등이 수록되었고 포상이나 범죄 사실도 기록되었다. 정안은 재추와 3품 이하의 관품에 따라 관료들을 수록했는데 같은 관품이라도 분량이 많으면 책을 나누어 정리하였다. 이것은 인사 행정의 기본 자료였다.

또한 고과 성적을 중시하여 중앙관의 경우 출퇴근 시간을 정확히 지켰는가, 휴가 일수를 초과하지 않았는가, 업무를 공정하게 처리하였는가 등을 평가하였다. 특히 출퇴근 시간 엄수나 근무 기간의 준수가 매우 중요했다.

고려의 관료들은 출근하면 출근 기록부인 공좌부(公座簿)에 서명을 하였는데 이를 통해 출퇴근이 확인되었다. 원래 관료들은 사시(巳時: 오전 9시)에 출근하여 유시(酉時: 오후 5시)에 퇴근하였는데, 1048년(문종 2) 4월부터 해가 길 때에는 진시(辰時: 오전 7시)에 출근하고 해가 짧을 때에는 종래처럼 사시에 출근하라는 왕명에 따라 업무 시간이 달라졌다.

물론 한 달 내내 쉬지 않고 업무를 보는 것은 아니었다. 매달 1일·8일·15일·23일은 정기 휴일이었고, 설날·입춘·한식·입하·칠석·입추·추석·추분·연등·팔관 등 연간 54일 이상을 특별 휴가로 보냈다. 하지만 휴가의 전체 날

수가 100일을 넘지는 못했고 100일을 넘기면 관직에서 사퇴해야 했다. 이렇게 해서 특별한 문제가 없는 한 품관은 30개월을 근무하고 서리는 90개월을 근무하면 승진할 수 있었다.

지방관은 백성의 고통을 살폈는가, 향리의 재능을 살폈는가, 도적과 간교한 자를 살폈는가, 백성의 범죄를 살폈는가, 백성의 효도와 우애 등을 살폈는가, 향리의 재정 손실을 살폈는가 등을 파악하였다. 고과 성적은 중앙과 지방 관부의 장관이 소속 관료들을 평정하여 이부에 소속된 고공사에 제출하면 고공사가 종합 정리하였고 인사이동 때에 자료를 이부에 제출하여 인사 행정의 근거로 삼았다. 이부는 각 사람의 인사 기록부와 고과 성적표를 바탕으로 승진과 탈락을 심사했던 것이다.

관료 인사는 매년 6월과 12월에 각각 한 차례씩 있었다. 대개 전자를 임시 인사[權務政], 후자를 정기 인사[大政]라고 불렀다. 이부의 모든 관료들이 모여 함께 논의하면서 합의제의 방식으로 인사를 심의하였지만 워낙 많은 사람을 다루어야 하고 또 인사 서류의 분량이 많았으므로 자칫 실수할 가능성도 있었다. 그래서 이때가 되면 며칠 동안 제대로 퇴근도 하지 못하는 것이 보통이었다. 이렇게 해서 만든 인사 문서를 국왕에게 아뢰면 국왕이 최종 판단을 해서 결재하였고 그에 따라 인사이동이 이루어졌다. 이러한 정규 인사가 아니라 해도 국왕의 특별한 명령이 있거나 공로를 세운 인물에게 수여하는 관직이 적절한지 논의하는 일도 심심찮게 있었다.

이자연은 오랜 이부 근무가 자신의 관료 생활에 많은 도움이 되었다고 생각하였다. 그동안 수많은 관료들의 인사 기록을 낱낱이 볼 수 있었고 또 인재들을 어떻게 적절하게 뽑아서 어느 관청에 보내야 하는지에 대한 안목을 넓힐 수 있었던 것이 개인적으로 커다란 수확이었다. 재상이 된 다음에도 이부와 계속 관련을 맺었는데 문종이 즉위한 뒤에 이부의 장관인 이부상서에 임명되면서 참지정사에 선발되어 처음 재상이 되었고 이번에 문하시중이 되면서 판이부사를 겸직하였으니 이부와의 인연이 결코 적다고는 할 수 없었다.

왕을 견제하는 중서문하성 생활

중서문하성은 이자연이 오랜 기간 근무해 온 곳으로 낯설지 않은 곳이었지만 수상으로 출근하는 기분은 감회가 남다른 듯했다. 그는 1031년(덕종 즉위년)에 간관인 우보궐에 임명되어 왕의 잘못된 정치 행위를 간쟁하는 임무를 맡으면서 중서문하성에 발을 디뎠고, 이후 정종 때에도 승선으로 활동하면서 이부에 있지 않으면 내사사인, 급사중 등의 간관으로 중서문하성에서 업무를 수행하였다. 그리고 재상이 된 후에도 이곳에 출근했으므로 중서문하성은 그에게 친근한 관청이었다.

중서문하성의 일상 업무 중에 가장 중요한 것이 제서(制書)로 내려오는 왕명을 심의하는 일이었다. 고려의 국왕은 제서·교서·조서 등의 왕명을 내려 국정을 이끌어 갔다. 교서와 조서는 승선을 통해 곧바로 신료에게 전달되었지만 가장 권위 있는 왕명인 제서는 중서문하성의 심의를 거쳐야 반포될 수 있었다. 이러한 심의권은 중서문하성의 대표 기능으로 문하시중, 문하시랑평장사, 급사중이 맡은 업무였다.

이자연은 시중이 된 다음에 하루에도 몇 통씩 내려오는 제서를 읽고 그것을 처리하기가 여간 조심스럽지 않았다. 혹시 잘못을 범할 경우에는 문책을 받을 수 있기 때문이었다. 하지만 이 일이 그에게 완전히 새로운 것은 아니었다. 정종 초반에 급사중이 되어 몇 년간 제서를 검토하는 일에 참여한 적이 있었고 얼마 전까지 문하시랑평장사로 있으면서 이 일을 해 왔기 때문이었다. 그리고 문종이 무리한 일을 강요하는 왕은 아니어서 대개의 경우 제서는 별 이의 없이 처리될 수 있었으므로 조금만 조심하면 큰 문제는 없었다.

그러나 제서에 대한 이의 제기가 전혀 없는 것은 아니었다. 문종이 즉위한 뒤에도 벌써 몇 차례나 중요한 이의 제기가 있었다. 1057년(문종 11) 4월의 일이었다. 어느 날 이자연이 업무를 보고 있는데 승선이 왕명을 전달하므로 열어 보았더니 거란과의 국경 분쟁에 대한 문제였다.

당시 고려는 압록강을 국경으로 거란과 마주하고 있었는데, 거란은 고려에 대한 압박용으로 압록강 동쪽에 성곽과 다리를 세웠고 심지어 2년 전에는 거란의 내원성에서 군사를 내어 고려의 성곽 가까운 곳에 궁구문을 세우고 정자까지 설치하였다. 고려는 즉각 철거를 요구하였으나 별다른 응답을 받지 못한 상태였다. 이에 문종은 거란이 궁구문 밖의 정자 철거 요구를 들어주지 않은 데다 송령(松嶺)의 동북쪽을 개간하고 암자까지 설치한 것은 고려 영토를 침범하려는 의도가 있는 것이라고 판단하여 이에 대해 항의하고 철거를 요청하라는 제서를 내린 것이었다.

사안이 매우 중대하였지만 이자연은 국경 문제가 어제 오늘의 일이 아니어서 고려의 뜻대로 쉽게 해결되지는 않을 것임을 알고 있었다. 그뿐만 아니라 거란에서 새 황제가 즉위하여 몇 달 전에 문종을 책봉해 왔는데 고려

정광도 포장 교서 부분(경북 안동시 삼태사묘 소장)
1360년(공민왕 9)에 공민왕이 복주 목사인 정광도에게 내린 교서이다. 고려시대의 교서 가운데 유일하게 원문서로 남아 있는 귀중한 자료이다.

에서 감사의 표시로 사신을 보내지도 않은 상태에서 국경 문제를 제기하는 것은 외교 관례상 문제가 있다고 판단하였다.

  문하시랑평장사, 급사중과 의논한 결과로도 책봉에 대해 감사한다는 사신을 보내기도 전에 국경 문제를 제기하는 것은 옳지 않다는 결론이 났다. 그래서 제서를 담당 관부에 내려 보내지 않고 모인 의견을 기록하여 왕에게 봉환(封還)하였다. 그러자 문종은 이자연의 의견을 받아들이면서도 거란이 성책(城柵)을 설치하고 나면 후회해도 소용이 없을 것이니 중추절에 사신을 보낼 때에 사례를 하고 이어 곧바로 국경 문제를 해결하기 위한 사신을 보내라고 명령하였다.

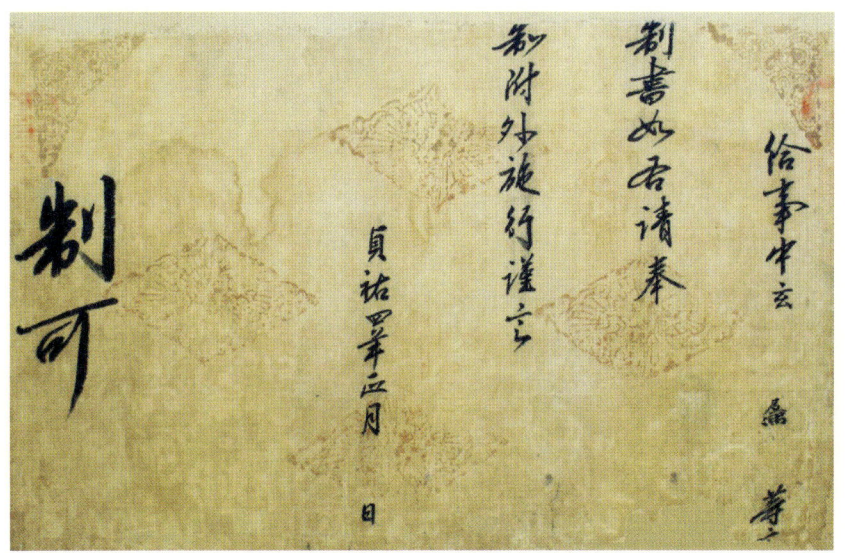

혜심 고신 부분(전남 순천시 송광사 소장)
1216년(고종 3)에 혜심을 대선사에 임명한 제서 양식의 고신으로 예부에서 발급한 것이다. 제서는 일반적인 정무의 반포 외에 인사 명령으로도 이용되는 왕명이었다.

　이처럼 중서문하성은 제서로 내려오는 왕명을 심의함으로써 국왕이 국정을 자의적으로 결정하지 못하도록 견제하는 역할을 하였다. 이러한 권한은 국경 문제만 아니라 제서 형태의 왕명으로 내려오는 모든 사안에 대하여 행사할 수 있었다.
　중서문하성에서 이의를 제기했음에도 왕이 자기의 주장대로 하는 경우도 있었다. 이자연이 시중이 된 직후인 1055년(문종 9) 10월의 일이었다. 문종이 갑자기 제서를 내려 부처의 가르침에 힘입어 나라의 복리를 이루려 하니 좋은 땅을 선정하여 절을 창건하라고 명령하였다. 왕명을 받은 이자연은 동료들과 논의한 끝에 옛날부터 절을 창건하여 태평을 이룬 사람이 없고 또 새로 절을 지으면 급하지 않은 노역으로 백성의 원망이 쌓여 귀신과 사람이 노할 것이니 태평을 이루는 방도가 아니라는 견해를 피력하며 반대하였다. 그러나 문종은 따르지 않고 일을 강행하였다. 제서에 대한 이의 제기는 이처럼 국왕과 직접 대립하는 것이므로 위험 부담이 따르는 것이었다. 중서문하성이 제서로 반포되는 왕명에 대하여 심의하는 권한이 있기는 했지만 국정에 대한 최종 결정권은 국왕에게 있었던 것이다.

국정 결정을 보좌하는 재상 활동

고려의 관료가 재상이 되려면 상서성의 복야, 육부의 상서, 중서문하성 간관의 상시, 어사대의 대부에 임용되고 이를 본직으로 지문하성사, 정당문학, 참지정사에 선발되어야 했다. 그런 점에서 이들 본직은 재상이 되기 위한 통로였다. 다만 참지정사 아래의 정당문학, 지문하성사에 임명된 사례는 이자연이 재상이 된 당시까지만 해도 몇 명 되지 않아 본직을 가진 인물들이 참지정사에 곧장 임명되는 경우가 대부분이었다. 그래서 재상이라고 하면 일반적으로 참지정사와 그 상위 관직인 평장사와 시중을 의미하였다. 이자연도 이부상서에 임명되는 동시에 참지정사에 선발되어 재상이 되었고 평장사를 거쳐 시중까지 올라갔다.

고려의 재상은 중서문하성에 부속된 정사당(政事堂)에서 국왕의 자문에 답하며 국정을 논의하였고 시행할 일이 있으면 왕에게 아뢰어 결재를 받아 추진하였는데, 고려인들은 이러한 재상의 임무를 '도를 논하고 나라를 경영한다[論道經邦].'라고 표현하였다.

이자연은 다른 재상들과 함께 국정을 논의하고 왕에게 건의할 일을 찾아 아뢰어 국정을 보좌하였는데 그러던 1056년(문종 10) 11월의 일이었다. 이해 초에 흥왕사를 개경 인근 덕수현에 짓기 위해 이곳의 백성을 양천으로 옮기는 조치가 이루어졌는데 옮겨 간 백성들이 집을 새로 짓느라 편할 겨를이 없었다. 이 사실을 보고받은 이자연은 다른 재상들과 논의한 끝에 이곳 백성들의 부역을 적어도 1년간은 면제해 주어야 한다는 결론에 도달하였다.

하지만 흥왕사 창건 사업은 지난해에 왕명이 중서문하성에 내려왔을 때 이자연이 반대했지만 문종이 강행한 일이어서 이와 관련된 문제를 거론하는 것은 여간 부담스러운 것이 아니었다. 그래서 재상들은 문종과 개인적 친분이 있는 이자연이 대표로 이 문제를 건의하기로 하였다. 그런데 문종은 뜻밖에 2년간의 부역을 면제하라고 허락하였다. 재상으로서 보람을 느끼는 순간이었다.

재상은 국왕이 혼자 결정하기 어려운 사안에 대하여 자문을 하면 함께 논의하여 응답하였다. 하지만 때로는 재상의 범주를 넘어 여러 신료들이 함께 하는 확대회의에서 국정을 논의하기도 하였다. 1058년(문종 12) 5월에 제술과에 열 번이나 응시했다가 낙방한 강사후에 대한 처리 문제를 두고 왕의 자문을 받아 열린 확대회의에서는 신료들 사이

흥왕사명 청동은입사 운룡문향완(호암미술관 소장)
이 향완은 1289년(충렬왕 15)에 제작되어 흥왕사에서 사용하던 것이다.

에 뜨거운 논쟁이 오갔다.

시중 이자연의 견해에 동조한 관료들은, 원래 열 번 낙방하면 나라에서 관직을 주는 관례에 따라 강사후를 등용해야 하지만 그의 출신이 잡로(雜路)라는 점을 문제 삼았다. 국법에 잡로는 과거에 급제하거나 국가에 공을 세운 경우에만 등용하도록 되어 있었기 때문이었다. 반면에 참지정사 김현의 견해에 공감한 사람들은 강사후의 증조가 잡로이기는 하지만 그의 아버지 강서도 열 번 시험을 보아 벼슬을 얻은 적이 있으므로 열 번이나 과거에 응시한 노고를 생각해서라도 등용시켜야 한다고 주장하였다. 신료들에게 자문하여 이렇게 의견이 분분하면 국왕은 여러 사람들의 논의를 참작해서 최종 결정을 내리는데 이번에 문종은 이자연 등의 견해가 옳다고 수용하였다.

고려의 국정 운영에서 재상의 역할과 성격은 국왕과 재상 그리고 육부의 관계를 통해 이해할 수 있다. 고려는 국가 행정을 담당한 육부가 상서도성이나 재상을 거치지 않고 직접 정무를 아뢰었고 이에 대해 국왕은 최종 결정을 내렸다. 다만 결정 과정에서 혼자 결정하기 어려운 문제가 생기면 재상에게 자문을 요청하여 도움을 받았다.

이는 고려 국정 운영의 성격을 이해하는 데 매우 중요하다. 왜냐하면 고려의 국정 운영이 국왕을 중심으로 이루어졌고 재상은 국왕의 결정을 보좌하는 기능을 하였음을 의미하기 때문이다. 고려 지배층은 국정에 대한 국왕의 최종 결정권을 인정하면서도 국왕과 신료 어느 한쪽이 독주하지 않고 서로 합의하는 가운데 국정이 결정되어야 한다는 입장을 가지고 있었고 고려의 국정 운영 체계는 이러한 이해가 반영된 제도였던 것이다.

수상의 임무가 마냥 공식적이고 딱딱한 것만은 아니었다. 때로는 국왕이 베푸는 술자리에서 공적인 혹은 사적인 형식으로 만나기도 하였다. 이자연은 다른 재상들과 함께 문종이 베푸는 술자리에 여러 차례 참여하여 흥취를 맛보기도 하였고 문종이 직접 따라 주는 술잔을 받기도 하였다. 한번은 문종이 이자연에게 의복과 은그릇, 안장을 갖춘 말, 포백, 미곡을 내리기도 하였다. 참으로 영광스러운 일이었다.

이자연은 자신이 복이 많은 사람이라고 생각하였다. 그동안 지내 온 관료생활이 매우 만족스러웠던 것은 말할 나위도 없고, 비록 하나가 일찍 죽어 일곱 명이 되었지만 모두 잘 자라 준 네 아들들이 있고 세 딸들이 모두 문종의 왕비가 되었으니 더 바랄 것이 없었다. 모두 부처님께서 자비를 베풀어 주신 덕택이라고 생각하였다. 그래서 틈만 나면 승려가 된 아들 소현이 머물고 있는 절에 찾아가 시주도 하고 아들과 담소를 나누기도 하였다.

고려의 모든 관료들이 이자연과 같은 영화를 누렸던 것은 아니었다. 하지만 이자연의 출세가 갖는 역사적 의미는 적지 않았다. 이자연처럼 관료 집안에서 태어나고 자라 자신이 재상에 오르는 것은 물론 아들과 손자들도 재상에 오르고, 이러한 과정에서 왕실 및 다른 재상가와 혼인 관계로 연결되는 가계가 하나 둘씩 생겨나면서 고려의 문벌이 만들어졌던 것이다. 이자연이 살았던 문종 대는 문벌이 형성되어 가던 시기였고 이자연 가계는 그 대표적인 사례였다.

박재우_성균관대 교수

고려인들이 선망한 최고의 직업, '관료'의 삶

이혜옥

> 나는 시골에서 쓸쓸히 지내니
> 세파의 곤궁함을 어찌 견디리
> 목 내밀고 한번 나가고 싶으니
> 부디 도와주시면 얼마나 좋겠소. (이규보)

고려인들이 꿈꾸던 최고의 직업은 무엇이었을까? 그것은 앞의 이규보의 노래에서 보듯이 관료가 되는 것이었다. 관료는 당대 최고의 신분층이며, 관직에 오른다는 것은 곧 경제적으로 생활이 보장된다는 것을 뜻한다. 특히 고려와 같은 신분제 사회에서 지배층인 그들에게는 부와 권력, 그리고 명예가 뒤따르게 마련이었다.

서긍의 《고려도경》을 보면 "고려에서는 사민(四民) 가운데 선비를 가장 귀하게 여긴다." 하였는데 여기서 선비란 관료층을 의미한다. 당시 관료는 중앙과 지방의 현임으로 녹을 받는 관원이 3,000여 명이고 실직이 없는 관원으로서 녹은 없이 토지만 받는 사람이 1만 4,000여 명이라 하였으니, 당시

◁ 〈강민첨상〉(강희동·강영선 소장)
고려 광종 때 출생하여 병부상서 등을 지낸 강민첨의 초상은 근엄하고 후덕한 모습을 하고 있으며 고려시대 관료들이 쓰던 옆 부분이 길고 평직으로 된 복두를 쓰고 있다.

에는 1만 7,000여 명의 관료가 있었던 셈이다. 그러나 다른 기록에서는 문, 무 관원이 4,400명 가량 된다고 하여 시기에 따라 차이는 있겠지만 현직 관료는 대략 3~4000명 정도였던 것으로 보인다. 그렇다면 이들이 지배층으로서 누리던 특권과 그것이 반영된 일상적인 삶의 모습은 어떠하였을까.

관복, 색깔로 차별한다

우리나라 모든 신하들의 관복은 이미 풍토에 알맞게 만들어서 상하를 구별하였으니 이는 변경할 수 없는 것이다. (공민왕)

당시 관료들에게는 직급에 따라 소위 '유니폼'이라 할 수 있는 관복이 있었다. 관복의 상징성은 '색'으로 나타나는데 이는 곧 관직의 차등을 뜻한다.

고려 초기에는 관복을 자주색, 붉은색, 진홍색, 녹색의 4단계로 구분하여 차별성을 분명히 하였다. 그뿐만 아니라 그들이 착용하는 모자와 허리띠에도 모두 정해진 재료와 색깔이 있었다. 이규보의 시에 "옷의 무늬로 귀천이 나뉘니 세상에서는 이 일이 가장 아름다운 것이라."든가, "옛날 푸른 적삼 입었을 땐 사람들이 쳐다보지도 않더니 이제 붉은 옷을 입으니 뭇사람 다투어 따르네."라고 한 것에서도 당시 색에 부여된 의미를 찾아볼 수 있다. 이후 관복은 점차 실용성을 중시하여 검은 옷으로 통일되었지만 모자와 허리띠 등의 규정에는 여전히 차별이 남아 있었다.

당시 의복은 일반적으로 삼베와 모시로 만들었다. 면화는 아직 재배되지 않았고 견직물은 값이 비쌌다. 일부 고급 기술을 가진 장인들이 극히 섬세하고 수준 높은 직물을 만들기는 하였지만 대부분 왕실과 귀족들이 쓰거나 조공품으로 이용되었다. 고급 견직, 모직, 면직물류는 염색 기술이 미흡하여 거의 수입에 의존하고 있었다. 비단 한 필은 은 열 냥이나 되었고, 부인들이 외출 시 썼던 너울도 은 한 근과 맞먹을 정도였으니 가난한 사람들은 감히 엄두도 낼 수 없었다. 최자가 "불면 날 듯, 연기인가 안개인가. 희디흰 빛, 눈인가 서리인가. 청·홍·주·녹으로 물들여 비단을 만들어 공경 사녀들이 입어 끌제, 바스락바스락 떨치며 반짝이네."라고 노래하였던 것도 단지 아름답기 때문만은 아니었다. 상황이 이러하였으니 의복의 색과 재료는 단지 시각적 효과만이 아니라 실질적인 차별을 의미하였던 것이다.

그러나 관료라고 해서 항상 고급 직물의 옷만 입었던 것은 아니었다. 집에서는 이들도 흰 모시옷을 입었다. 그래서 평상시에는 왕가의 처와 첩과 귀인으로부터 일반 아낙네에 이르기까지 모두 의복의 구별이 없고, 다만 베의 곱고 거친 것으로 구분을 하였다고 한다.

좋은 벼슬과 많은 녹

    안개인 양 구름인 양 반공중에 노니니
    좋은 벼슬 많은 녹이 날 잡지 못하리.

  고려의 관료들도 일단 출근해서 업무를 보고 퇴근 시간이 되면 집으로 돌아간다. 주로 9시에 출근해서 5에 퇴근하며, 매달 1, 8, 15, 23일은 정기 휴일로 지금과 크게 다를 바 없었다. 그러나 관직 종사에 따르는 수입의 형태는 크게 달랐다. 당시 관직은 9품으로 차등화되어 있었고 관료들은 각각 등급에 따라 규정된 전시과와 녹봉을 받았다. 전시과는 근무의 대가로 토지를 분급 받는 것이며 녹봉은 현물인 미곡으로 받았다.
  《고려사》에 따르면 '전시과'는 문무백관에게 등급에 따라 농사를 지을 수 있는 전지(田地)와 땔나무를 베어 낼 수 있는 시지(柴地)를 주는 것으로 이 전(田)과 시(柴)를 합한 것이다.
  이 제도는 976년(경종 1)에 처음 제정된 이래 목종 때에 정비되고 다시 문종 때에 완비되었다. 문종 때 관직별로 18과로 나누어 지급된 것을 굳이 비교하자면 지금 공무원 제도가 9급으로 나누어 차등적인 보수를 지급하는 것과 같다.
  그렇다면 실제 수입은 얼마나 되었을까. 문종 때의 전시과 규정에 따르면

삼태사묘의 일괄 유물(경북 안동시 삼태사묘 소장)
후백제 정벌에 공이 컸던 김선평·권행·장정필 삼태사의 사당에서 나온 유물로, 고려 초 관료들이 사용했던 것으로 보인다.
❶ 말총으로 만든 흑색 복두
❷ 황동제의 화려한 꽃무늬가 새겨진 가죽 과대
❸ 가죽신
❹ 인장함

제1과에 속하는 문하시중, 중서령, 상서령 등의 최고위 재상들은 전지 100결, 시지 50결을 받았고, 가장 낮은 18과는 전지만 17결을 받았다. 여기서 17결은 150결에 비하면 아주 적지만, 당시 호구당 실제 경작지가 1결에도 미치지 못하던 실정을 감안하면 적지 않은 규모였음을 알 수 있다. 그러나 당시 '토지를 받는다'는 것은 실제로 소유할 수 있다는 의미는 아니다. 전시과는 토지 자체를 '주는' 것이 아니라 계권(契券) 또는 문계(文契)라는 증빙 문서를 통하여 그 토지에서 나오는 수확량의 일부를 '받을 수 있는 권리'를 부여하는 것이었다. 대체로 제1과의 경우 토지의 비옥도에 따라 200석에서 400석 정도의 수입을 얻을 수 있었을 것이다.

또한 시지에서는 주로 땔감을 채취하였지만 개간하여 경작지로 이용할 가능성도 있었고, 산지에서 나오는 유실수 등으로 짭짤한 수입도 기대할 수 있었다. 전시과는 관료가 사망하면 국가에 반납하는 것이 원칙이었지만, 실제로는 유족의 생계유지라는 명목으로 세습되었다. 따라서 전시과는 관료들의 근무 수당으로서의 성격에 그치지 않고 그들 가족의 지속적 경제 기반으로 작용하였던 것이다.

또 하나의 공식적 수입원인 녹봉도 문종 때에 완비되었는데 400석을 받는 1과부터 10석을 받는 47과까지 세분하였다. 녹봉은 정월 7일과 7월 7일, 1년에 두 번 받았으며 녹봉을 받기 위해서는 모두 녹패를 받아야 했다. 녹봉은 주로 쌀과 보리 등의 곡물로 지급하였으나, 베나 비단 등을 주기도 하였다. 관료들이 받는 녹봉과 전시과에서 얻는 수입은 대략 비슷한 양이었다고 추정되는데, 다만 차이가 있다면 전시과는 원칙적으로 평생을 보장하는 데 반하여 녹봉은 현직자에게만 보장되었다는 사실이다.

이 밖에도 관료들은 공로에 대한 포상 등을 이유로 보너스를 받거나 고위 관료에 한해 공음전이라는 특혜적 성격의 토지를 지급 받았다. 그 외에도 그들은 권력을 이용해 남의 토지를 빼앗기도 하였으며 고리대나 상업을 통해 부를 축적하기도 하였다. 이러한 경제력을 바탕으로 그들은 신분과 사회적 지위를 충분히 유지할 수 있었다.

관료사회의 빛과 그늘

> 가지런히 늘어선 수많은 집들 멀리서 바라보니
> 옥두 높은 곳에 비단 장막 걷혀 있네
> 필시 잔치 벌였으니 붉은 비단 찬란하리
> 멀리 바람 따라 아련한 풍악 소리
> 기녀들은 소매 걷어 팔목을 드러내고
> 애교 띤 얼굴로 술잔을 드리며
> 살풋 눈을 흘기니
> 사람들은 해가 져도 흩어질 줄 모르네.

관료들은 관직과 가문의 성쇠 또는 개인적인 능력에 따라 부를 누릴 수 있었다. 기본적으로 관료들의 경제 기반은 국가에서 보장하고 있었지만 시간이 지나면서 가문의 성쇠 또는 능력에 따라 그들의 생활은 천차만별이 되었다. 대대로 고위 관직을 누려 왔던 자들은 많은 재산을 모아 사치스러운 생활을 할 수 있었다. 이들은 평소 거처하는 집 외에도 별업(別業)이라는 별장을 가지고 있었으며, 엄청난 규모의 부동산을 소유하고 있는 경우도 많았다. 무인 집권기 권력자인 최충헌 집안의 호사는 극에 달했다. 최충헌은 도성의 민가 100여 채를 허물고 궁궐 못지 않은 호화로운 대저택을 지었는데, 뜰에 500여 대의 마차를 세울 수 있는 어마어마하게 넓은 주차장을 갖추고 있었다. 아들 최우는 저택 서쪽에 십자각을 지었는데, 새가 날아다니는 길을 끊을 만큼 높고 해와 달을 가릴 만큼 컸으며 사방을 거울로 꾸미고 휘황찬란하게 장식을 하였다고 한다. 이같은 사치는 최고위 권력자층에만 한정되는 것이 아니었다.

> 공경들의 저택이 십 리에 뻗치니 커다란 누각은 춤추는 듯
> 서늘한 마루, 따스한 방이 즐비하게 갖춰 있어
> 금 벽이 휘황하고 단청이 늘어섰네.
> 비단으로 기둥 싸고 오색 양탄자로 땅을 깔고
> 온갖 진기한 나무와 이름난 화초들
> 봄의 꽃과 여름의 열매, 푸른 숲에 붉은 송이
> 그윽한 향내 서늘한 그늘이 한껏 곱게 아양을 떠네.

최자는 이렇게 사치 풍조를 노래했으며, 이규보도 일천 집 여기저기 푸른 기와가 즐비하다고 하였다.

더불어 상류층 관료들은 많은 노비를 소유하고 있었다. 토지와 함께 관료의 주요한 경제 기반은 노비였다. 목종 때 경주 사람 융대는 양민 500여 명

┃〈아집도 대련〉(호암미술관 소장)
문사들이 정원에 모여 시도 짓고, 그림도 감상하며 풍류를 즐기는 모습으로, 고려시대 문인 관료들이 이상으로 삼은 생활상이다.

을 사노비로 만들어 궁인 김씨와 고위 관료 김락 등에게 뇌물로 주었으며 종친, 대갓집 중에는 1,000여 구 이상의 노비를 소유한 사례도 있었다. 모든 노비가 한집안 내에서 생활하지는 않았지만 관료의 개인적인 생활 기반 속에 포함되는 존재임에는 틀림없었다. 실제로 노비는 주인집과 떨어져서 그의 땅을 경작하는 외거노비가 대부분이었으나, 함께 거처하면서 잡일에 종사하는 노비들도 다수 존재하였다.

이규보가 가난하던 시절에도 집에 몇 명의 노비가 있었다고 하며, 김부식의 형인 김부일이 구차하게 지내던 시절에 채마밭을 갖고 있었는데 여기에서 노비들이 과일이나 채소류를 가꾸었다고 한다. 당시 부잣집에서는 여름날 큰 자리를 깔아 놓고 여종들이 곁에 늘어서서 수건과 정병을 들고 시중하였으며 부인들이 나들이할 때에는 종자 두세 명이 따르는 것이 보통이었다고 한다.

고위 관료들은 양민을 억지로 노비로 삼는 일도 있었다. 이러한 이야기도 전한다. 어떤 양민이 강제로 종이 되어 관에 고소를 하였다. 그런데 관리 김서와 동료들이 그의 원통한 사연을 알면서도 권력가의 세도를 겁내어 권력가에게 유리하게 판단을 내렸다. 그러자 꿈에 하늘에서 날카로운 칼이 내려와 그들을 모조리 내리찍었다. 이튿날 실제로 김서는 등창이 나서 죽었고 그로부터 한 달을 넘기지 못하고 그 동료들 역시 다 죽었다고 한다. 여기서 권력의 횡포에 대한 양민들의 사무친 원한을 느낄 수 있다.

《고려도경》에 따르면 당시 상류층들은 서너 명의 부인을 두고 조금만 성격이 맞지 않아도 쉽게 이혼을 한다고 하였다. 당시에 일부다처제가 풍미했던 것으로는 볼 수 없으나 세력이 있는 집안에서는 충분히 여러 여자를 거느릴 수 있었으며 사랑하는 기녀를 두기도 하였다.

문집들을 보면 지방으로 부임한 관리와 관기 사이에 얽힌 흥미로운 이야기들이 간간히 전하고 있다. 재주와 미모가 뛰어난 기생이 남쪽 지방에 있었는데 그 기생에게 정을 주었던 군수가 임기를 마치고 돌아가게 되자 크게 취하여 "내가 이곳을 떠나면 다른 놈이 차지하겠지." 하고는 바로 촛불로 그녀의 양 볼을 지져 버렸다.

　이렇게 고위 관료들은 권력과 부 모든 것을 가지고 호화롭게 살았지만 그들의 사치의 뒤에는 반드시 그늘이 도사리고 있기 마련이었다.

시대를 풍자하는 양날의 칼, 푸른 기와집과 비 새는 초가집

　　백성들을 긁어먹고 윗사람에게는 아첨하는 풍속이 오래니
　　온 나라에 질펀히 속임수만 따르도다
　　후한 벼슬 높은 지위는 그리워할지라도
　　청천백일이야 속이기 어렵도다.

　관료층의 부패를 질타하는 시다. 그러나 벼슬을 잃거나 가문이 한미하거나 혹은 청백한 성품의 소유자인 경우 경제적인 어려움을 피하기 어려웠다. 다수의 하급관료들도 전시과와 녹봉만으로는 생활하기조차 쉽지 않았다. 그래서 가난한 관료들이 녹봉을 받을 수 있는 증서, 즉 녹패를 파는 일까지 생겨났다. 벼슬을 잃은 이규보는 이렇게 노래한다.

　　이 땅에 재상이 몇 명이나 되는가
　　나 또한 외람되이 재상했던 몸이로세.
　　나만이 청렴하고 남들은 그렇지 않은 것 아니련만
　　어찌타 가난 걱정 홀로 면치 못하는고.

공정하고 검소하기로 이름난 설문경의 경우를 보자. 그가 병이 들어, 채홍철이 진찰을 하러 안채에 들어갔더니, 다 낡은 베 이불에 누워 있는 광경이 마치 중이 거처하는 방 같았다. 채홍철이 탄복하여 말하기를 "나와 비교하면 흙 벌레와 황학 같구나."라고 하였다.

또한 학사 팽조적은 책을 탐독하는 버릇이 있어 두어 개 서까래에 띠로 지붕을 이은 초라한 집에 살며 사방에서 비바람이 들이치고 땔나무와 밥 지을 쌀이 없어도 항상 태연했다고 한다.

인종 때 서리직인 기사(記事) 함유일도 집이 가난해 항상 해진 옷과 떨어진 신발을 신고 다녔다고 한다.

한편 임춘의 가문은 건국 때부터 공이 있어 국가로부터 토지를 하사 받은 적이 있었고 대대로 문장가와 관료를 배출하였으나 한 번도 벼슬하지 못하고 일생을 가난하게 살면서 비극적인 생을 마감하였다. 그가 쓴 편지 가운데 이러한 구절이 있다.

> 고향을 떠나서 오랫동안 강남에서 입에 풀칠을 했습니다.
> 아침에 저녁거리를 걱정할 만큼 구차스럽고 가난하니
> 고을에서 비웃고 친구들은 모두 등을 돌리고 절교합니다.
> 운명이 이 지경에 이르렀으니
> 나는 장차 누구에게 의지해야 합니까?

임춘의 편지는 관직을 얻지 못해 가세가 기울고 이재에 밝지 못하면 비록 관료의 집안이라도 비참한 처지를 면치 못함을 보여 준다.

이러한 시대에 자린고비의 원조랄 수 있는 지씨 성을 가진 인물의 이야기는 상징적인 의미를 갖는다. 그는 충렬왕 대의 재상인데 이상한 행동을 하면서까지 돈을 벌기 위해 노력하였다. 설날과 한식 때마다 묘지에 사람을 보내어 장례에 쓰는 돈 모양의 종이인 지전을 주워 오게 하여 다시 종이로 만들어 썼고, 또 버린 짚신을 주워서 거름으로 땅에 묻고 동과라는 수박 비슷한 채소를 심어서 많은 이익을 얻기도 하였다. 게다가 남의 제삿날에 부조로 쌀 한 말만 가지고 가면서 하인은 열 명이나 데리고 가 포식시키고, 돌아올 때는 언제나 반쯤 와서 하인들에게 수저를 하나씩 거두었다. 하루는 모두 수저를 내놓는데 하인 하나가 우물쭈물하며 내놓지 않아 그 까닭을 물으니 수저를 얻지 못하고 바리때를 얻었다 하였다. 그러자 지씨가 웃으며 "내가 욕심내던 것이 사발이었다."라고 하였다. 재상이었지만 재물을 얻기 위해 구차한 행동도 마다 하지 않았던 것이다. 관료라도 고위권력자가 아니거나 이재에 밝지 않으면 언제라도 추락할 수 있는 상황, 지씨의 사례는 그 시대가 풍자하는 양날의 칼, 사치와 빈곤 속에서 배어 나온 시대적 반향을 담고 있다고도 할 수 있을 것이다.

거리에 늘어선 고위 관료들의 푸른 기와집들을 상상해 보라.
그러나 그 기와집 뒤편 개미굴 같은 초가에서 가난한 사람들은 노래한다.

    차마 이대로 죽어 한데 길에 버려지길 기다릴 순 없어
    마을을 비우고 산에 올라 도톨밤을 줍는다네
    그 말이 처량하고 절실도 하구나
    듣고 나니 가슴이 미어질 것 같아라

그대 보지 않았나

고관집 먹는 것이 하루에 만 전어치

맛난 음식이 솥마다 가득가득 별처럼 널려 있네

하인들도 술 취하여 비단 요에 토하고

말은 배불러 금 마판에서 소리치네.

이혜옥 _전 연세대 국학연구원 연구교수

내시, 그들은 누구인가

김보광

　무신들이 한창 득세하고 있던 1186년 10월, 장군 차약송 등 무려 43명의 고위 무신들이 국왕에게 무신도 내시를 겸직할 수 있도록 해 달라는 요청을 하였다. 1170년에 '무신정변'이라는 쿠데타를 일으켜 의종을 내쫓고 명종을 옹립하고는 무신들이 정권을 잡고 있던 시기였으니, 이 요청은 당연하게도 수용되었다. 사실 무신들은 내시를 제외하고 문신의 관직을 이미 겸직하고 있었으니, 이제 하나 더 원한 셈이다. 다른 한편으로 필자는 고려시대의 내시를 주제로 박사학위논문을 제출한 이후에 어느 집안으로부터 자신의 조상을 '내시'로 언급하였음을 들어 가문의 명예를 실추시켰다는 항의를 들은 바 있다. 이는 '내시'에 대한 일반인의 인식과 고려시대 내시 사이의 간극을 제대로 보여 주는 일화라고 생각한다. 그렇다면 무신들은 왜 굳이 콕 집어 내시라는 자리를 원하였을까? 이 점을 주의해 보면, '내시'라는 자리의 실체를 이해하는 출발점이 되지 않을까 한다.

　혹시 최충의 손자 최사추, 김부식의 아들 김돈중, 윤관의 아들 윤언민, 고려가요 〈정과정〉을 지은 정서, 이들의 공통점을 떠올릴 수 있을까? 고려시대 관료로 어느 정도 알려진 이들의 공통점은 무엇일까? 이들은 모두 내시를 지낸 경력을 갖고 있다.

흔히 내시는 곧 환관이라는 식으로 인식하여 일반 관인이 내시가 되는 고려의 내시를 '특이'하다거나 '독특'하다고 본다. 따라서 관인 중심으로 운영된 점을 고려 내시제의 가장 큰 특징으로 거론할 수 있겠다. 사실 선천적이든 후천적이든 신체적으로 생식 능력에 결함이 있는 남성[엄인(閹人)]을 국가의 공적 지배체제 안에 편제하여 별도의 환관(宦官)으로 삼아 군주의 측근으로 삼은 것은, 세계사적 관점에서 보면 네 곳에 불과할 정도로 매우 국한된 현상이다. 이것은 동로마–비잔틴제국과 이슬람, 중국 한족(漢族)의 역대 왕조, 한국의 고려와 조선 왕조에서 있던 일이다.

내시제는 어떻게 등장하고 운영되었나

고려에서 내시는 언제 등장하고, 제도화되었을까? 고려는 국초부터 내시서기, 근시 등의 표현이 나타나 근시조직이 있었음을 알 수 있다. 다만 그 구조에 대해서 자세히 알기는 어렵다. 이후 성종 대에 국가의 지배제도가 확립, 정비하는 과정에서 근시조직도 정비되었을 것으로 보인다. 중추원의 도입이라든가, 액정원의 액정국으로의 개편이라든가 하는 점이 그 증거이다. 중추원은 송의 추밀원 조직을 도입한 것인데, 송의 추밀원이 군기(軍機)를 관장하던 재상급 관청이었던 것과는 달리 고려에서는 '직숙원리(直宿員吏)'를 위한 조직으로 수용되었다. 곧 궁궐에 머물면서 국왕 가까이에서 업무를 수행하기 위한 것이었다. 액정원, 액정국은 궁궐 내에서의 청소 따위

잡일을 하는 이들을 조직, 관리하는 역할을 하는데, 당의 제도에 맞추어 성종 대에 체계화한 것이다.

하지만 국왕의 근시 역할을 담당하던 중추원의 일직(日直)이 1023년(현종 14)에는 승선(承宣)으로 개편되면서 완전히 공적 지배체제 속의 왕명을 전달하는 역할을 담당하는 외조화(外朝化)가 진행되었다. 이제 국왕에게는 별도의 측근 조직이 다시 필요하였다. 내시제는 이런 역사적 배경에서 시작되었던 것 같다.

애초 내시들의 기구로 내시성(內侍省)이 있다가 예종(재위 1105~1122)에서 인종(1122~1146) 대 사이 언젠가 내시원(內侍院)으로 개칭되었다. 내시원은 궁궐 내에 위치하여 국왕의 부름에 항상 대기하고 있었다. 그리고 별고(別庫)라고 보이는 내시원 부속의 창고도 있었다.

내시는 주로 문반의 관직자들 중에서 선발되고, 내시적(內侍籍)이라는 이들만의 명단이 작성되었다. 이렇게 내시가 된 이들은 애초 지니고 있던 문반관직과 함께 내시라는 두 개의 관직을 지니게 되어 복수의 업무를 수행하게 되었다. 원래 지니고 있던 관직은 해당 사람이 어느 수준의 위계를 가지는지를 우선 표현한다. 관직을 통해 그 사람이 관직 구조상 어느 정도의 위치에 있는지, 그래서 봉록은 얼마나 받아야 하는지 하는 것을 알 수 있게 된다. 그리고 그 관직의 본래 역할도 수행하게 된다. 여기에 내시로 임명되면서 내시 역할도 부가적으로 수행하게 되는 것이다.

내시로 임명된 관료들은 애초의 관직에 부여된 임무나 역할 외에 내시로서의 여러 역할을 수행하였다. 현대 사회에서 공무원들이 자신의 본래 부서에서 외부의 다른 기관으로 파견 나가는 것과 비슷하다. 다만 이들이 내시에 대하여 일정한 임기를 보장받았던 것은 아니다. 국왕의 교체나 탄핵, 외관으로의 임명 등이 아니면 기본적으로 내시라는 직책을 유지하였다. 무엇보다 국왕의 사망으로 새로운 왕이 즉위하게 되는 경우, 곧 국왕이 교체되는 일이 발생하면 일단 내시에서 물러나는 것이 원칙이었다. 새 국왕은 기존의 내시를 재신임하거나 새로운 이들을 발탁하여 자신의 내시로 삼았다.

무엇보다 고려의 내시는 환관과는 구별되었다. 인종 대에 임완이라는 이가 쓴 문종에 대한 평가를 보면, "환관과 급사는 행동을 조심하고 젊고 건강한 이를 골랐으나 10여 무리를 넘지 않아 청소를 맡겼고, 내시에 속하는 자는 반드시 공로와 재능이 있는 자를 뽑았으나 20여 명을 넘지 않았다."(고려사 98 열전 11 임완)라고 하고 있다. 여기에서 임완은 문종의 궁궐 청소 등의 잡일을 담당하는 환관과 이들과는 구별되는 내시라는 이들이 각기 10여 명, 20여 명 있음을 언급하고 있다. 이들 모두 궐내에서 일을 하는 '근시', '내시'라고 할 수 있으나, 역할이나 위상이 달랐던 것이다. 또 고려의 환관으로 정함이라는 이가 유명하다. 인종과 의종 대의 환관이었는데, 의종의 유모와 결혼하여서 의종의 총애를 받아 정치적으로 위상이 높아진 이였다. 그가 인종 때에 '내시 서두공봉관'이라는 두 관직을 역임한 바 있다. 환관인 그가 내시에 임명된 것이다. 이 두 기록으로 보아 내시와 환관을 구별하여 운영하고 있음을 알 수 있다.

내시의 역할

내시들이 담당한 역할은 기본적으로 궐내에 대기하면서 국왕의 각종 명령을 처리하는 것이었다. 그 가운데 왕명의 전달은 가장 중요한 역할이었을 것이다. 이것은 국왕과 조정의 승선 사이에 왕명을 전달할 뿐만 아니라 행정적이지 않거나 소소한 명령은 그 대상자에게 직접 전달하기도 하였다. 또 문종 대에 발생한 운흥창의 화재를 계기로 용문창, 운흥창이나 좌창 같은 국가의 재정을 담당하는 창고에 대한 감독, 관리도 담당하였다. 창고에 대한 감독 역할은 고려 후기인 충렬왕 대에 들어 좌창 등에 별도의 직제가 설치될 때까지 유지되었는데, 이를 통해 국왕은 국가 재정을 장악할 수 있었다. 그리고 흥왕사(興王寺)와 같은 왕실의 진전이나 원당이 설치된 사원의 관리도 하였다. 물론 이 경우에 해당 사원을 경영하는 주지(住持)라는 불교, 종교적 역할이 아니라 진전이나 원당을 유지, 관리하는 것으로 보인다.

또 국왕이 친향하는 태묘(太廟)나 경령전(景靈殿), 환구(圜丘), 적전(籍田) 등 각종 국가 의례에서 국왕의 집전 절차를 보조하는 역할이 의례상으로도 규정되어 있다. 아울러 국왕이 행차하는 의장행렬인 노부(鹵簿)에도 내시를 격식을 갖추어 호종하게 되어 있다. 그리고 내시들은 항상 궐내에서 직숙하고 있었는데, 이것도 내시의 역할이라고 하겠다.

그 외에 선유사(宣諭使) 등과 같은 국왕의 의사를 전달하는 사신으로 활동하기도 하였으며, 왕실 원찰 공사의 감독 등을 하기도 하였다. 기본적으로 국왕 또는 왕실과 관련된 활동을 하는 것이 내시로서의 기본 임무라 하겠다.

결국 내시의 역할은 그들이 국왕의 곁에 머물거나 국왕의 거둥 시에는 따르면서 국왕의 필요에 따라 내리는 명령을 수행하는 것이며, 내시는 그렇게 준비된 근시 조직이다.

누가 내시가 되는가

근시로서 왕의 곁에 머물며 때에 따라 왕의 명령을 수행하는 역할을 하는 내시에 어떤 이가 되는가? 거꾸로 말해 국왕은 어떤 이를 내시로 임명하는가? 이와 관련하여 두 가지 점을 기억할 필요가 있다. 하나는 신라 말에 해당하는 9세기 중후반부터 고려가 건국하고 후삼국을 통일한 10세기를 거치는 시기가 한국사상 대분열의 시기였으며, 호족이라는 지방에 세력 기반을 둔 새로운 세력이 출현한 때라는 점이다. 다른 하나는 고려가 혈연, 혈통을 상당히 중요시하는 사회였다는 점이다. 곧 고려는 국왕의 독재 체제가 아닌 정치세력의 연합적 성격을 지닌 정치 구조를 지녔으며, 사회적으로 혈연 관계를 중시하는 사회였다는 것이다. 이러한 정치사회적 상황을 배경으로 하여 고려는 각종 제도를 마련하여 관료제를 운영하였으니, 내시에 대해서도 마찬가지였다.

먼저 혈연, 혈통과 관련한 부분에 초점을 맞추어 내시를 보면, 다음과 같은 두 가지 사례를 대표적으로 언급할 수 있다.

> 최사추는 자는 가언, 초명은 사순이었으나 뒤에 지금의 이름을 내렸으며, 문헌공 최충의 손자이다. 어려서부터 학문에 힘썼고 문장에 뛰어났다. 문종조에 급제하니, 왕이 최사추가 명가의 자손이고 학문에 뛰어나다는 칭송이 많다고 하여 내시성에 들였다. 《고려사》 권96, 열전9 최사추)
>
> (공양왕) 3년 4월에 이조가 또 보고하기를, "내시와 다방, 사순, 사의, 사이 등의 성중아막은 숙위에 대비하는 근시의 임무이므로, (해당자를) 선별하지 않을 수 없습니다. 처음 설치할 적에 반드시 세적(世籍)과 재주와 용모

를 살펴서 (내시 등으로의) 입속을 허락하였습니다." (《고려사》 권75, 지 29 선거 3 전주 성중관선보지법 공양왕 3년(1391) 4월)

우선 최사추는 문종 때에 내시가 되었다. 그를 가리켜 왕인 문종은 '명가의 자손'이고 '학문에 뛰어나다'라는 것을 이유로 들어 내시로 삼고 있다. 또 고려 말에 이조(吏曹)는 원래 내시의 자격으로 세적(世籍)과 재주, 용모를 고려하여 선발하였다는 언급을 남기고 있다. 여기에서 세적은 대대로 이어진 집안의 기록이라는 의미이므로, 혈통을 살폈다는 의미가 된다. 실제로 최사추는 해주 최씨로, 아버지는 고려시대 '해동공자'라 불릴 정도로 유명한 최충(崔冲)이다. 최충은 문종 대에 수상인 문하시중에까지 올랐다. 따라서 최사추의 집안은 당시 고려에서 학문적, 정치적으로 명성이 높았다고 하겠다. 이 사실을 놓고 문종은 '명가'라고 언급하면서 최충의 손자를 내시로 삼은 것이다. 예종 대에 문하시중을 지냈으며 여진 정벌로 유명한 윤관에게는 윤언민이라는 아들이 있었는데, 그 또한 내시가 되었다. 인종 대에 문하시중을 지냈고 《삼국사기》를 편찬한 김부식의 아들인 김돈중도 내시가 되었다. 이렇게 아버지나 할아버지 덕택에 내시가 되는 사례를 더 많이 찾을 수 있다.

내시의 실제 사례를 보면, 고려 전기에 131명의 내시를 찾을 수 있고, 이 중 58명에게서 탁음권이 확인된다. 탁음권(托蔭圈)이란 누군가에게 그 아버지, 할아버지, 형제 등의 친속이 음서를 통해 관직을 줄 수 있을 때, 그 친속 범위를 말한다. 내시에게서 탁음권을 찾을 수 있다면, 그의 집안에 고위 관료가 있음을 의미한다. 한편으로 관직을 처음 받게 되는 출사로를 찾을 수 있는 71명의 사례 중 39명은 과거를 통해 출사한 이들로, 급제할 만한 학문 능력을 갖춘 이였음을 알 수 있다. 또 12세기 들어 숙종 대부터는 음서나 서리는 다른 사로를 통해 출사한 이들도 등장한다. 결국 고려 전기부터 국왕들은 최사추처럼 가문이 좋은 이들 중 과거 급제 등 능력을 갖춘 이들을 대상으로 하여 내시로 선발하였다. 그러다가 숙종 대부터는 급제자로 한정하지 않고 다양한 능력의 인재를 등용하여 측근으로 삼으려 하기 시작하였다.

누가 내시가 되는지와 관련하여 무신정권 시기(1170~1270)에는 큰 변화가 나타난다. 바로 무신들이 내시에 임명되는 것으로, 이 시기에만 22명의 무신 출신 내시를 찾을 수 있다. 이것은 1186년에 장군들이 무반의 내시 임명을 주장하면서 나타난 변화일 것이다. 과거란 어디까지나 학문적, 문학적 능력을 시험하는 것이므로, 애초 내시는 기본적으로 문신을 대상으로 하고 있음을 알 수 있다. 이제 무신정권 시기가 되면서 내시직에 임명되는 이들의 범위가 확대되어 기존처럼 문반만이 아닌 무반, 지방 도령의 자제 등으로 대상이 넓어지게 되었다.

마지막으로 원간섭기 이후 시기의 사례로는 36명의 내시를 찾을 수 있다. 이중 24명이 충렬왕 대에 나타나며, 충숙왕 대까지로 확대하면 31명이다. 사례상으로 충혜왕 대 이후부터는 거의 보이지 않는다. 이들 중 14명에게서 탁음권이 보이며 10명은 과거 출신이다. 이 시기에도 내시의 선발 과정에서 혈연과 능력을 고려하는 기준은 크게 바뀌지 않은 것이다. 다른 한편으로 충렬왕을 비롯해 이 시기의 국왕들은 보다 사적인 인간관계에 기반한 새로운 근시조직을 마련하였는데, 몽골의 케시크(겁설) 조직이 그것이다. 이를 통해 충렬왕은 기존과는 다른 출신 성분의 이들을 대거 등용하여 자신의 측근으로 삼았다. 이것은 내시제를 통해 측근정치를 하려던 중기 이래 국왕들의 정치 행태와 기본적으로 다르지 않지만, 국왕이 사적으로 측근을 형성하려는 노력이 더욱 노골화, 조직화되었다고 하겠다. 이 결과로 내시제는 존재 목적을 상실한 채 약화되다가 '내시'라는 이름을 공민왕 대에 환관들의 조직인 내시부(內侍府)가 성립되면서 환관에게 넘겨줄 수밖에 없었다.

고려에서 내시의 의미

분명 국왕을 공적으로, 사적으로 보필하는 조직 등의 존재는 왕조를 막론하고 필요하였을 것이다. 실제로 고려 이전부터 국왕을 시봉하기 위한 조직을 추정해 볼 수 있다. 신라의 경우, 진평왕 7년(585)에 궁궐에 사신(私臣)을 두었으며, 다시 759년(경덕왕 18)에는 내성(內省)으로 바뀌었다. 이 사신의 명칭에 '사(私)'라는 표현이 있음을 주목해 보면, 이 조직은 국가통치를 위한 지배기구라기보다는 국왕의 사적(私的)인 부분에 대한 업무를 주로 담당한 것으로 짐작된다.

여기에 고려가 등장하고 발전한 10, 11세기 한국의 상황도 내시 등장의 배경으로 염두에 두어야겠다. 신라 말 이래 '후삼국시대'라 불린 대분열과 대혼란의 상황이 벌어졌고, 이때 전국 각지에서 세력 기반을 확보하여 스스로 정치적 세력을 키운 호족들이 등장하였다. 고려는 호족에서 성장한 왕건이 건국하였고, 호족 세력의 지지 속에서 후삼국의 통일을 달성하였다. 따라서 태조 왕건 이래 역대 고려국왕은 호족과의 관계 설정이 매우 중요한 당면과제였다. 국왕은 고려 초기 사회의 실질적 지배세력인 호족, 그 뒤를 이어 주류 사회의 기득권을 형성하게 된 문벌귀족과 정치적인 제휴와 대립을 지속하면서 상호 공존을 모색하였다. 그 해법은 국왕의 사적 조직이라 할 내시를 관료제 속에서 운영하는 방식을 통해 해결하였다. 국왕은 왕조의 안정과 원활한 통치를 위해 자신의 국정 운영을 보조할 인적, 제도적 장치가 필요하였다. 반면 호족이나 문벌귀족은 그들의 지위가 제도적이고 법적으로 규정된 것이 아니라는 한계를 극복할 필요가 있었다. 이런 점에서 보면, 내시제의 운영은 국왕과 문벌 등으로 불리던 지배층의 조정과 타협의 소산이었다. 국왕은 지배층의 지지를 확보하여 왕권의 안정을 확보하기 위하여, 지배층은 왕실과의 유대관계를 맺어 문벌로의 형성 과정을 담보하기 위함이었다. 따라서 내시에게 국왕의 측근, 근시라는 점과 지배층의 이해라는 두 가지 속성이 반영된 것은 어쩌면 당연한 것이었다.

이 점은 1188년에 어사대가 명종에게 '근시'라고 지칭한 측근 조직의 축소를 건의한 것에 대한 국왕의 답변에서 짐작할 수 있다. 어사대의 요청에 대해 국왕은 '근신'에 대신자제와 권세 없는 자의 두 부류가 있는데, 일을 하지 않는 대신의 자제는 내쫓을 수 없고, 정작 권세 없는 이들은 내쫓을 수는 있지만 실제로 일을 열심히 하고 있으므로 결국 아무도 내쫓을 수 없다는 답을 하였다. 일을 하지 않아도 쫓아낼 수 없는 대신의 자제들이 내시로 있다는 점에서 국왕과 지배층 사이의 관계를 짐작할 수 있다.

이제 이 글 맨 앞에서 수십의 장군들이 무신들도 내시로 임명될 수 있도록 요구한 배경을 짐작할 수 있다. 곧 고려의 지배층에게 내시로 임명되는 것은 영광스러운 경력이었다. 실제로 이때의 사건을 다룬 다른 기록에서는 "명종 16년(1186)에 중방의 무신들이 내시에 겸하여 속하도록 할 것을 요청하였으니, 그 선발됨을 영광스럽게 여겼기 때문이다."《고려사》 75 선거지 3

전주 명종 16년)라고 밝히고 있다.

이제 무신들은 내시에 임명될 수 있게 되었다. 하지만 이때는 1170년에 일어난 무신정변으로 인해 성립된 무신정권이 권력을 장악하고 국왕의 위상은 극도로 약화된 시기이다. 무신정권 아래에서 무신들은 자신들이 진출할 수 있는 관직 범위를 확대해 나갔다. 애초 무신들은 무반 관직에만 임명받을 수 있었는데, 이 시기에 문반으로 범위를 넓힌 것이다. 그럼에도 내시에는 진출할 수 없었다가 이때에 와서야 가능해진 것이다. 그만큼 내시의 위상이 높았던 것이고, 거꾸로 무신들은 내시에 임명되고자 하는 열망을 품고 있었다.

김보광 _가천대 교수

고려시대 사람들은 어떻게 살았을까 2

4부 경제 생활의 이모저모

나라 살림의 벌이와 쓰임새

뭍길 따라 뱃길 따라 열리는 고려의 교통로

농장은 과연 산천을 경계로 할 정도였나

사원의 농지 경영과 상업 활동

고려시대 권력형 비리의 결정판, '염흥방 토지 점탈 사건'

바다를 건너온 보따리 장사 부대

고려시대 돈 이야기

나라 살림의 벌이와 쓰임새

안병우

매년 가을 열리는 정기국회에서는 다음 해에 집행할 예산안을 심의한다. 예산 심의를 정치 현안과 연결시키는 고질적인 병폐 때문에 정작 중요하게 다루어야 할 예산안은 불과 2~3일 정도 형식적으로 심의하고 졸속으로 통과시킬 때가 많다. 그렇지만 예산 심의는 국민에게서 세금을 얼마나 거두고 어떻게 쓸 것인가를 결정한다는 점에서 국민의 기본 의무와 권리에 관한 중요한 일이다. 고려시대에는 어떻게 예산을 세우고 집행했을까?

토지로 편성한 한 해 예산

고려시대에는 현대적 의미의 예산 수립과 집행 절차를 밟지는 않았고, 지금의 재정경제부처럼 국가의 재정을 일원적으로 관리하고 통제하는 관청도 없었다. 국가에서는 토지를 기준으로 예산을 짰다. 그것은 조준이 1389년 토지제도를 개혁하자고 주장하면서 올린 글에서 확인할 수 있다.

지금 여섯 도의 관찰사가 보고한 개간된 토지는 50만 결이 채 못 됩니다. 왕실에 지원하는 경비는 넉넉하지 않으면 안 되므로 10만 결을 우창에, 3만 결을 왕실에 속한 네 개의 창고에 나누어 주어야 합니다. 또한 녹봉용으로 10만 결을 좌창에 주고, 문무 관리에게 과전으로 경기도의 토지 10만 결을 나누어 주면, 17만 결 정도만 남습니다. 그것 가지고는 여섯 도의 군사·나루·원(院)·역·사원에 지급할 토지와 향리나 지방 관리의 녹봉 등 지방관청에서 사용하기에도 오히려 부족하여, 국방비가 나올 곳이 없습니다.

이처럼 지출할 용도별로 토지를 해당 기관에 배당하는 방식이 고려시대 재정구조의 기본 특징이었다. 이러한 방식은 조세를 화폐가 아니라 쌀이나 베 같은 현물로 거두어야 했던 당시 경제발전 수준 때문에 국가운영에 필요한 현물을 중앙정부가 모두 거두었다가 다시 나누어 줄 수 없어서 생겨난 것이다.

모든 토지가 정부의 세원이 되는 것은 아니었다. 과전이나 사원전 같은 토지는 관리나 사원에 토지세를 거두는 권한을 위임하였고, 왕실의 토지도 왕실에서 직접 세를 거두어 사용하였

조준의 토지제도 개혁 상소
《고려사》 권78 식화지에 실려 있다. 조준은 고려 말 사전을 개혁하여 과전을 다시 지급하려는 계획을 세우면서 토지를 용도별로 구분하는 재정 체계를 구상하였다.

으므로, 정부 재정의 범위에 속하지 않았다.

실제로 정부가 조세를 거두어서 사용하는 토지가 1년 예산의 규모를 나타낸다. 과전법을 시행할 때 여섯 도의 토지 50만 결 가운데 경기도의 토지는 과전으로 문무 관리에게 지급했고 왕실에 3만 결을 지급했다고 보면 37만 결 정도가 정부 재정에 속한다고 할 수 있다. 1결에서 2석씩 거두는 것으로 보면 한 해 예산은 약 74만 석 정도가 되겠다. 다만 양계(兩界)의 조세는 현지에서 국방비에 충당하였고 지방관아도 별도의 재정을 운영하였으므로 정부 재정 규모는 실제로 이보다 컸다.

재정 운영의 관리와 통제

재정 운영을 담당한 관청은 호부와 삼사였다. 호부는 가장 중요한 재정 담당 관청으로, 기본 재정원인 토지와 호구를 파악하고 관리하였다. 호부는 고려 이전까지 여러 관청이 나누어 맡아 오던 재정 업무를 통합하여 수행한 관청으로, 성종 때 설치되었다. 호부의 설치로 전국의 세원을 집중적이고 효율적으로 파악하고 관리하는 능력이 크게 향상되었다.

호부가 파악한 세원을 바탕으로 조세를 거두고 지출하는 일, 즉 재정 운영을 계획하고 총괄한 것은 삼사였다. 그러므로 모든 재정 부문이 직간접으로 호부와 삼사의 지휘와 통제를 받았다. 그렇지만 실제로는 재정을 운영하는 관청이 독립적으로 세원을 배분 받아 세입과 세출을 관장하였으므로, 호부와 삼사의 관리 기능은 제한을 받았다. 특히 삼사는 조세와 녹봉에 관한 행정을 담당하고 재정 출납에 관한 회계 사무를 관장하는 정도에 그쳤다.

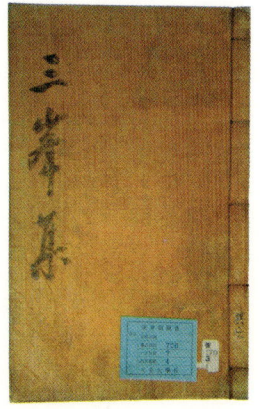

《삼봉집》에 실린 〈조선경국전〉 (서울대학교 규장각한국학연구원 소장)
정도전은 국가의 주요한 지출 항목을 '상공·국용·녹봉·군자 등'(밤색 선) 종목별로 나누었다. 상공은 임금의 공양에 들어가는 비용이고, 국용은 국가의 일반적인 지출, 녹봉은 관리들의 급여, 군자는 군사 비용을 의미한다.

    삼사가 회계의 출납에 관한 업무를 주관하는 가운데, 국가 운영의 중심이 되는 쌀이나 베를 저장하고 지급하는 일은 창(倉)이라고 불린 관청이 나누어 담당하였다. 일반적으로 좌창은 관료의 녹봉을, 우창은 일반 비용을, 용문창은 군량을, 상평창은 물가 조절을, 그리고 의창은 진휼을 담당하였다. 이들은 독립관청인 동시에 거기에 소요되는 곡물을 보관하는 창고의 기능도 하였다. 창과는 달리 각 관청에는 시탄고, 유밀고 같은 부속 창고가 있었다. 여기에는 보물과 무기 및 잡다한 물건을 보관하였다.

    당시에는 곡물을 보관하고 지출하던 좌창이나 우창의 관리자는 왕의 측근인 내시로 임명하였는데, 이를 통해 왕이 재정 운영에 마음대로 간여하기가 쉬웠다. 그래서 국왕과 관리들이 충돌하는 경우가 종종 있었다. 또한 재정을 맡은 관리들도 멋대로 집행할 우려가 있었다. 그러므로 왕이나 담당 관리가 마음대로 지출할 수 없도록 여러 부서가 지출에 간여하는 제도를 만들었다. 예를 들면 녹봉용 곡물을 관리하고 지급한 것은 좌창이었지만, 관리들이 정월과 7월에 지급하는 녹봉을 받기 위해서는 녹패가 있어야 했다. 녹봉 지급 증명서인 녹패는 삼사가 발급하였다. 녹패 발급을 통해 좌창이 멋대로 녹봉을 지급할 수 없도록 견제하였지만, 그래도 비리가 발생할 수 있었기 때문에 어사대의 감찰어사가 지출 과정을 감독하였다.

어디에 지출하였나

중앙정부는 관리의 녹봉과 일반 비용, 국방비, 그리고 왕실 재정 따위를 지출하였다. 녹봉은 현직 문무 관리는 물론 왕비, 종실, 퇴직관원, 공장(工匠) 등에게까지 지급하였다. 송나라 사신 서긍은 당시 녹봉을 받는 관리가 3,000여 명이라고 하였다. 문종 때 좌창에 들어오는 쌀·보리·조 등은 약 14만 석이었는데, 이는 조선 정종 때 10만 석이나 태종 때 12만 석보다 약간 많은 수준이었다.

일반 비용에 속하는 지출 항목은 왕실의 공적인 경비, 각종 제사와 연등회·팔관회 등에 드는 비용, 왕의 하사물, 건물의 건축비나 수리비, 전함이나 무기 제조비 따위였다. 일반 비용의 규모는 녹봉과 비슷하였다. 그런데 국가 행사를 주관하는 관청은 별도의 재원을 관리하는 경우도 있었다. 예를 들면 팔관회는 팔관도감 혹은 팔관보에서 관장하였는데, 팔관보는 원금을 마련해 놓고 거기서 생기는 이자를 받아 팔관회 비용으로 사용하였다.

예나 지금이나 국방에는 막대한 비용이 든다. 요즈음에도 예산에서 큰 비중을 차지하는 방위비가 교육이나 사회보장 등 생활의 질을 향상시키는 데 사용할 수 있는 재원을 크게 한정시키고 있다. 고려시기에도 거란족과 여진족, 그리고 몽골과 계속하여 긴장관계를 유지하고 있었고, 때로는 수십 년 동안 전쟁을 치러야 했기에 막대한 방위비가 필요하였다. 그러나 당시에는 군인의 개인용 무기는 스스로가 조달해야 했고, 식량도 본인이 조달해야 하는 등 요즈음과는 다른 국방체제를 유지하였으므로, 오늘날의 군대 유지에 드는 비용이 그대로 드는 것은 아니었다.

방위비를 조달하기 위해 군인에게는 군인전이라는 토지를 주어 생활비와 군 복무 기간 동안의 식량 따위를 조달하게 하였다. 또 접적 지역이어서 군량미가 가장 많이 필요한 양계 지방에는 개인이 토지세를 거두는 사전은 두지 않고, 그 지역에서 거둔 세금을 모두 방위비로 사용하였다. 그러나 양계에서 거두는 조세만으로는 부족하여 남도의 조세도 운송하여 방위비에 충당하였다. 특히 개경으로 조운하기 어려운 경상도, 강릉도, 교주도 등 동해안 지역의 조세는 해로를 통해 동계로 옮겨 군량으로 사용하였다. 국방비는 남쪽 지방에서도 필요하였으므로, 요충지에 군량을 비축하는 창고를 두어 가까운 군현의 미곡을 보관하였다. 한편 변방의 국경 지역처럼 군대가 항상 주둔하는 곳에서는 군인들을 동원하여 토지를 경작시키고, 그 생산물을 군량으로 사용하였다. 이러한 토지는 군둔전이라 불렀다.

관청 운영비의 조달

중앙과 지방의 관청은 나름대로 독립된 재정을 운영하였다. 국가에서 시행하는 사업에 드는 예산은 우창에서 지급하였지만, 각 관청의 운영에 필요한 경비는 자체적으로 조달하고 관리하였다. 이러한 운영비를 조달하는 재원으로 공해전이라는 토지가 있었다. 중앙관청이 가지고 있던 공해전의 규모를 보여 주는 자세한 기록은 남아 있지 않으며, 단지 태자궁을 관리하는 관청인 첨사부에 공해전 15결을 지급한 기록이 있을 뿐이다.

관청을 유지하기 위해서는 사무 용품비와 점심비, 숙직비 등이 필요하였다. 그런데 공해전의 수입은 관청의 운영비로 넉넉하지 못하여서 운영비의 일부를 사적으로 부담해야 하는 관직도 있었다. 물론 그러한 관직에 근무하기 위해서는 집안이 부유해야 했다. 권수평이라는 사람은 권세가에게 총애를 받을 수 있는 선망의 직책인 견룡직에 임명되었지만, 집이 가난하여 사양하였다. 또한 최고 관청인 중서문하성의 녹사와 중추원의 당후관은 해당 관청의 관리들이 궁궐에서 숙직할 때 드는 비용을 사적으로 조달하는 것이 관례로 되어 있었다. 이러한 관직을 맡으면 승진할 때 매우 유리하였으므로, 재산이 많은 집안의 자식들이 맡는 것으로 여겨졌다. 때로는 그 경비를 조달하기 위해 빚을 냈다가 후에 지방관으로 나가서 백성에게 강제로 빼앗아 갚는 폐단까지 있었다. 권수평은 돈 많은 부인을 얻어서라도 견룡직을 맡으라는 주위의 권고를 뿌리쳤지만, 그 손자 권단이 부유한 아버지의 배려로 문하부 녹사가 된 것은 재미있는 일화이다.

지방관청 역시 운영에 필요한 경비를 자체적으로 조달하였다. 중앙정부에 납부하려고 거둔 세금 가운데 일부를 사용하기도 했지만, 경비를 마련하도록 토지가 지급되었다. 이 토지 역시 보통 공해전이라고 불렀다. 지방관청의 공해전에는 지방관의 녹봉을 비롯한 운영비를 조달하는 공수전과 종이를 마련하는 지전 따위가 있었다. 지방관의 녹봉은 반은 중앙에서, 반은 현지에서 지급하였으므로, 현지에도 토지가 필요하였다. 그러나 지방의 공해전 역시 경비를 조달하기에 넉넉하지 못하였고, 그 때문에 지방관청이 독자적으로 토지를 개간하여 소유하는 현상도 발생하였다. 또한 교통 시설인 역이나 관(館)에도 공해전을 지급하여 경비를 자체적으로 조달하도록 하였다.

나라의 벌이, 세금 걷기

나라의 수입 가운데 가장 큰 비중을 차지하는 것은 국민에게서 거두는 세금이다. 세금은 토지에서 거두는 토지세와 집집마다 거두는 공물, 그리고 부역이 있었는데, 거두는 기준과 내용은 매우 복잡했다. 부역은 직접 사람의 노동력을 동원하는 것이었으므로, 가장 고달픈 세금이었다. 그래서 '부역 나가서 땀 흘리면 3대가 주린다'는 옛말이 있을 정도이다. 그러나 부역은 현물의 형태로 정부에 들어오지는 않으므로, 재정에 포함시키기는 곤란하다. 역시 국가의 기본이 되는 재원은 쌀과 베 같은 현물 수입이었다.

세금을 부과하는 대상은 토지와 호구였다. 토지는 논과 밭으로 나누어 조세를 거두었는데, 비옥도에 따라 토지의 등급을 나누어 거두었다. 거두는 양은 생산량의 10분의 1로, 이것은 '천하통법(天下通法)'으로 여겨졌다. 교회에서는 예전부터 십일조를 내도록 정해져 있고, 소득에 따라 차이가 있지만 요즘의 봉급생활자들이 대략 10분의 1을 갑종근로소득세로 내는 것을 보면, 수입의 10분의 1을 내는 것은 동서양 모두 오랜 옛날부터의 전통이었다.

고려 말 과전법에서는 쌀 20석이 생산되는 땅을 1결로 삼아서 2석을 조세로 받았다. 그러나 그 이전에는 일정한 면적을 1결로 삼았기에, 1결에서 생산되는 곡물의 양은 토지의 비옥도에 따라 달랐다. 예를 들면 성종 당시에는 상등전 1결의 생산량이 18석 정도였다. 따라서 토지세는 토지의 비옥도를 기준으로 3등으로 나누어 매겼다. 공물은 특산물을 호구에서 거두는 것으로, 주로 베로 거두었다. 특정한 지역에서만 생산되는 물품을 조달하기 위해서는 그 지역을 소(所)로 지정하여 생산된 물품을 중앙에 납부하도록 하였다. 물론 흉년이 들면 그 정도에 따라 세금을 깎아 주었다.

세금을 거두는 일은 수령의 책임이었고, 향리들이 실무를 담당했다. 군현마다 논밭과 인구를 기준으로 중앙에 납부해야 할 세금의 액수가 정해져 있었다. 그러므로 만약 권세가 있는 어떤 집이 세금을 안 내면 힘이 없는 다른 집이 그 세금을 대신 내야 했다. 이 때문에 힘없는 백성이 피해를 많이 입었고, 마침내는 조세 부담을 견디지 못해 몰락하거나 도망가는 경우도 생겼다. 백성에게서 거두는 것만으로 중앙에 납부해야 할 세금이 모자랄 때를 대비하여 군현이 스스로 토지를 확보하고 경작하였다.

국가로부터 토지를 받은 개인이나 관청은 직접 토지세를 거두었다. 전시과의 토지를 받은 관리는 자기 집의 노비를 보내 토지세를 거두어 갔으며, 공해전을 받은 관청도 직접 토지세를 거두었다. 군현에서는 과전을 제외한 백성의 토지에서 조세를 거두어 정해진 곳에 납부하였다. 즉 녹봉용 미곡은 좌창으로, 일반 비용 미곡은 우창으로 정해진 기일 안에 납부했으며, 일정한 액수의 곡물은 지방의 창고에 군수용이나 진휼곡으로 보관하였다.

왕실의 재산과 국가재정 운영

'화가위국(化家爲國)'이라는 표현에서 보듯이 왕조국가에서는 왕실과 국가는 엄격하게 구별하기 어려울 때가 많다. 또한 '모든 땅은 왕의 땅'이라는 왕토 사상이 관념적으로나마 위력을 발휘하고 있던 때이므로, 왕실의 재산과 국가의 재산, 왕실의 재정과 국가의 재정도 명확하게 구별되지 않는 경우가 있다. 그러나 고려에서는 왕실과 국가의 재정을 구분하여 편성하고 운영하려고 노력하였다.

왕실의 재정은 내장택·내고 같은 관청에서 관장하였다. 내장택은 왕실의 소유지인 내장전과 장처전을 관장하였다. 장처전은 왕실에 예속된 마을인 장과 처의 토지였는데, 이러한 장처는 360여 개나 되었다. 왕이 거주하는 왕궁에 속하는 토지가 있었던 것은 물론 왕비에 딸린 궁이나 왕족이 거주하던 궁에 예속된 토지도 있었다. 궁장이라 불린 이 토지는 왕이 마음대로 처분할 수 있었으므로, 왕자나 공주에게 나누어 줄 수 있었다. 이러한 왕실 토지 이외에도 왕실 경비를 조달하도록 국가가 따로 지급한 토지도 있었다. 또한 국가에서는 상승국(말), 상사국(鋪設), 상의국(옷), 상약국(약품), 상식국(음식)의 5국과 중상서(그릇), 양온서(술), 수궁서(장막) 등의 관청을 설치하여 왕실을 지원하였다.

국가의 재정은 기본적으로 국민이 낸 세금으로 운영되고, 고려시대 세금의 원천은 토지와 백성이었다. 특히 토지는 부(富)와 조세의 원천이었으므로, 토지를 개인이나 관청에 나누어 주는 방식으로 재정구조를 편성하였다. 이 점이 고려를 포함한 우리나라 중세 재정구조의 특징이라고 할 수 있다.

자신이 낸 세금이 어떻게 쓰이는가, 내가 얼마나 세금을 내야 하는가를 결정하는 과정에 국민이 참여하는 것이 민주의 시작이다. 그러나 왕조 국가에서는 백성이 이 권리를 갖지 못하였다. 따라서 세금은 위정자가 일방적으로 결정하였고, 백성은 이를 내는 의무만 지고 있었다. 그러나 위정자들은 궁극적 세금 부담자인 백성의 생활이 안정되지 않으면 국가를 운영할 수 없다는 사실을 잘 알고 있었으며, 백성들은 최소한의 생활이 보장되지 않는 여건에서는 생산 활동을 포기하고 저항하였다. 이러한 관계도 고려 재정구조의 결정과 운영에 영향을 미쳤다.

안병우 _한신대 명예교수

뭍길 따라 뱃길 따라 열리는 고려의 교통로

이인재

성수대교가 무너지고 당산철교의 통행이 금지되었을 때, 사람들은 단순히 길이 끊겼다고만 생각하지 않았다. 강 건너에 있는 직장을 몇 배의 시간을 들여 돌아가야 했고, 주변에서 장사하는 사람들도 손님을 부르는 방식이 달라졌다. 대가를 지불하고서야 길이 지역과 지역을 연결시켜 줄 뿐만 아니라 산업과 산업, 생활과 생활을 연결하는 역할을 한다는 점을 우리는 새삼 깨달을 수 있었다. 그래서 길이 한 국가의 생명을 이어 주는 핏줄과 같다는 것이다. 고려시대의 교통로는 우리가 살고 있는 산업사회와는 그 역할이 다를 것이다. 그렇다고 해서 당시 국가 경영에서 교통로의 의미가 처지게 되는 것은 물론 아니다.

전국을 잇는 스물두 개의 뭍길

《고려사》를 보면 당시 전국에는 525개의 역이 있고, 이 역들은 22역도(驛道)로 묶여 있었다. 역도는 지금의 국도를 연상하면 된다. 그런데 22역도 가운데 여덟 개는 수도인 개경 북쪽에 있고, 그 남쪽에 14개가 있었다.

우선 개경에서 황해도 방면으로 나가는 길은 서해안을 따라 배주(배천)-염주(연안)-해주를 거쳐 청송에 이르는 산예도가 있고, 내륙으로는 강음(금천)을 지나 평주(평산)-신계-곡주(곡산)에 이르는 금교도가 있다. 그리고 동주(철원)-금화-기성-교주(회양)를 잇는 도원도가 있다. 이 길로 쭉 가면 금강산이나 원산까지 갈 수 있다.

개경에서 서경 길은 금교도와 절령도이다. 금교도의 평주(평산)에서 동주(서흥)를 지나 자비령을 넘다 보면 평양 남쪽인 절령도와 만나게 된다. 절령도는 강음(금천)-평주(평산)-동주(서흥)-황주를 거쳐 서경까지 가는 길이다. 연안 지역으로 내뻗은 산예도에서 황주를 지나 서경에 이르는 길이 공식적으로 채택되지 않은 이유는 아마 개경에서 직접 배를 타고 서경에 갈 수 있기 때문이다. 서경을 중심으로 사방으로 뻗어 나가는 여러 길이 흥교도이다. 흥교도의 한 방면은 서경에서 서남 방향으로 강서를 지나 용강에 이르는 길이고, 다른 한 방면은 숙주(숙천)-안주-안용진-함종을 거쳐 용강에 이르는 길이다.

이 길을 연이어 당시 국경 지대인 의주 방면을 중심으로 뻗은 길을 흥화도라 하고, 평북 내륙지방으로 이어진 길을 운중도라 한다. 흥화도는 안북도호부가 있던 안주 북쪽 지역인 가주-철주(철산)-의주-구주-영주로 이어지는 길이 중심이 되고, 운중도는 자주와 은주를 거쳐 창주, 평로진, 영원진, 양암진 등지를 잇는 길을 말한다. 이 지역의 여러 역들을 매우 세밀하게 파악한 것은 국방상의 이유였을 것이다. 개경과 원산 지역을 잇는 도원도와 연결되었을 것이 삭방도이다. 삭방도는 지금의 함남 지역과 강원도 북부 지역을 이어 주는데, 그 역시 국방상 필요에 따라 국가에서 관리하고 있었다. 삭방도 밑으로 강원도 동해안을 끼고 명주도가 있다. 명주도는 명주(강릉)를 중심으로 연곡-양주(양양)로 이어지는 길과 남쪽으로는 우계(옥계)-삼척-울진-예주로 연결되는 길 그리고 서쪽으로 횡천(횡성)으로 연결되는 길로 짜여 있다.

다음 개경 남쪽으로 뻗은 길 중 가장 중심이 되는 것은 개경과 남경을 잇는 청교도이다. 청교도는 개경의 청교역에서 출발한다고 해서 붙여진 이름인데, 개경-파주-남경에 이르는 길을 중심으로 남경과 수주, 인주(인천) 및 고봉(고양)과 견주(양주) 주변을 잇는 길을 통칭한다. 이 길을 따라 가평-춘주(춘천)-인제로 이어지는 길이 춘주도이고, 이천-원주-제주(제천)-단산(단양)을 지나 봉화-안동, 영월-평창으로 이어지는 길이 평구도이며, 광주-이천-음죽(음성)-충주-괴산으로 이어지는 길이 광주도이다. 이렇게 본다면 한반도 내륙지역은 모두 지금의 서울을 중심으로 길이 뻗어 있었다.

그 아래로는 충청주도와 전공주도, 승나주도 등 세 개의 길이 내륙지방과 연결되어 있었다. 충청주도는 지금의 경부고속도로가 지나가는 수주(수원)-청주-연기 길과 온수(온양)-예산-공주-부여 길을 모두 포괄하며, 전공주도는 전주-여양(여산)-공주 길과 고부-태인-정읍 길로 짜여 있다. 승나주도는 고창-영광-함평-영암-해남 길과 담양-나주-화순 길로 구성되어 있다.

남해안 지역에는 전라도 쪽에 남원도, 경상도 쪽에 산남도가 있으며, 동남해안을 끼고 금주도가 있다. 남원도는 지리산 쪽의 임실-남원-구례-운봉 길과 남해안 쪽의 승평(순천)-낙안-보성-조양(장흥) 길이 있는데, 조양

고려의 육로
고려는 전국을 22역도로 묶었다. 각 역도의 구성을 보면, 당시 지방 간의 교류 상황을 엿볼 수 있다.

길로 해서 승나주도와 연결할 수 있었다. 산남도는 전주-진안-진주로 이어지는 길이 있어 전공주도와 연결되며, 거창-합주(합천)-고성 길로 해서 금주도와 연결된다. 금주도는 금주(김해)를 중심으로 합포(창원)-밀성(밀양)-청도를 잇고, 밀성(밀양)에서 양주(양산)-동래-울주(울산)-언양으로 이어진다.

경상도 내륙지역에는 경산도와 상주도, 경주도가 있다. 경산도는 경산(성주)-김천-황간으로 해서 옥천-보령(보은)에 이르는 길이고, 상주도는 문경-안동 길과 일선(선산)으로 이어지는 길이다. 경주도는 경주를 중심으로 수성-경산에 이르는 길과 동해안을 끼고 영덕-울진으로 이어지는 길이다. 경산도는 충청주도로 이어지고, 상주도는 광주도와 연결되며, 경주도는 명주도와 연결된다.

이상이 개경을 중심으로 전국을 거미줄처럼 짜 놓은 22개의 뭍길이다. 자동차를 타고 국도를 달려 본 사람이면, 지금도 그때의 교통로를 이용하고 있음을 충분히 알아차릴 수 있을 것이다. 전국의 70퍼센트가 산악 지대인 우리나라에서는 길을 낼 수 있는 지형 조건은 그때나 지금이나 별로 차이가 없기 때문이다.

뭍길의 관리와 이용

요즈음은 건설교통부에서 도로를 건설하고 관리하지만 고려시대에는 병부에서 관할하였다. 병부 아래에 있는 공역서라는 관청에서 각 지방에 보내는 문서가 제대로 격식을 갖추었는지, 사신들이 지방에 갈 때 역에서 사용하는 말의 수가 규정대로 지켜지고 있는지를 감독하였다. 이 일을 담당하는 관리가 관역사이다. 그러면 고려 국가가 어떠한 목적과 필요성에 따라 525개의 역과 22개의 역도를 관리해 나갔는지 살펴보자.

개경 북쪽에서 북계(北界)를 관통하는 여섯 개의 뭍길 121개 역 가운데 53퍼센트에 달하는 64개 역과 개경 동쪽에서 동계의 남북을 관통하는 세 개 뭍길 91개 역 가운데 57퍼센트에 이르는 52개 역, 그리고 개경 남쪽에서 서울을 지나 춘천, 제천 방면 2개의 뭍길 54개 역 가운데 33퍼센트에 해당하는 18개 역을 6등급으로 나누어 특별히 관리하였다. 이 가운데 춘추도와 평구도에 소속된 역을 제외하면 크게 북계 방면과 동계 방면에 해당되는 9개의 뭍길 212역 가운데 55퍼센트에 달하는 116개의 역이 특별 관리된 셈이다. 이를 22역도제와 별도로 6과 체계(六科體系)라고 한다.

과(科)에 따라 1과 역은 75명의 역정이 있었으며, 2과 역은 60명, 3과 역은 45명, 4과 역은 35명, 5과 역은 12명, 6과 역은 일곱 명을 두도록 하였다. 역정은 경제력이 있는 사람인 정호(丁戶)로 충당하였는데, 부족할 경우에는 일반 농민인 백정(白丁)이라도 충당할 수 있었다. 역에 필요한 인원은 반드시 채워 놓아야 했기 때문이다.

22뭍길에 소속된 역 가운데 6과 체계로 편성된 역을 보면, 1과 역은 개경과 서경을 잇는 역들이고, 2과 역은 북계 방면, 3과 역은 동계 방면의 역이다. 이들 6과 체계는 개경과 서경 간을 연락하고, 군사·행정적으로 중요한 지역을 묶기 위한 도로망이었다.

역에는 역장과 역리와 역정이 있었다. 역장은 역에 관한 모든 일을 책임졌다. 역리는 문서를 전달하고, 필요한 말을 뽑고 인원을 충원하였다. 역정은 직접 문서를 들고 뛰거나 사신들의 심부름을 하였다. 역의 운영 명목으로 공해전 명목의 토지, 용지 조달을 위한 지위전(紙位田), 역장을 위한 장전(長田), 말 사육을 위한 마위전(馬位田)을 지급하였다.

하늘재(충북 충주시 소재)
얼핏 보면 하늘과 맞닿아 있다고 해서 붙여진 이름이다. 우리나라 최초로 뚫린 고갯길로 충북 충주시와 경북 문경시를 잇고 있다.

사신이나 문서를 보낼 때, 각 역은 자기 역에 도착한 사람이나 문서를 다음 역으로 보내는 일을 하였다. 사신의 지위에 따라 역에서 조달하는 말의 수가 달랐는데, 이품 이상의 재추면 열 마리, 삼품 관원이나 안렴사는 일곱 마리 등이었다. 이들은 각 역에서 말을 쓸 수 있다는 문서를 받아 그 말을 사용하여 다음 역까지 가는 방법으로 목적지에 도달하였다.

중앙관청의 공문서는 먼저 상서성에 보고한 후 각 지방에 보냈다. 공문서는 보통 가죽주머니에 넣어 역졸이 릴레이 하는 식으로 역에서 역으로 전송하였다. 급한 문서인 경우에는 가죽주머니에 방울을 달아 보낸다. 아주 급하면 방울을 세 개 다는데, 격이 떨어지면 두 개 혹은 한 개를 달았다. 그러나 역졸이 천천히 달릴 수도 있기 때문에 이에 대한 규제도 마련해 놓았다. 예를 들면 2월부터 7월까지는 방울 세 개 달린 문서를 가진 역졸은 하루에 여섯 개의 역을 지나야 하고, 두 개 달린 문서는 다섯 개의 역, 한 개 달린 문서는 네 개 역을 달려야 했다. 그러나 8월부터 정월까지는 각각 한 개 역씩 줄여서 달리도록 하였다. 이렇게 문서를 들고 뛰는 사람들이 요즈음 마라톤을 했다면 메달 몇 개씩은 땄을 것이다. 이로 보면 오늘날 역전마라톤의 기원은 무척 오래된 셈이다.

그런데 각 역에서는 주어진 일만 하지는 않았다. 무엇보다도 힘든 일은 사신이나 승려가 부당한 요구를 하는 경우이다. 승려가 관역(館驛)에 머물면서 영접이나 음식 대접이 소홀하다고 해서 역리나 역정을 매질하거나, 사신의 노비가 주인을 빙자하여 공적으로 사용해야 할 말을 함부로 타고 돌아다니기도 하였다. 혹은 개인적인 이익을 취하려고 특산물을 사다 파는 데 이용하기도 하였다. 하고 싶지 않지만 해야 하는 일은 그때나 지금이나 매우 피곤한 것이다.

뱃길 하나로 묶인 13곳의 창고

각 지역에서 생산된 곡식은 조창(漕倉)에 모아 배로 운반하였다. 뭍에서 가까운 곳으로 곡식을 옮길 때에는 지게나 달구지를 이용하였고, 소 등에 길마를 올려 운반하기도 하였다. 그중 가장 많이 실을 수 있는 달구지는 보통 벼 15~20가마니를 나를 수 있었다. 그런데 개경과 같이 먼 거리일 때에는 배를 이용하여 대량으로 운반하였다.

전국 각지에는 13곳의 조창이 있었다. 충청도에는 아산의 하양창과 서산의 영풍창이 있고, 전북에는 부안의 안흥창과 임피의 진성창이 있다. 전남에는 조창이 네 개가 있는데, 나주의 해릉창과 영광의 부용창, 영암의 장흥

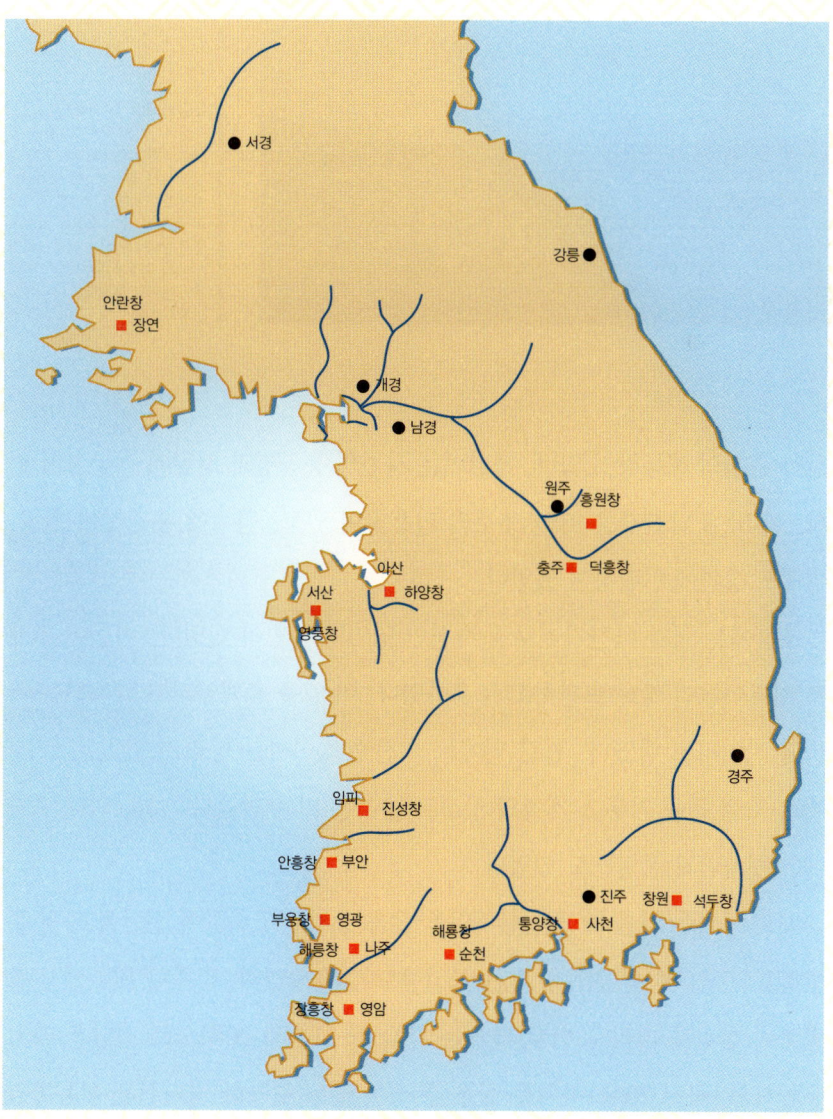
고려의 13조창

두물머리(경기도 양평군)
두물머리는 이름에서도 알 수 있듯이 남한강과 북한강이 만나 한강이 되는 합수점이다. 예전에는 이곳의 나루터가 남한강 최상류의 물길이 있는 강원도 정선과 충북 단양 그리고 물길의 종착지인 서울 뚝섬과 마포나루를 이어주던 마지막 정착지인 탓에 매우 번창하였다.

창과 순천의 해룡창이 있다. 경남에는 사천의 통양창과 창원의 석두창이 있다. 이 밖에 남한강을 따라 충주의 덕흥창이 있고, 원주에 흥원창이 있고, 황해도 장연에 안란창이 있었다.

조창에는 역과 마찬가지로 독자적인 영역과 주민이 있었다. 이들이 조세로 거두어들인 쌀을 보관하고 조운하였다. 이 일을 총책임지고 감독하는 이를 판관이라고 하였다. 판관 밑에는 색전(色典)이라는 향리가 있었는데, 실제로 조세 등을 거두고 개경의 창고로 옮기는 일을 맡았다. 이들 외에 조창에는 뱃사람과 잡일꾼도 있었다.

배로 곡식을 나를 때에는 난파와 약탈을 방지하기 위하여 선단을 짜서 운반하였고, 한 배에 실을 수 있는 곡식량도 정해 놓았다. 충주나 원주에서 출발하여 한강을 따라 운반할 때에는 각각 배 21척과 20척으로 선단을 짜서 운반하되, 곡식 200가마니를 실을 수 있는 밑이 평평한 평저선을 이용하였다. 연해안을 따라 곡식을 옮길 때에는 큰 배 여섯 소(배를 세는 단위)로 선단

조운선 (서울대학교 규장각한국학연구원 소장의 《각선도보》에 수록)

을 구성하되 곡식 1,000석을 실을 수 있는 초마선을 이용하였다.

운반비는 곡식량과 출발 지역에 따라 다르게 책정하였다. 즉 개경까지의 수송 거리와 난이도에 따라 달랐는데, 개경에서 가장 먼 남해안 지역에서 쌀 대여섯 석의 운반비는 쌀 한 석이었다. 전남 서해안 지역에서 옮길 때에는 쌀 여덟아홉 석에 운반비가 쌀 한 석이었다. 결국 개경에 가까울수록 운반비가 싸져서 13~15석, 20~21석의 운반비가 쌀 한 석으로 매겨졌지만, 그것도 적은 것은 아니었다.

곡식을 옮기는 기간에 대한 규정도 있었다. 개경과 가까운 조창에서는 2월까지 거두어 보내도록 했는데 늦어도 4월까지 도착해야 하고, 먼 곳이라도 5월까지는 도착하도록 하였다. 그런데 제때에 출발하더라도 바람이 순조롭지 못하거나 풍랑을 만났을 때에는 사고 정도를 감안하여 조세를 받지 않기도 하였다. 이 기준은 키잡이 세 명과 잡부 다섯 명이 미곡과 함께 침몰할 때이다. 이 경우 조세를 다시 거두지 않았다. 그러나 만약 늦게 출발하였거나 동원된 키잡이나 잡부의 3분의 1만이 빠져 죽은 경우에는 해당 고을의 수령이나 담당 아전, 키잡이, 잡부에게 분담시켰다. 키잡이나 잡부의 처지에서는 그 부담을 지는 것보다 물에 빠져 죽는 것이 더 나을 때도 있었을 것이다. 어떤 경우에는 거짓으로 배가 침몰했다고 하여 곡식을 국가나 해당 주인에게 바치지 않는 일도 많았다. 그래서 문종 때에는 키잡이나 잡부들이 풍랑을 만나 배가 침몰되었다거나 파괴되었다고 거짓 보고한 후 자기들끼리 나누어 가진 자들에게, 모두 곡물을 내도록 하라는 명령을 내린 적도 있다.

뭍길과 뱃길로 엮인 국가의 동맥

22뭍길과 뱃길은 중앙과 지방을 묶는 데 매우 중요한 역할을 하였다. 중앙에서 각종 공문서를 보낼 때에도 길을 통하여 전달하였고, 조세를 거둘 때에도 길을 통해야 하였다. 임금이나 관리가 이 길을 따라 지방을 여행하였고, 군사나 상인도 이 길을 이용하였다. 도중에 잠을 자거나 물건도 쌓아 놓을 공간도 필요하였다.

미곡 따위를 실은 조운선은 대부분 연안항로를 따라 운항하였고, 내륙지방의 경우는 남한강 등을 이용하였다. 육지가 바라다보이는 근접 연안을 따라 항해했지만 조난을 당하는 경우도 많았다. 고려 중기에 충청도 서산 안흥량에 운하를 파려고 했던 것은 해난을 방지하려는 노력의 하나였다. 계속 개척하고 보수하는 가운데 우리의 교통로는 국가 동맥으로서 발전하여 왔다.

이인재 _연세대 교수

농장은 과연 산천을 경계로 할 정도였나

이정훈

　요즘 우리는 농장이라는 단어를 보고, 서울 사람들이 전원생활을 동경하여 근교에 있는 한두 평 규모의 땅을 빌려 주말에 배추나 오이와 같은 채소를 키우는 주말 농장을 떠올리기 쉽다. 아니면 영화 〈뿌리〉에서처럼 흑인 노예들이 백인 감독원에게 매를 맞아 가며 목화를 따는 목화 농장을 생각할 수도 있을 것이다. 그러나 여기서 말하려는 농장은 주말 농장이나 목화 농장이 아니라, 고려 귀족의 경제적 기반으로서 14세기 고려 사회의 가장 큰 사회문제가 되었던 농장이다.

　《고려사》를 보면 당시 농장은 산천을 경계로 할 정도로 엄청난 규모였다고 한다. 그 정도의 농장이라면, 농장주에게 남들과 다른 특권이 있었을 것임을 연상하기는 어렵지 않다. 그렇다면 과연 그들이 가졌던 특권과 농장 경영의 방식이 어떠하였기에 그런 표현이 남아 있는 것일까?

귀족다운 삶의 권리, 농장

고려 사회는 신분제 사회이다. 세습되는 신분에 따라 사회적 역할이 달라지고, 권리와 의무도 차이가 있는 사회라는 것이다. 이 점은 농장을 조성하고 경영하는 데에 있어서도 마찬가지였다. 농장은 원래 많은 토지와 노동력을 갖춘 대토지 소유를 말한다. 토지가 있는데 경작할 노동력이 없거나, 노동력은 있는데 토지가 없다면 농장이 아니다. 이 시기 농장을 파악하려면 이 점이 매우 중요하다. 예를 들어 어떤 사람이 개간에 전념하여 토지를 늘렸다고 하자. 이 경우 개간 자체에도 많은 노동력과 비용이 들지만, 개간 후 토지를 경작할 때에도 노동력 동원이 필수적이다. 신분제 사회에서 이런 능력을 가질 수 있는 계층은 매우 제한적일 수밖에 없다. 고려시대 대부분의 농장주가 국왕이나 국왕의 집안, 귀족 관료 및 사원이나 승려에 국한된 것은 당시 사회가 신분제 사회였기 때문이다.

더구나 국가는 이들이 신분적 특권을 활용하여 대토지 소유자가 될 수 있는 제도적 장치를 마련해 주었다. 국가가 보장해 준 이 권리를 수조권이라고 하는데, 이는 고려 귀족이 치자(治者)로서 국가에 봉사하는 대가로, 국가가 농토의 수확물 가운데 10분의 1을 거두는 토지세를 수조권자에게 위임해 준 권리를 말한다. 대표적인 토지제도인 전시과나 녹과전, 과전법은 각각의 차이가 있기는 하지만, 모두 왕실이나 관료·사원·군인·기인 등에게 수조권을 분급해 준 제도이다. 이 경우 수조권을 행사하는 사람을 전주(田主)라 하고, 대상 토지를 소유하고 있는 사람을 전객(佃客)이라고 한다.

귀족이 관료 등이 되어 수조권을 분급 받으면, 가문의 경제력은 확실히 보장받게 된다. 만약 자신의 토지가 수조지가 되면, 소유지와 수조지가 일치되어 일종의 조세를 면제받는 특권을 갖게 되고, 다른 사람의 토지에 수조지가 설정되면 그 사람의 토지에 영향력을 갖게 된다. 예를 들어 문종 때 바뀐 전시과의 지급 규정대로 문하시중이 되어 100결의 토지에 관한 수조권을 받게 되면, 수확량의 10분의 1을 획득할 수 있으므로 실제로는 10결의 토지를 갖고 있다고 해도 과언이 아니다. 기왕에 많은 토지를 소유한 농장주라면 수조권 행사를 통해 토지 확보에 나설 수 있고, 토지가 없었던 사람이라도 이를 근거로 새로이 농장을 조성할 기반을 닦게 되는 것이다.

수조권은 토지를 늘리는 데에만 사용되는 것은 아니다. 생각해 보자. 만약 내가 소유하는 토지에 국가가 아니라 특정 개인이 수조권을 행사한다고 하면 아무래도 나는 그 사람에게 인격적으로 예속됨을 피할 수 없을 것이다. 수조권자가 마음을 고약하게 먹는다면, 내 토지를 졸지에 빼앗길 수도 있다. 수조권이란 그런 것이었다. 그러므로 고려 국가가 수조권 분급제를 시행했다는 것은 바로 국가의 토지와 농민 지배력을 수조권자에게 나누어 주는 것과 다름이 없었다. 이를 봉건(封建) 원리가 관철되었다고 한다. 따라서 농장이란 문무 관료나 사원이 자신의 경제생활을 위해 신분적인 특권을 바탕으로 많은 토지를 모아서 피지배층의 노동력을 이용한 농업경영이라고 할 수 있다.

토지와 노동력의 확보

농장주들은 토지를 확보하기 위해 상속이나 매입, 고리대, 기진, 개간, 모수사패(冒受賜牌), 점탈 등 여러 가지 방법을 사용하였다. 매입은 땅을 사서

임피 둔전 자리(전북 군산시 임피면)
최우는 임피 지역의 둔전을 점탈하여 자신의 농장으로 만들었다. 이후 공민왕 때에 권세가들의 이러한 토지 점탈 행위를 저지하고자 둔전관을 두었다.

확대하는 방법이었고, 또 주변 농민들에게 고리대로 곡식이나 포(布)를 빌려 주고 갚지 못할 경우 농민들의 토지를 빼앗기도 하였다. 최씨 집권자였던 최항은 젊었을 때 쌍봉사의 주지가 되어 50여 만 석의 쌀로 고리대를 하면서 재물을 모았는데, 만일 갚지 않으면 온갖 수단을 다 동원하여 받아 냈기 때문에 농민들은 국가에 조세조차 납부하지 못할 지경이었다고 한다. 기진은 토지를 다른 사람이나 기관에 기증하는 것인데, 왕실이나 귀족 관인들은 신앙심이나 개인의 안녕을 위해 사원에 많은 토지를 기진하였다. 공민왕은 부인인 노국대장공주가 죽자 그의 넋을 기리기 위해 운암사에 토지 2,240결을 기진한 일이 있다. 그리고 간혹 하급 관리가 높은 관직을 얻기 위하여 고위 관리에게 뇌물로 토지를 바치기도 하였다.

황폐한 토지나 산을 개간하여 토지를 확보하기도 하였다. 몽골과의 전쟁으로 농토가 황폐해지면서 국가에서 수조권 지급이 어려워지자 수조권 대신에 황폐해진 토지를 나누어 주었다. 그것을 개간하면 자신의 소유지가 된다. 그러면 개간자는 소유자이면서 수조권자가 되어 국가에 조세를 납부하지 않아도 되었다. 이러한 토지는 사패(賜牌)라는 증명서와 함께 지급되었는데, 국가에서는 황무지 개간을 장려하고 있었기 때문에 규모면에서 제한을 받지 않았다.

일부 농장주는 이러한 점을 악용하여 문서를 위조하여 좋은 토지나 주인이 있는 토지인데도 국가로부터 사패를 받았다고 속여 자신의 토지로 만들었다. 이것을 모수사패라고 하였다. 엄격하게 법을 집행해야 할 국왕마저도 사원이나 권세가처럼 앞을 다투어 모수사패로 토지를 확대하였고, 그 규모도 수백 결에서 큰 것은 수천 결에 이르는 것도 있었다. 그 밖에 농장주가 수조권을 행사하여 농민들의 토지를 불법적으로 빼앗거나 문서를 위조하여 자신의 토지로 만들기도 하였다. 이렇게 되면서 국가에 조세를 부담하는 토지가 계속 줄어들고, 이 때문에 고려 후기에는 국가재정이 궁핍하게 되었다.

농장주들은 토지를 확대하기 위해 앞의 여러 방법 중에서 어느 한 가지만 이용하기도 하였지만, 여러 가지 방법을 절충하기도 하였다. 매입과 개간으로 토지를 확대한 다음 수조권을 획득하거나, 사패를 받아 개간하여 자신의 소유로 만들기도 하였다. 또 자신의 소유지가 다른 관리의 수조지로 주어졌을 때 그들에게 일정 정도 영향을 받기 마련이었으므로, 그 토지를 자신의 수조지로 지급 받아 원래의 토지에 대하여 간섭을 받지 않기를 바랐다. 그래서 농장주는 소유지에 수조권을 받는 방향으로 토지를 확대해 나갔고, 그 위에서 농장을 운영하였다. 이렇게 하는 것이 농장주들에게는 더 유리하였

최씨 정권의 농장 분포도
최씨 정권은 매입, 고리대, 점탈 등을 이용하여 농장을 조성하였다.
( ) 안은 현 지명

기 때문이다.

　농장에서 토지 확대 못지않게 중요한 것이 노동력의 확보였다. 토지를 확보하였다고 하더라도 농사를 지을 노동력이 있어야만 농장은 제 기능을 할 수 있기 때문이다. 노비 농민은 부모로부터 상속을 받거나 새로 매입하기도 하였고, 기증을 받거나 불법적으로 관가의 노비를 이용하기도 하였다. 고리대를 이용하여 빚을 갚지 못하였다는 것을 구실로 양인 농민을 협박하여 노비로 만들거나, 권력을 이용하여 노비로 만들기도 하였다. 이것은 고려 후기에 토지 점탈과 함께 국가적인 문제가 되기도 하였다.

　한편 양인 농민들이 자발적으로 농장에 들어오는 일도 있었다. 당시 이들은 여러 종류의 조세를 부담해야 했는데, 그 부담이 매우 컸기에 양인 농민들은 자신의 소유지를 팔거나 심한 경우에는 처자식을 노비로 팔아 조세를 납부하기도 하였다. 그리하여 양인 농민들 중에서는 무거운 조세 부담을 피하기 위해 권세가의 농장에 들어가기도 하였다.

농장의 규모와 분포

농장은 소유 계층만큼 규모도 다양하였다. 얼마 이상의 토지이면 농장이 되고, 그 이하이면 농장이 아니라고 하는 기준을 정할 수 없기 때문에 농장의 규모를 정확하게 말할 수는 없다. 다만 고려시대의 역사를 기록한 《고려사》나 《고려사절요》에는 농장이 산천을 경계로 할 정도였다거나 군현을 넘나들 정도로 컸다는 기록이 있다. 또 모수사패로 토지를 점탈한 것이 수백 결에서 수천 결에 이른다는 기록이 있고, 앞서 말한 쌍봉사가 50만 석의 쌀로 고리대를 행하였다는 것을 보면 쌍봉사 농장의 규모도 대단히 컸다고 할 수 있다.

그러나 농장에 대한 이러한 표현은 몇 가지 생각해 보아야 할 것이 있다. 우리나라의 지형을 보면, 국토의 반 이상이 산지로 평야가 그렇게 많지 않으며, 호남평야나 나주평야를 제외하고 사방을 둘러보아 산이 보이지 않을 정도로 넓은 곳은 드물다. 또한 고려시대의 행정단위가 지금의 군이나 읍, 면과 같은 것은 아니었다. 그렇기 때문에 역사책에 보이는 표현들은 과장된 것일 가능성이 크다.

농장의 규모가 작은 경우는 농장주가 거주하는 지방에만 있었을 것이다. 그러나 그 규모가 큰 경우에는 여러 지역에 분산되어 있었다. 수도인 개경을 중심으로 경기도와 황해도 일대만이 아니라 경상도, 전라도 등 전국에 걸쳐 분포하였던 것이다. 예를 들어 통도사는 양산을 중심으로 경상도 일대에 농장을 가지고 있었고, 최충헌 집안도 경상도와 전라도 일대에 농장이 있었다. 또한 장안사는 함열·인의·부녕·행주·백주·평산·안산 등 여러 지역에 농장을 가지고 있기도 하였다. 고려 말 이색도 개경 인근·면주·이천·여흥·덕수·장단·광주·광릉촌·유포·적제촌·한산 등에 농장을 가지고 있었다.

한편 농장주는 자신의 토지와 다른 사람의 것을 구분하기 위해 사방 경계 표시를 하였다. 한 예로 사원에서는 장생표를 세웠는데, 각 소유지의 중앙 혹은 눈에 잘 띄는 곳에 세워, 그것을 중심으로 하는 사방이 사원의 소유지임을 나타냈다. 경상도 일대에 많은 토지를 가지고 있던 통도사는 일부 지역에 12개의 장생표를 세워 자신 소유의 토지임을 표시하고, 이를 통해 자신의 소유지임을 입증받았다.

농장의 관리와 경영

농장이 규모도 컸고 여러 지역에 분산되어 있어 농장주가 직접 경영을 하거나 농장을 돌아다니면서 관리를 할 수 없었다. 특히 왕실이나 귀족 관료들은 주로 수도인 개경에 거주하면서 정치에 참여하고 있어 자신을 대신해서 조직적으로 농장을 감독하고 관리할 사람들이 필요하였다.

농장을 관리하는 곳을 농사(農舍)나 장사(莊舍)라고 하였다. 농사와 장사는 여러 지역에 있었는데, 그곳에는 농장 책임자와 함께 농장에서 일하는 농민이 살았고, 농장에서 나는 농산물을 저장하기도 하였다. 농장의 총책임자는 장사의 업무를 담당하고 감독하였다는 의미에서 장주(庄主) 또는 장두(莊頭)

라 불렀다. 이들은 주로 농장주의 노비로, 장사나 농사를 중심으로 농장의 토지를 관리하고 농장 민을 상대하였다. 그런데 이들은 농장주가 권세가인 경우 권력을 믿고 주변의 토지를 강탈하거나 인근 농민들에게 강제로 농장 일을 하도록 하였으며, 심지어는 쌀이나 포로 고리대를 하기도 하였다. 예를 들어 염흥방의 노비인 이광은 주인의 권력을 믿고 전 밀직부사였던 조반의 땅을 빼앗아 물의를 일으키기도 하였다.

또 이들 장주를 통괄하는 상급 관리인이 있었는데, 그들은 토지와 노비 문서를 관장하고 농장주가 거주하는 곳으로 곡식을 옮기는 일을 하였다. 귀족 관료들은 가신(家臣)·가인(家人)이, 국왕은 조신(朝臣)·환관(宦官)이, 그리고 권력기관에서는 전전(殿前)·상수(上守) 등이 이 일을 맡았다. 무인 집정자 김준은 여러 곳에 농장을 설치하고 가신인 문성주를 전라도에, 지준을 경상도에 보내 관리하게 하였다. 또 충렬왕은 조신을 각도에 파견하여 공사의 좋은 토지를 선택하고 농민들을 모아 경작하도록 하였다. 더욱 흥미로운 것은 보허의 예이다. 다음 기록을 살펴보자.

> 보허(보우)는 호가 태고(太古)인데, 세상을 두루 돌아다니다가 중국 강남에 가서 석옥화상에게서 의발을 전해 받았다고 한다. 경기도 광주에 있는 미원장에 가서 친척들을 모아 살았다. 보허가 왕에게 말하여 미원을 현으로 승급시켜서 감무를 두었지만, 일체 지휘는 보허 자신이 하고 감무는 단지 드나들 따름이었다. 밭과 들을 넓게 차지하였으며, 온 들에 말을 놓아먹이면서 이것을 모두 내승(內乘)이라고 하였다. 그래서 그 말들이 곡식을 상하는 일이 있어도 사람들이 감히 쫓아내지 못하였다.

1356년(공민왕 5) 국사인 보허는 양근군에 속해 있던 왕실 장처의 하나인 미원장(迷原莊) 소설암(小雪菴)에 머물고 있었는데, 그곳에서 밭과 들을 넓게 차지하여 집안사람들을 모아 살게 하였다. 그런데 그곳은 인구수나 토지의 규모가 현이 될 수 없음에도 왕에게 부탁하여 미원장을 현으로 승격시켰다. 이에 국가에서는 당연히 감무를 파견하였는데, 그조차 보허의 눈치를 보느라고 지방 수령으로서의 할 일을 제대로 하지 못했던 것이다. 그만큼 당시에는 권력과 농장 경영은 밀착되어 있었다.

농장주는 여러 가지 방법으로 확보한 노동력을 바탕으로 농장을 경영하였다. 노비들에게는 집 안의 허드렛일과 함께 자기의 농장이 있는 곳에 가서 농사를 짓게 하기도 하였다. 노비를 동원한 농장 경영은 노비를 자유롭게 부릴 수 있다는 점에서 매우 유리하였다. 농장주는 노비 농민에게 수확의 반과 함께 노주(奴主)로서의 권리인 노비 신공을 받았다. 그러나 자신의 모든 토지를 노비 농민만으로 경영할 수는 없었다. 그래서 농장주는 몰락한 양인 농민들과 농장 주변의 농민들에게 토지를 빌려주고 생산물의 50퍼센트에 해당하는 지대를 받기도 하고, 일정 면적의 토지를 경작한 대가로 자신의 소유 토지 일부를 떼어 주기도 하였다. 또 일손이 많이 필요할 때에는 품을 사서 농장을 운영하기도 하였다.

귀족의 본업과 별업

고려 귀족은 여러 경로를 통해 관료나 승려가 되어, 그들이 어렸을 때부터 배우고 닦아 온 정치·사회 사상으로 개경과 지방 사회를 이끌어 갔다. 정치·사회 활동이야말로 이 시기 귀족들이 치자(治者)로서의 임무를 수행하는 것이었고, 자신의 본업(本業)이라 자부할 만한 것이었다. 당연히 귀족들은 이러한 활동을 할 수 있을 만한 경제력도 갖추고 있었다. 우리가 흔히 농장이라고 부르는 바로 고려시대의 대토지 소유를 말한다. 이들은 농장을 소유하고 경영하는 것을 본업에 대비하여 별업(別業)으로 간주하였다.

별업이라고는 하였지만, 실제로 농장 경영이 귀족다운 삶을 유지하는 데 필수적이라는 것은 두말할 나위도 없다. 이제나 그제나 정치나 사회 활동을 원만하게 하려면, 그 활동을 뒷받침할 만한 경제력이 있어야 한다. 그래야 모든 일을 원활하게 진행할 수 있다. 따라서 정치 활동과 농장 경영은 귀족들이 반드시 갖추어야만 하는 요건이었고, 동전의 양면과 같이 떼려야 뗄 수 없는 불가분의 관계였다.

이정훈 _서울과학기술대 강사

사원의 농지 경영과 상업 활동

이병희

사원은 승려들이 수행하며 생활하는 공간이자, 신자들이 찾는 장소이다. 불교의 종교 행사도 이곳에서 주로 열린다. 사원을 유지하려면 상당한 경제력이 필요하다. 이것은 주로 사원의 건물을 보수하거나 증축하는 데, 종교 행사를 치르는 데, 승려들을 부양하는 데, 그리고 사회사업을 수행하는 데 사용되었다.

현재 사원이나 승려는 대부분 생산 활동에 직접 종사하지 않고 종교 활동에 필요한 경비를 외부에서 조달한다. 이러한 경비는 주로 신자의 시주, 입장료나 임대료 수입, 기타 불교 행사의 수입 등으로 조성된다. 그런데 사원이 경제 기반을 마련하는 방법이나 운영하는 형태는 시대에 따라 큰 차이가 있다.

불교가 사회적으로 큰 구실을 하고 정치 세력의 지원을 받았던 고려시대에도, 사원은 상당한 경제력을 가지고 있었다. 든든한 경제적 뒷받침이 있었기에 사원의 승려는 생산 활동에 직접 종사하지 않고, 종교 생활에 몰두할 수 있었으며 사회적인 영향력을 크게 행사할 수 있었다. 고려시대에는 농업이 주요 생산업이고 경제의 핵심을 이루었기에, 사원의 가장 중요한 경제 기반은 농지 경영이었다. 사원은 이를 통해 농민을 지배하였으며, 획득한 부를 기초로 상업 활동이나 고리대에 종사할 수 있었다.

사원의 대토지 경영

사원의 농지는 시납, 개간, 매득 그리고 국가의 사급(賜給) 등 다양한 계기로 형성되었다. 고려는 불교 사회로 국왕이나 귀족 및 일반 농민들은 불교를 신봉하고 있었기에, 이들이 토지를 사원에 시납하는 일은 흔하였다. 그런데 토지를 시납하는 층은 토지를 소유하고 있는 왕실이나 중앙의 고관, 지방의 토호가 중심이었다. 소규모 농지를 소유하거나 혹은 소유하지 못한 농민들은 토지를 거의 시납할 수 없었다.

사원은 또한 매득이나 개간을 하여서도 농지를 확보할 수 있었다. 사원은 인력이나 재력 양면에서 우월하며, 소를 소유하는 예가 많아서 소농민보다 개간을 통해 농지를 확대하는 데 유리하였다. 이와 달리 사원은 때때로 권세가 사이에 성행하고 있던 토지의 점탈, 겸병을 통해서도 농지를 확대하였다. 그리고 국가 내지 국왕의 토지 사급을 통해서도 사원은 농지를 마련하고 확대할 수 있었다. 국가권력과 불교계가 밀착되어 있었기에 국가에서 토지를 분급하는 일이 가장 중요하였다.

이렇게 마련한 사원의 농지는 그 규모가 상당하였지만, 일정한 지역 특히 사원 주위에 집중되어 있지는 않았다. 금강산에 위치한 장안사의 경우, 성종 때에 1,050결의 토지가 지급되었는데, 전라도, 양광도, 서해도 일원에 분포하고 있었다. 고종 때 송광사의 토지는 전남 일원에 산재하고 있었다. 대개의 경우 사원의 농지는 이처럼 여러 지역에 분산되어 있었다. 그러나 장생표(長生標)가 설치된 경우에는 예외적으로 토지가 집중되어 있었다. 그뿐만 아니라 지배의 내용에 있어서도 상이하였다. 곧 사원은 장생표 내의 농지만이 아니라 산림·농민에 대해 배타적인 지배를 할 수 있었다. 그러한 예를 통도사에서 확인할 수 있다. 통도사에는 국가의 허락을 받아 12개의 장생표가 세워져 있었는데, 장생표 내에는 공사(公私)의 다른 토지가 없었으며, 표 내의 농지·산림·농민은 통도사의 지배를 받았다.

사원은 농업 생산에 필요한 것들을 소유하고 있으면서 경작 농민에게 그것을 대여하기도 하였다. 예를 들어 현화사, 왕륜사, 석방사는 소를 가지고 있었는데, 이 소는 사원전의 경작에 사역되었을 것이다. 또한 종자를 대여하여 농민의 영농을 돕기도 하였다.

사원전을 경작하는 농민은 양인 농민·노비·하급 승려 등 다양했다. 사원전을 경작하는 핵심적 부류는 양인 농민이었다. 사원 노비는 사원 소속의 토지를 경작하는 수도 있었지만, 그것이 주 임무는 아니었다. 예를 들어 송광사의 농지는 240여 결인데 반해 노

통도사 국장생 석표(경남 양산시 소재)
1085년(선종 2)에 건립된 이 장생표는 사원의 경계를 가리키는 표지로, 국가의 허락을 받아 세웠다. 당시 통도사에는 12개의 장생표가 세워져 있었다.

현화사 터(황해도 개풍군 소재)
현화사는 현종대에 창건되었는데, 1020년(현종 11) 8월 국왕의 명령으로 안서도의 둔전 1,240결을 시납 받을 정도의 대사원이었다.

비는 17명에 불과하여, 그들이 농지 전부를 경작할 수는 없었다. 사원 노비는 주로 음식을 준비하고 땔나무를 마련하며, 사원의 유지를 위한 여러 가지 잡역(雜役)에 동원되었다. 그리고 수공업품을 만들기도 하였다.

사원에 소속된 하급 승려가 사원전을 경작하기도 하였다. 그 예는 문종 때에 피역(避役)을 꾀하여 사문(沙門)이 된 자가 경축(耕畜)을 업으로 하고 있다는 데서 찾을 수 있다. 고려 초 이래 역을 피해 승려가 된 자들이 대개 하급 승려로서 사원전을 경작하기도 하였다. 고려 전기에 수원승도(隨院僧徒), 재가화상(在家和尙)이라 불리는 자들도 이러한 하급 승려의 한 부류였다. 재가화상의 모습을, 송나라 사신 서긍은 《고려도경》에서 다음과 같이 기술하고 있다.

그들은 가사를 입지 않고 계율을 지키지 않으며 흰 모시의 좁은 옷에 검은

색 깁으로 허리를 묶고 맨발로 다니는데 간혹 신발을 신은 자도 있다. 거처할 집을 자신이 만들며 아내를 얻고 자식을 기른다. 그들은 관청에서 기물을 져 나르고, 도로를 쓸고, 도랑을 내고, 성과 집을 수축하는 일들에 모두 종사한다. 또한 변경에 경보가 있으면 단결해서 나가는데 비록 달리는 데 익숙하지 않으나 자못 씩씩하고 용감하다.

후기에 가면서 토지제도의 문란, 농민의 동요로 출가하는 자가 더욱 늘어갔다. 고려 말, 조선 초기에 승려가 10만을 상회한다거나 민의 10분의 3에 이른다는 지적이 나오고 있다.

산업과 유통망을 관장하는 사원

사원은 다량의 물품 구매자임과 동시에 판매자이기도 하였다. 사원은 건축 시의 자재, 불구(佛具) 제작을 위한 재료, 불교 행사에 필요한 물품, 승려들의 생필품 중 상당한 양을 구매하여 조달하였다. 그리고 사원이 생산한 잉여 물품, 가공품을 판매하였다. 사원이 이렇게 상업 활동에 적극적이었던 것은 불교의 교리와도 연관이 있다. 불교는 인도에서 성립할 당시부터 상업 활동이나 대부 행위에 대해 매우 호의적이었다. 또 중국에 들어온 후에도 사원은 그러한 활동에 적극적이었다. 불교의 교리 자체가 상업 활동이나 고리대에 참여하는 것을 죄로 여기지 않았기 때문이다.

사원이 교역 활동을 통해 판매하고 있는 품목은 다양하였다. 그중 파와 마늘을 판매한 것이 주목된다. 파나 마늘은 승려가 가까이해서는 안 되는

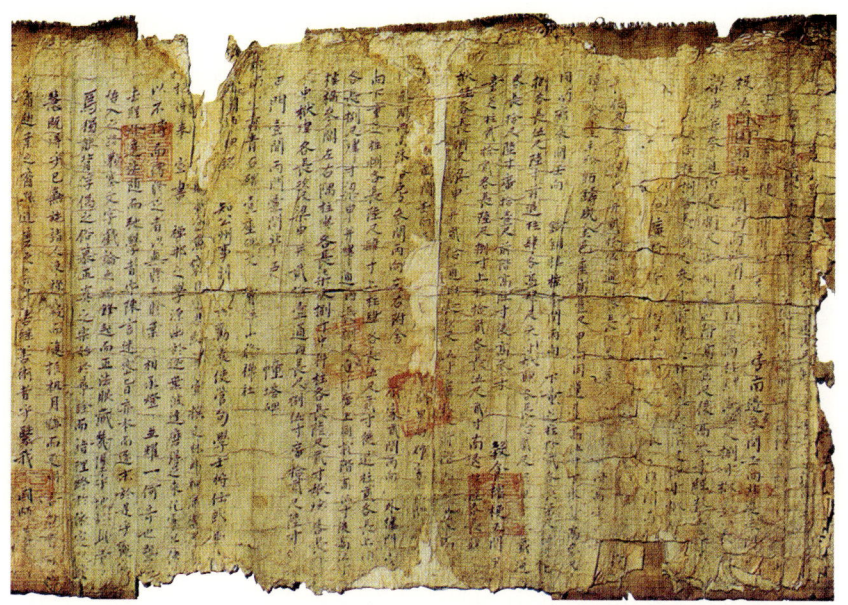

〈수선사형지기〉 부분(전남 순천시 송광사 소장)
1221~1226년 무렵 작성된 것으로 추정된다. 이 문서에 따르면, 당시 수선사(지금의 송광사)는 240여 결의 농지를 보유하였고 1만 100석의 곡식으로 대부 활동을 하였다.

작물인데도 재배하고 나아가 판매까지 하여 자주 문제가 되었다. 파나 마늘보다는 곡물이 일반적인 교역물이었을 것이다. 사원은 농지 경영을 통해 지대나 지세로 곡물을 확보하였는데 소비되고 남는 것은 직접 팔거나 가공하여 판매하였다. 곡물이 가공되어 판매된 사례로 술을 들 수 있다. 현종 때 경기도 양주의 장의사, 삼천사, 청연사 등의 승려들이 금령을 어기고 양조한 쌀이 360여 석에 이르러 문제가 된 적이 있었다. 이규보가 자주 사원을 찾아 음주하였는데, 이는 사원이 술을 생산하는 중요한 주체였음을 알려 준다.

사원은 수공업품의 생산에도 중요한 지위를 차지하고 있었다. 사원은 불상(佛像)이나 불구(佛具)의 제작을 위해 목공과 금속 가공 기술자를 다수 거느리고 있었다. 전영보는 제석원의 노비로서 금박 기술이 있었고, 충렬왕 때의 어떤 비구니는 직조 기술이 뛰어난 여자 노비를 두고 있었다. 그리고 유리기와를 훌륭하게 구워 만드는 육연이라는 승려도 있었다. 이들이 생산한 물품은 자체 소비하고 남으면 판매하였을 것이다. 때로는 판매를 겨냥하고 생산하는 수도 있었으리라 생각된다. 사원이 보유한 기술은 당시의 최고 수준을 보여 주었다.

사원에서는 또 달리 염분을 판매해서 잉여를 축적할 수 있었다. 소금은 생필품이었으므로 판매하여 부를 증대할 수 있었다. 그 밖에 사원은 기름과 꿀을 생산 판매하기도 하였다. 사원은 이처럼 물품을 판매하는 것만 아니라 필요한 물품을 구매하기도 하였다. 정혜사에서는 쌀이 떨어져 가자 구입을 논의하였고, 흥왕사에서는 흥교원을 중수하면서 재목을 구입하였다. 그 밖에도 필요한 물품을 구매하는 일은 흔히 있었다. 이처럼 사원은 잉여생산물의 판매와 필요한 물품의 구매를 통해서 상업 활동에 활발하게 참여하였다.

또한 사원은 교역의 중요한 장소였다. 불교 행사에는 많은 사람이 모여들었으며, 상호 간에 자연스럽게 교역이 이루어졌다. 예컨대 전주의 보광사 낙성회 때 모인 대중이 3,000여 명에 달하는데 그 행사를 50일간 지속하였다. 이때에 모인 사람 사이에 교역이 있었을 것이다. 그리고 개경의 팔관회 행사에는 외국 상인까지 참여해서 물품을 거래하였다.

지방 사원이 개경의 거래에 참여하는 경우도 있었다. 금강산 장안사가 개경에 점포를 가지고 있으면서 이곳을 통해 수취한 물품이나 교역에서 확보한 물품을 처분하거나 필요한 물품을 조달하였다.

사원은 공물 납부와 관련해서도 상행위를 하였다. 바로 대납(代納)이다. 이는 국가 권력과 연결되어 있었기에 가능하였다. 또한 사원은 중국에서 경전이나 단청 원료를 구입하기 위해서 국제 교역에 참여하였다.

원거리 수송으로 교역하기도 했는데 이때에는 말이 필요하였다. 사원이 말을 가지고 있거나 승려가 말을 타고 다니는 사례가 많이 보인다. 우리나라는 산이 많고 도로가 좁기 때문에 수레는 적합하지 않았다. 또 운송 수단으로는 소보다 말이 적합하여 널리 활용되었다. 말에 짐을 싣는 방식은 두 개의 용기를 말 등 좌우에 걸쳐 놓고 그 속에 물건을 넣는 것이었다.

휴게소 역할의 원 운영

승려들은 원거리 교역에 많이 종사하였다. 대개 하루 만에 목적지까지 도착할 수 없어서 숙박을 해야 했다. 촌락과 촌락 사이에는 사람이 거주하지 않는 공간이 널리 분포하여 숙박 문제가 절실하였다. 이에 사원이나 승려들은 원(院)이라는 독특한 숙박 시설을 설치하여 운영하였다. 원은 사람의 통행은 많지만 거주 지역과는 떨어져 있어 맹수가 나타나거나 도적이 출몰하기 쉬운 곳에 세웠다. 원을 활용하여 피곤한 사람은 쉬어 가고, 자야 할 사람은 자고, 비를 피하고 그늘을 얻고, 도둑의 근심을 덜고, 짐승의 해를 막을 수 있었다. 원에서는 숙박은 물론 음식과 우마의 꼴을 제공하였다. 불교계는 원을 관장함으로써 고려 사회의 유통망을 장악하고 있었다. 원을 중심으로 한 고려의 유통망은 조선 건국 후 국가가 장악하였다.

사원이 하는 대부 활동

사원의 농지 경영을 통해 확보한 잉여물이 양식이나 종자로 농민에게 대부되기도 하였다. 당시 농민은 부족한 양식과 종자를 빌리곤 하였다. 농민이 홍수·가뭄·병충해 등으로 흉년이 들었을 때, 의창의 도움을 받을 수도 있었지만 사원의 미곡을 많이 빌렸다. 이 경우 빈민 구제의 성격이 강했다. 대부 행위를 통해서 사원이 농민들에게 일정한 영향력을 행사할 수 있었던 것이다.

사원에서 운영하는 고리대의 규모는 상당해서, 보통 수백에서 수천 석에 달했는데, 송광사는 만여 석을 11개 말사를 통해 운영하였다. 최우의 아들 만종과 만전은 승려로서 무려 50여 만 석이나 되는 고리대를 운영하였다. 이러한 고리대는 보(寶)라는 이름으로 설치·운영되었다. 보는 존본취식(存本取息), 즉 본전은 두고 이자만 가지고 특정 용도에 사용하기 위한 기금이었다. 불법을 배우는 것을 돕기 위한 광학보, 종의 유지를 위한 금종보, 그리고 부모의 제사 비용을 위한 부모 기일보 등 다양한 명목의 보가 있었다. 보의 명목으로 고리대를 운영한 것은 고려불교의 중요한 특징이었다.

법정 이자율은 연간 3분의 1로 쌀 15두에 5두, 포 15필에 5필이었다. 그런데 사원과 농민 사이에는 경제적 예속 관계가 있었기에 속인이 운영하는 고리대보다 고율이 되는 수도 있었으며, 강제성마저 띠어 백성들에게 피해를 주기도 하였다. 예컨대 명종 때 어떤 승려는 질이 나쁜 종이와 포를 강제로 백성에게 떠맡겨 이익을 챙겼다고 한다. 만종과 만전도 50여 만 석을 대여한 후 재촉하는 바람에, 백성들이 남은 곡식이 없어 국가에 조세를 바치지 못하는 지경에 이르렀다고 한다. 고리대를 통해서 사원이나 승려가 백성의 잉여물을 철저히 흡수하고 있음을 말해 주는 것이다.

양인 농민이 고리대를 갚지 못해 이자가 계속 늘어갈 경우, 토지나 노비를 팔아 변제하거나 처자를 팔아서 해결하였다. 심하면 도망가거나 노비가 되었다. 송광사 주지인 진각국사 혜심은 지나친 고리대 행위 때문에 부자는 더욱 부자가 되고 가난한 자는 더욱 가난한 자가 된다고 보았다. 그렇지만 그는 고리대 자체를 죄악으로 여기지는 않았다. 다만 탈법적인 고율의 고리대를 문제 삼았을 뿐이었다.

경제력에 바탕을 둔 사회적 영향력

사원은 이러한 경제력을 바탕으로 조형미가 뛰어난 불상과 불탑을 조성하였고, 화려한 불화를 남길 수 있었다. 또한 승려들은 생산 활동에 직접 참여하지 않고 종교적 수행에 몰두할 수 있었다.

사원과 승려는 백성을 동원할 수 있는 능력과 자위(自衛) 조직을 갖추고 있었기에 외침이 있을 때 크게 활약할 수 있었다. 거란 침입을 막는 데 승려들의 활약이 컸고, 여진 정벌 때에는 별무반의 항마군으로 참전하였다. 또 몽골에 항쟁할 때에는 승려 출신 김윤후가 몽골 장수를 사살하기도 하였다. 역사상 이런 사례는 허다하다.

그러나 모든 사찰의 경제 기반이 같은 것은 아니었다. 낮은 신분 출신의 승려가 거처하는 소규모 사찰은 사정이 달랐다. 이들은 생계를 위해 직조(織造)와 농경에 종사하였으며, 직접 상업에 종사하기도 하였다. 처자를 거느리는 승려도 있었다. 그러나 당시 불교계는 상당한 재력을 소유한 사원이나 그 소속 승려가 주도하고 있었다. 이처럼 고려시대 사원은 상당한 경제력을 가지고, 사회적 영향력을 행사하였다. 그러나 조선시대에는 사원의 경제력은 크게 축소되었고, 승려의 지위나 사회적 영향력도 크게 위축되었다.

이병희 _한국교원대 교수

고려시대 권력형 비리의 결정판, '염흥방 토지 점탈 사건'

한정수

우왕 때의 최대 토지 점탈 의혹?

우왕 14년(1388) 정월 초하루, 고려 조정을 발칵 뒤집는 사건이 발생하였다. 순군 상만호 염흥방의 급보에 따르면 밀직사의 고위 관료였던 조반이 반란을 일으켜 개경으로 들어오고 있다는 것이었다. 즉시 조정에서는 조반 체포 명령을 내렸다. 백주(白州)에서 토지를 마련하여 농장을 가꾸며 풍족한 생활을 했을 조반은 왜 새해가 시작되자마자 먼 길을 달려 개경으로 들어오려 하였을까? 정말로 그는 역모를 꾀하기 위하여 고작 대여섯 명 정도의 인원을 데리고 들어왔을까? 상식적으로 보더라도 의문을 불러일으키기에 충분한 사건이었다.

염흥방이 조반 반란 사건으로 규정지으려 했던 이 사건의 진상은 무엇일까? 사료의 이면을 보면 반란 사건과는 거리가 멀었다. 즉, 조반이 염흥방의 가노(家奴)인 이광과의 토지분쟁 끝에 그를 죽이고 이를 해명하려고 개경에 급히 입성하는 상황에서 비롯되었다 볼 수 있기 때문이다. 반면 염흥방은 그러한 사실을 모두 알고 있으면서도 그의 가노들이 저지른 토지 점탈로 자신의 위치가 흔들릴 것을 두려워하였다. 그 때문에 지위를 이용하여 오히려 조반에게 역모를 꾸몄다는 죄목을 뒤집어씌운 성격이 짙었다. 염흥방의 시도가 그대로 이루어졌더라면 그를 비롯한 많은 그의 족당 세력과 이인임 등은 권력을 유지할 수 있었을 터이다.

사실 가노들을 이용하여 토지를 빼앗는 일은 당시 권세가의 중요 토지 집적 수단이었다. 이를 수행한 가노들 및 그들에게 줄이 닿는 이들은 주인의 세력을 믿고 전직 고위 관료나 현직 지방관조차 무시하였다. 이러한 상황에서 발생한 것이 바로 '조반 역모 사건'이었다. 특히 이 사건이 문제가 된 것은 바로 조반이 밀직부사라는 고위 관료 출신이었고 그것을 빼앗다가 조반에게 죽임을 당한 이광은 염흥방의 가노라는 신분이었기 때문이다. 과연 이 사건의 역사적 진실은 무엇일까?

염흥방이 조반의 토지를 빼앗은 까닭은

염흥방은 본래 곡성부원군 염제신의 아들로 명문대가의 촉망받는 인재였다. 공민왕 때 과거에 장원급제하였고 학식이 뛰어나 문집인 《동정집》을 남기기도 하였다. 여러 관직을 거쳐 정3품의 밀직사 좌대언까지 순탄하게 승진하였다. 그동안 그는 국학의 재원 확보를 성공적으로 이루었고 우왕 때는 명나라 사신을 접대하면서 외교에 뛰어난 능력을 보였다. 그 뒤 그는 밀직제학까지 승진하였다.

그렇지만 예나 지금이나 말도 많고 탈도 많은 것이 정치인지라 자신의 능력과 집안의 후광을 갖고도 뜻대로 되지 않는 일이 있었다. 우왕 2년(1376)

순탄하게 승진을 거듭해 왔던 그도 한 차례 정치적 위기를 맞이하였다. 당시 간관 이첨과 전백영은 권력을 장악하고 정사를 마음대로 하던 이인임과 지윤을 탄핵하는 상소를 올렸 었는데 염흥방이 연루되어 이인임을 모해한 혐의로 귀양을 가게 되었던 것이다. 이때 염 흥방은 가문의 위세로 풀려날 수 있었지만 여 기서 그는 심경의 변화를 겪은 듯하다. 아무 리 자신이 청렴결백하고 강직하여도 자신의 의지대로 관료 생활을 할 수 없으며, 또 그렇 게 살아도 자신에게 돌아오는 것이라곤 귀양 살이뿐이라 몹시 억울하다고 생각하였다.

〈염제신상〉(전남 나주시 충경서원 소장)
염흥방의 아버지인 염제신은 원나라에서 입 신양명한 뒤 충숙왕·충목왕·공민왕·우왕 4 대에 걸쳐 명망을 떨쳤으며, 그의 딸은 공민 왕의 비가 되었다. 그의 초상은 공민왕이 직 접 그렸다고 한다.

　곧 귀양에서 풀려난 그는 임견미, 이인임 등과 어울리면서 뇌물 수뢰와 청탁, 권력형 부정 축재 등 관리로서 하지 말아야 할 일들을 자행하였고 이 제 그런 그를 막을 사람은 없었다. 악행에 대한 도덕적 감성이 무뎌지면 아 무리 부정한 일을 한들 그것을 당연하다고 생각하기 마련이고 또 그렇게 행 하기가 십상이다. 이러한 행적은 치명적인 정치적 결함이 되었다. 때문에 결국 아버지인 염제신이 세웠던 모든 공로를 무너뜨리고 가문의 문을 닫게 만들었으니, 최상의 위치에서 최악의 처지로 떨어지게 되었다.
　차츰 썩은 권력의 냄새에 취한 염흥방은 경쟁하듯 재화를 축적해 갔다. 모든 상황은 그를 더욱 부추겼다. 해바라기성 관료와 뇌물로 관직을 얻고자 문 앞에 줄 선 사람들, 유죄를 무죄로 바꾸기 위해 청탁하는 이들이 권력의 맛을 더욱 달콤하게 하였다. 가령 평소에 유능한 관리라는 칭찬을 받았던 배원룡은 염흥방에게 아부하였고, 염흥방의 도움으로 계림 부윤이 되어서는 백성의 재물을 긁어모으고 심지어 쇠스랑까지 실어 고향으로 가져갔다. 그래서 고을 사람들이 그를 일러 '철문어(鐵文魚) 부윤'이라고 불렀다. 문어와 쇠스랑의 형상이 비슷해서 그렇게 불렀던 것이다.

염흥방의 이러한 행태는 비단 그 자신만에 그치지 않았다. 예컨대 염흥방과 그의 족당 중 한 명인 판밀직 최렴의 가노들이 부평에 거주하면서 주인들의 세력을 믿고 횡포를 심하게 부렸다. 그 때문에 부사 주언방은 아전과 병정을 시켜 그들을 잡으려 할 정도였다. 그런데 오히려 가노들이 주민 40여 명을 데리고 아전을 구타하여 거의 죽게 만들었다. 이에 주언방은 직접 징집 영장[發軍牒]을 가지고 그 집에 가서 해결하고자 하였다. 하지만 도리어 가노들이 주언방마저 구타하고 데려간 두 명의 하인까지 마구 때려 이를 부러뜨리는 사건을 일으켰다. 뒤에 이 사실이 도당에 보고되자 우왕은 관리를 파견해서 가노들을 체포하여 모두 목을 베어 죽였다. 문제를 해결하기 위하여 왕이 직접 나서야 했던 것을 보아도 당시 권세가의 힘이 어느 정도인가 짐작할 수 있겠다.

대부분의 권세가도 이와 마찬가지였다. 약간의 권력이라도 있고 또 권력가에 줄을 댈 수 있는 위치에 있는 사람들은 그것으로 다른 이들을 핍박하거나 속여서 재산을 증식시켜 갔다. 그래서 개경과 그 주변의 땅 중에 그들의 토지가 아닌 것이 없었다. 이렇게 되자 나라 창고에 열흘의 저축도 없다 할 정도의 상황에 이르게 되었다.

염흥방은 나날이 늘어나는 권력과 재화에 심취해 이성적 판단력을 잃어

가고 있었다. 그가 배운 모든 유교 경전에서는 이러한 행위에 대하여 비판하고 있었건만 세상에 아부하면서 이 모든 것을 까마득히 잊었다. 그는 언젠가 이부형(異父兄) 이성림과 함께 고향 집에 갔다 온 적이 있었는데 그를 따르는 자들이 길을 메웠다. 이때 어떤 사람들이 연극으로 세상을 풍자하고 있었는데, 내용은 극악한 권세가의 가노들이 백성들을 약탈하며 조세를 마음대로 빼앗는 것이었다. 이것을 보고 이성림은 부끄러워했는데 염흥방은 깨닫지 못하고 그저 좋다고 보기만 하였다. 자신을 풍자하고 있음을 알고 부끄러워해야 하건만 그는 도덕심이 마비되어 약에 중독된 듯 그저 즐거워 웃음을 터뜨렸던 것이다.

염흥방 무리의 몰락

권력의 정점에 선 염흥방이지만 그것이 천년만년 지속될 수는 없었다. 이제 그의 영화는 막을 내릴 때가 되었다. 우왕 14년이 되자 염흥방과 임견미, 이인임 등이 모두 처형당하거나 실각한 것이다. 여기서 조반 사건을 상기할 필요가 있다.

우왕 13년 무렵 염흥방의 가노 이광이 전 밀직부사 조반이 소유한 백주의 전토를 강탈하자, 조반은 그래도 전일에 안면이 있던 염흥방에게 돌려줄 것을 청하였다. 염흥방은 일단 가노가 저지른 일이고 또 조반과의 안면도 있어 그 땅을 반환해 주었다. 그렇지만 주인의 권력을 믿고 주인보다 더한 세력을 부리고 있던 가노 이광은 다시 그 땅을 강탈하고 조반을 능욕하기까지 했다. 그래도 조반은 차마 가노인 이광과 시비를 가리기에는 체면이 서지

〈조반 부부상〉(국립중앙박물관 소장)
우왕 13년 염흥방이 조반의 토지를 점탈하여 벌어진 사건은 우왕 14년 이인임 정권을 붕괴시키는 데 결정적 계기가 되었다.

않았다. 자신은 정3품의 밀직제학의 지위에까지 올랐었는데 도대체가 말이 되지 않는 상황이었다. 그리고 그 토지도 자신이 그동안 모은 봉록과 이래 저래 저축한 돈으로 마련한 것이었다. 어찌 보면 당시의 관인들이 대부분 그러했듯이 그도 관향에 조그마한 농장을 마련하여 근거지로 삼으려고 하였던 것이다.

조반은 할 수 없이 이광을 방문하고 사리를 들어 그 반환을 간곡히 청하였다. 하지만 그럴수록 이광은 거만을 부리면서 더욱 포학하게 굴었고 이는 결국 참화를 불러왔다. 자신의 입장과 지위가 있는 만큼 조반도 분노를 참지 못하여 수십 명의 기병을 인솔하고 포위한 후 이광을 죽이고 그 집을 불질렀다. 홧김에 했지만 일이 벌어진 후 그는 슬슬 걱정되기 시작했다. 상대는 이인임과 함께 최고의 권력을 구축하고 있던 염흥방이 아니던가. 그는 곧바로 염흥방에게 그 사유를 말하려고 말을 달려 서울로 향했다. 하지만 이미 그 소식과 함께 조반이 기병들과 함께 오고 있다는 정보를 입수한 염흥방은 크게 노하여 조반이 반역을 도모한다고 무고하여 그를 체포하게 하였다.

반역을 도모하였다는 것은 가장 큰 죄의 하나이다. 그러므로 이 사건에 이목이 집중될 수밖에 없었다. 이때 심문을 맡은 이들은 소송 상대자인 염흥방과 임견미의 족당을 중심으로 구성되었다. 이러하니 그 심문 결과야 보나마나였다. 이때 조반의 다음과 같은 진술에는 당시 있었던 부정과 부패, 그리고 그 가노들의 횡포가 잘 나타나 있다.

> 예닐곱 명의 탐욕스러운 재상들이 가노를 사방으로 보내어 타인의 땅을 강탈하고 백성을 잔인하게 짓밟고 있으니 이것은 큰 도적이다. 내가 이번에 이광을 죽인 것은 오직 나라에 도움을 주고 백성을 해치는 도적을 제거하였을 뿐이다. 그런데 내가 반역을 도모하였다는 것은 무슨 말인가?

염흥방은 그의 자백을 받아 내기 위해 참혹한 고문을 가하였지만 조반은 입이 찢기는 형을 당하여도 그 뜻을 굽히지 않았다. 조반의 억울한 옥사에 대한 전말을 들어 그 사정을 알고 있던 우왕은 곧 염흥방 무리에 대한 조사를 거쳐 최영과 더불어 그 처리를 논의하게 되었다. 더구나 그동안 그들은 가노들을 시켜 수정목(水精木: 물푸레나무)으로 토지 소유자들을 고문하여 그 토지를 강탈하는 일도 있었다. 사람들이 이를 '수정목 공문(水精木公文)'이라 부르며 조롱하였다. 마침내 우왕은 군사권을 장악하고 있던 최영을 통해 이들을 처벌하고자 염흥방을 순군에 가두고 곧 임견미 등을 체포하도록 하였다. 그러자 임견미는 왕명을 거부하고 도당들에게 이 사실을 알려 함께 반란을 도모하였다. 그렇지만 이미 군사들이 모든 통로를 차단한 뒤였다. 드디어 정권의 향방이 바뀌는 전환점이 마련되었다. 염흥방 무리와 그 처자, 가노들을 처벌하거나 사형에 처하였고, 재산과 각지에 흩어져 있던 농장들을 모두 나라에 귀속시켰다. 이로써 정국은 일단락되었다. 이에 대해 《고려사》에서는 다음과 같은 평가를 내리고 있다.

> 이렇게 정권을 마음대로 처리하고 매관매직하면서 다른 사람의 토지를 빼앗으니 온 산과 들이 줄을 이었으며, 다른 사람의 노비를 강탈하니 천백이나 되는 무리가 그러하였다. 심지어는 능침(陵寢)과 궁고(宮庫), 주현(州縣)과 진역(津驛)의 토지에 이르기까지 그들에 의해 점거되지 않은 것이 없었고 또 주인을 배반한 노비들과 부역을 기피한 백성들이 모여드는 것이 연못이나 늪과 같았는데 안렴사와 수령들이 감히 징발하지 못하였다. 이로 말미암아 백성들은 흩어져 도적이 되었고 공사의 재물이 고갈되니 중외에서 이를 갈았다. 최영과 태조(이성계)가 그 소행을 분하게 여겨 한마음으로 협력하여 우왕을 도와 그들을 제거하니 백성들이 크게 기뻐하면서 도로에 나와 노래하며 춤을 추었다.

고려 말 토지개혁의 방향

우왕 14년에 벌어진 조반 옥사 사건은 결국 염흥방의 토지 점탈과 이를 은폐하려는 기도 때문에 발생하였다. 우리는 이 사건을 통하여 당시 집권층들의 부와 권력의 축적 수단이 이러한 문어발식 토지의 점탈이라는 것을 엿볼 수 있다. 바로 권력형 비리의 한 형태로 일반적인 방법이었다는 점이다. 《고려사》에서는 이를 "근년에 이르러서는 겸병이 더욱 심하여 간사하고 흉악한

조반의 별장 터(인천시 서구 소재)
조선 개국공신 이등으로 부흥군에 봉해진 조반의 별장인 가정이 있던 터이다.

무리들이 주(州)를 넘고 군(郡)을 포괄하면서 산천을 경계로 삼고 모두 가리켜 조업지전(祖業之田)이라고 하고는 서로 훔치고 빼앗으니 1무(畝)의 주인이 대여섯 명을 넘으며 한 해의 조세가 수확의 8~9할에 이르고 있다."라고 서술하고 있다.

점탈의 구체적인 방법은 사급전의 사칭, 불법적 점탈, 정상가격을 무시한 강압적인 매매, 권력가에 대한 토지의 기탁, 토지 문서의 허위 기재 등을 통한 점유, 지방 수령 및 아전들과 결탁하거나 자신들의 가노를 동원하여 전토를 빼앗는 경우 등 매우 다양하였다.

이를 통하여 산천을 경계로 삼을 정도의 농장을 형성하기도 하였다. 이는 모두 권세가가 부패한 정치권력을 이용한 것이다. 따라서 문제를 해결하기 위해서는 우선 정치권의 도덕적 각성이 있어야 했다. 더불어 사정당국의 철

저한 감찰과 법에 따른 처벌이 요구되었다. 나아가 근본적으로는 이러한 현실을 개혁할 올바른 토지제도의 수립이 있어야 했다.

물론 이전에도 토지제도를 개혁하려는 노력은 있었다. 몽골과의 전쟁 이후 불법적인 토지 소유에 대한 처벌 등이 추진되었고, 공민왕 때에도 신돈을 등용하여 전민변정 사업을 적극적으로 전개하였다. 만일 당시 개혁이 온전하게 추진되어 토지제도의 개혁이 완벽하게 이루어졌다면 문제는 해결될 수 있었을 것이다. 그렇지만 이런 시점에서 염흥방 같은 권세가의 힘이 서서히 대두하여 개혁의 물줄기를 바꾸고, 더 나아가 토지 점탈을 더욱 부채질하였다. 결국 권력을 매개로 행해진 불법적인 사전과 농장의 확대는 바로 고려식 권력형 비리의 결정판으로 이어졌다.

이 문제를 해결하지 않고서는 고려도 국가 체제를 유지할 수 없었다. 조반 사건을 전후하여 사전 개혁이 본격적으로 논의되기 시작하였다. 이 과정에서 권력형 비리의 주역들은 몰락하고 개혁 세력들이 정치권력을 장악하였다. 그들은 토지 탈점에 의한 사전과 농장 문제를 해결하기 위해 우선 공사의 토지대장(田籍)을 불태우는 과감한 조치를 취하였다. 그러고는 새로이 토지측량을 하는 양전을 실시하여 실제 경작자가 논밭을 소유토록 하는 한편 경기도에 한정하여 과전 수급 대상자들에게 땔감 채취와 관련한 시지를 제외하고 전지만을 대상으로 한 수조지를 지급하였다.

이렇게 본다면 결국 염흥방 가노 이광이 일으킨 조반 토지 탈점 사건은 고려 말 권력이 부패하는 가운데 벌어진 토지 탈점의 참상을 낱낱이 보여준 당시 사회의 민낯이었다. 그 결과는 염흥방 등 당대 정치권력의 몰락을 앞당겼으며, 새로운 토지제도 개혁론이 일어 과전법이 등장하게 되었다. 나아가서 조반 토지 탈점 사건은 고려왕조의 균열과 왕조교체를 가속화시킨 도화선이라 할 수 있겠다.

한정수 _건국대 교수

바다를 건너온 보따리 장사 부대

이종서

옛날에 중국 상인단의 두목[두강]으로 하씨(賀氏) 성을 가진 사람이 있었다. 그는 바둑을 잘 두었는데, 고려의 예성강에 이르러 한 아름다운 부인을 만났다. 하두강은 그녀의 남편에게 내기 바둑을 걸어 일부러 지고는 다시 두 곱을 걸었다. 남편은 입맛을 붙이고 부인을 걸었다. 하두강은 단번에 이기고 부인을 배에 싣고 갔다. 남편은 후회하고 한탄하면서 노래를 지었다.
한편, 그 부인은 옷매무새를 견고하게 하였으므로 하두강이 뜻을 이루지 못하였다. 부인을 실은 배가 바다에 들어섰을 때, 뱃머리가 돌고 가지 않았다. 점을 치니 "정절 있는 부인이 신명을 감동시켰다. 돌려보내지 않으면 파선하리라."라는 점괘가 나와 두려워 돌려보냈다. 부인 역시 노래를 지었는데 후편이 바로 그것이다.

《고려사》의 편찬자는 〈예성강곡〉이라는 노래가 세상에서 불리게 된 사연을 알리기 위하여 이 이야기를 수록하였다. 그러나 이 기록을 다른 면에서 보면 중국 상인이 고려에 와서 활발하게 활동했다는 것을 알 수 있다.

고려시대 무역선의 최종 정박지는 예성강 하구의 벽란도였다. 이규보는 "조수가 들고 나니 오가는 배는 머리와 꼬리가 잇대었어라. 아침에 이 다락(예성강루) 밑을 지나면 한낮이 채 못 되어 남만(남방의 이국)의 하늘에 들어가는구나."라고 노래할 정도로 벽란도는 번창했다. 벽란도에 정박한 무역선들은 어떠한 위험을 겪으며 고려에 왔을까? 선주와 상인들은 어느 나라 사람이었을까? 무엇을 팔고 무엇을 사 갔을까?

계절풍을 이용한 항해

고려시대에 바다에서 배를 추진시키는 기구는 노와 돛뿐이었는데 노는 근해의 짧은 거리나 좁은 해협을 항해하는 데는 유용하였다. 그러나 속도가 느려 먼 거리를 가기에는 무리였고, 역풍이라도 불면 무용지물이 되었다. 상선은 온전히 돛에 의지하여 먼 거리를 항해하였다. 그리고 돛을 밀어 배를 가게 하는 것은 계절에 따라 한편으로만 부는 계절풍이었다.

당시 중국에서 오는 무역선들은 주로 저장 성의 명주(지금의 닝보)에서 출발하여 연해를 따라 북상하다가 정동으로 방향을 잡아 우리나라 흑산도를 경유, 예성강에 도착하였다. 따라서 올 때는 남서풍을 타고, 갈 때는 북동풍을 타는 것이 가장 이상적이었다. 그런데 우리나라의 월별 평균 풍향을 보면, 겨울(12~2월)에는 북서풍이 많이 불고, 여름(6~8월)에는 남동풍과 남서풍이 많이 분다. 그리고 봄가을에는 풍향의 변화가 몹시 심하다. 이 때문에 정확히 일치하는 바람을 만나기란 여간 어려운 일이 아니었다. 이 문제를 당시 사람들은 선박 건조술과 항해술로 해결하였으니, 여덟 방향의 바람 가운데 정면에서 부는 역풍(逆風)만 아니면 원하는 대로 갈 수 있었다. 이해를 위하여 고려 전기 송나라 사신을 따라왔던 무역선 한 척을 기록대로 복원해 보자.

길이는 대략 30여 미터이고 깊이는 9미터, 너비 5.5미터이다. 위는 평평하고 아래는 V 자형으로 가파르게 좁아 들었다. 이렇게 하면 밑이 넓은 배보다 심하게 흔들리는 대신 쉽게 전복되지 않아 큰 물결을 헤쳐 나갈 수 있었다. 돛대는 둘인데 앞의 것은 24미터, 뒤의 것은 30미터이다. 돛의 너비는 50폭으로 양옆에는 풀로 짠 날개 모양의 돛인 뜸을 별도로 두었다. 큰 돛대 꼭대기에는 야호범(野狐帆)이라는 풍향 조절용 작은 돛을 달았다. 야호범이라는 이름은 들여우와 같이 조화가 많다는 뜻에서 붙인 것이다. 뱃머리(이물) 양 기둥 사이의 바퀴에는 약 150미터 길이의 닻줄을 감았다. 선미(고물)에는 중심 키 하나와 보조 키 셋을 달았다. 그리고 양쪽에 다섯 개씩 노 열 개를 장착하였다. 쌀 2,000가마를 실을 수 있고 승선 인원은 모두 60명이다. 이 배는 다른 배들에 비해 특별히 큰 것이 아니다.

상인들은 바람이 바로 뒤에서 불면 고정 돛을 높이 올렸다. 그러나 이런 바람은 흔히 부는 것이 아니었으므로 양옆의 뜸을 펼쳐 이리저리 움직여 방향을 잡았다. 뜸과 키를 이용하면 비록 옆에서 부는 바람을 타더라도 갈지자를 그리며 앞으로 나아갈 수 있었다. 그리고 바람이 너무 강하거나 약하면 야호범을 조정하여 속도를 조절하였다. 역풍이 불거나 돌풍에 밀리게 되면 돛과 뜸을 황급히 내리고 닻을 던져 배를 고정시켰다. 조류가 급히 흘러 배가 밀리거나 암초 사이를 지날 때에는 온 선원들이 노에 매달려 정확하게

신안선 복원 모형(국립해양유물전시관 소장)
실물의 5분의 1로 축소시킨 것이다. 사진에서 보는 것처럼 밑바닥이 뾰족한 첨저형 선박이다. 이 배는 중국에서 물품을 싣고 일본으로 가던 도중 폭풍에 떠밀려 신안 앞바다에서 침몰한 것으로 추정된다. 송나라와 고려를 오가던 상선의 형태를 잘 보여 준다.

길을 잡았다. 이렇게 해서 송나라 명주에서 출발한 배들은 대략 10~20일이면 고려에서 짐을 풀 수 있었다.

그러나 계절풍이 돕고 항해술이 발달했다 해도 그것이 안전을 보장하지는 못했다. 봄가을 기압이 바뀔 때면 느닷없이 돌풍이 일었고 여름에는 태풍이 엄습하여 돛대를 부러뜨리거나 배를 한쪽으로 급하게 기울였다. 거기에다 큰 물결이 일어 배를 쳐 전복시켰다. 또한 겨울바람은 지나치게 거세어 항로를 바로잡기가 여간 힘들지 않았다. 이에 따라 많은 배들이 물속에 가라앉거나 남방으로 떠밀렸다. 사신을 실은 배조차 상당수 파선하여 국가 예물을 잃은 것은 물론 많은 사람들이 익사했다. 고려 말 정몽주도 명나라에서 돌아오는 길에 배가 부서져 표류하다가 간신히 구원되었는데, 이때 열 명의 사절단 가운데 겨우 두 명만이 살아남았다.

좋은 장비를 갖추고 특별히 경험 많은 선원들을 채용했을 사절단의 배가 종종 난파했을 정도이니 그보다 낡고 규모가 작은 상인들의 배는 더욱 위험하였다. 따라서 상인들은 반드시 좋은 바람을 기다려 출항했는데, 올 때는 대개 하지 무렵부터 부는 부드러운 남풍을 탔고, 갈 때는 음력 8~9월 무렵의 아직 거세지지 않은 북풍을 탔다. 그러나 때로는 해가 바뀌도록 알맞은 바람을 만나지 못하는 경우도 있었다. 특히 갈 때가 올 때보다 어려움이 더 컸다. 가을에는 바람이 변덕스러워, 바다로 나갔다가도 역풍에 떠밀려 되돌아오곤 했던 것이다. 하두강도 바로 이 역풍에 곤욕을 치렀다고 짐작된다. 결국 2년 혹은 3년이 되도록 돌아가지 못하여 끝내는 고려에서 부인을 얻고 자식까지 두는 상인도 있었다.

황해를 가로질러

송나라에서 오는 항로로는 우선 산둥반도 북단의 덩저우를 떠나 동쪽으로 황해도 북부에 이른 다음 장산곶을 돌아 예성강으로 들어오는 북로가 있었다. 이 길은 거리도 짧고 큰 위험도 없었으며 비록 난파하더라도 어쨌든 해안에 도착할 확률이 컸다. 다만 장산곶을 돌 때, 물결이 급하여 파선할 위험이 있을 뿐이었다. 그래서 북로로 가는 배들은 장산곶 부근에 이르면 용왕에게 제사를 지냈는데, 이곳이 곧 심청이 공양미 300석에 몸을 던진 인당수이다.

이렇듯 좋은 항해 조건에도 이 길을 왕래하는 배들은 점차 줄어들었다. 대신 남로의 교통이 활발해졌다. 거란과 여진 등 송나라에 적대적인 북방 민족이 중국 북쪽을 장악하고 있는 상황에서 북로를 이용하면 자칫 그 경내로 들어갈 위험이 컸다.

한편 송나라에서는 강남 개발이 진척되어 중요한 물산은 대개 그곳에서 산출되었다. 동남아시아나 인도, 아라비아의 물품을 실은 배들도 강남의 항구에 기착하였다. 따라서 고려에 오는 상선들은 대개 강남에서 물품을 싣고 출발하였으니, 출발지로는 명주가 가장 많이 이용되었다. 그러나 이 길은 북로에 비해 거리가 배나 되었다. 바다 또한 위험하였다.

서해는 깊이와 바닥의 구성 물질, 해류에 실린 먼지 등으로 여러 가지 빛깔을 낸다. 선원들은 바다 빛깔을 보고 출항지에서 얼마나 멀어졌는지, 목적지까지는 얼마나 남았는지, 무엇을 조심해야 하는지를 짚어 낼 수 있었다. 명주에서 출발한 배는 백수양 → 황수양 → 흑수양의 순으로 바다를 지났다.

백수양은 양쯔강의 앞바다로 희뿌연 민물이 다량 흘러들고 수심이 얕아 흰빛을 띠었다. 중국에 가는 배는 바다 빛깔이 희게 변하면 목적지에 다 왔다는 것을 알 수 있었다.

황수양은 누런빛을 띠는 데서 얻은 이름이다. 서해를 보통 황해(黃海)라 하는 것은 이 황수양으로 서해를 대표하는 것이다. 몽골 고비사막에서 봄날이면 강한 서풍이 불어 황토 먼지(황사)를 날리는데 그것이 두껍게 쌓인 대지 위로 황허강이 흘러 이렇게 된 것이다. 아무리 오랜 시일이 지나도 되지 않을 일을 '백년하청(百年河淸)'이라 하는 것은 황허강의 물 빛깔이 결코 맑게 될 수 없음을 빗댄 말이다.

이 바다에 이르면 선원들은 잔뜩 겁을 집어먹어야 했다. 이는 물 빛이 사

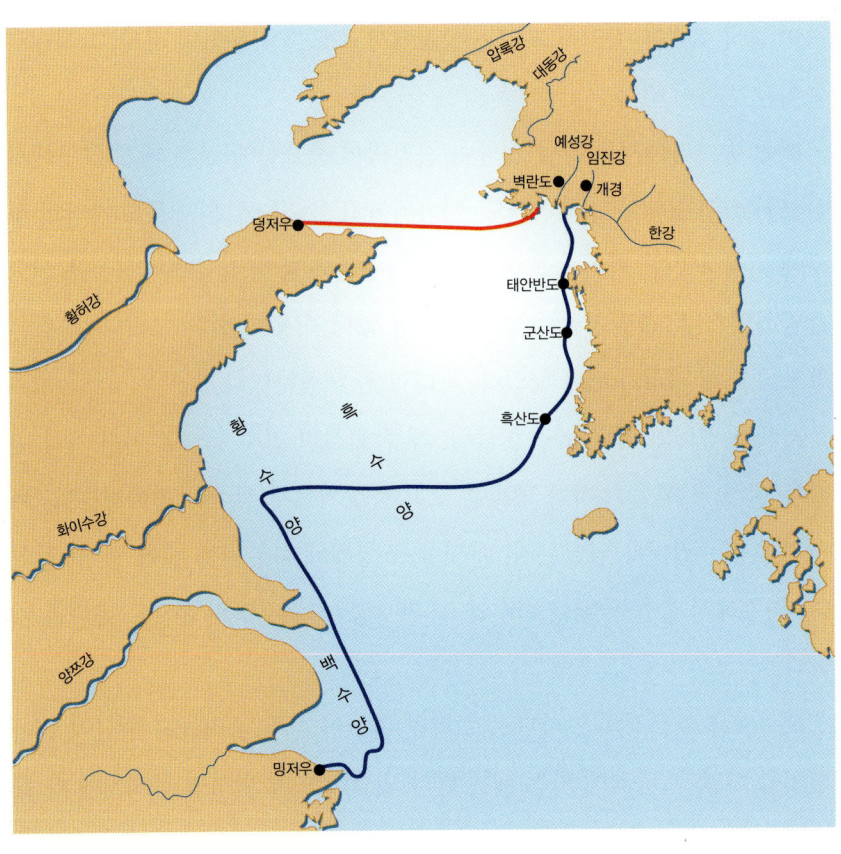

해상 교통로
고려와 송나라를 오가던 바닷길은 크게 북로와 남로의 두 길이 있었다. 후기로 갈수록 북방의 불안정한 정세와 양쯔강 이남의 개발로 북로보다 멀고 위험한 남로가 주로 이용되었다.

람을 현혹해서가 아니라 바닥이 보이지 않기 때문이었다. 황허강에서 유입된 많은 토사는 물줄기를 따라 1,000여 리를 흘러내리다가 마지막에 군데군데 모래언덕을 높이 쌓아 놓았다. 그런데 물 빛이 누렇기 때문에 육안으로는 발견할 수 없었다.

배가 이 위를 스쳐 키가 부러지는 것은 그래도 다행이었다. 밑창이 V 자형으로 좁아든 형태였으므로 얹히기라도 하는 날이면 곧 전복될 판이었다. 그래서 황수양을 지날 때면 추를 드리워 깊이를 재면서 조심조심 나가야 했다. 현재 남아 있는 여행기에는, "배가 갑자기 모래톱 위로 올라가기에 엉겁결에 돛을 내렸더니 돛대가 두 동강이 났다." "낮에 세 개의 보조 키가 부러졌고 밤에 중심 키가 또 부러졌다."라는 등의 기록이 있어, 이곳이 얼마나 위험했는지 알 수 있다.

어렵게 황수양을 지나면 이번에는 바다가 점점 검은빛을 띠게 된다. 이는 깊이가 깊어지면서 햇빛이 투과하지 못하여 생긴 현상인데 깊은 만큼 파도 또한 높았다. 당시 사람들은 이 바다를 바닥이 없다는 뜻에서 '무저곡(無低谷)'이라 불렀다. 송나라 사신 서긍은 이 흑수양을 이렇게 묘사하였다.

> 물 빛은 어둠이 깊이 파고들어 검기가 먹과 같다. 졸지에 그것을 보면 정신과 담력을 다 잃는다. 성난 파도가 내뿜고 닥치는 것이 산들이 치솟는 듯하다. 배가 파도 위로 오르면 바다가 있음을 느끼지 못하고 오직 하늘의 해가 밝고 쾌청할 뿐이다. 그러다 우묵한 파도 밑으로 내려가게 되면 파도의 높이가 하늘을 가려, 위장이 뒤집히고 헐떡이는 숨만 남는다. 쓰러져 토악질을 하며 밥알이 목구멍으로 내려가지 않는다.

흑수양을 거의 지나면 물 빛이 차차 맑고 푸른빛을 띠게 된다. 이 바다에 이르면 뱃사람들은 그간의 위험에서 벗어났음을 축하하고 뱃머리를 북쪽으로 돌렸다. 맑고 푸른 물 빛은 고려에 가까이 왔음을 알려 주기 때문이었다.

대개 흑산도 부근의 바다가 이에 해당하는데, 현재에도 인천 앞바다의 누런 물 빛이 만리포나 변산에 이르면 푸르게 변하는 것을 볼 수 있다. 상선은 흑산도를 스쳐 군산도에 이른 다음 연안을 따라 북쪽으로 올라왔다. 도중에 태안반도 부근의 사나운 조류만 조심하면 이제 벽란도에 도착한 것이나 진배없었다.

뛰어난 조선술, 빈약한 해외 진출

고려와 송나라 간의 무역품은 주로 송나라 상인들이 실어 날랐다. 이들은 중국과 남방의 물화를 싣고 와 고려의 물건과 교역해 갔다. 물론 고려 상인도 중국에 진출하였고, 일본 상인도 가끔 드나들었지만, 송나라 상인의 활동에 비하면 미약하였다.

그렇다고 고려의 선박 건조 기술이 송나라에 뒤진 것은 아니었다. 우리의 배는 이미 통일신라 때부터 튼튼하기로 해외에 정평이 나 있었다. 고려 후기 고려와 원나라 연합군이 일본 정벌에 나섰다가 돌풍을 만났을 때에도, 중국 배는 다 부서졌지만 고려의 배만은 온전하였다. 이처럼 뛰어난 조선술을 지녔음에도 중국과의 무역을 주도하지 못한 원인은 주로 국내의 시장 규모에서 찾아야 할 것이다.

고려는 값비싼 물화가 많이 생산되는 곳이 아니었다. 또한 고려에서 소비하는 해외의 산물은 대개 지배층의 문화적 욕구를 충족시키는 사치품에 국한되었다. 이 때문에 고려에는 대규모 선단을 운영할 정도의 상업자본이 형성되지 않았다. 이에 반해 송나라에서는 재정난을 타개하는 방편으로 대외

무역을 장려하였으며, 상업자본도 급속히 성장하였다. 조선술이 뛰어난 데다 나침반의 발명 등으로 항해술 또한 획기적으로 발전하였다. 앞 시기에 아라비아 상인들이 인도와 동남아시아의 물품을 실어 날랐던 것과 달리 이제는 송나라의 선단이 멀리 인도에까지 진출하였다. 이에 따라 고려와 송나라 간의 무역은 주로 송나라 상인의 손을 빌려 이루어졌다. 이들의 방문 기록을 통계로 보면 260여 년 동안 약 130여 회에 걸쳐 총인원 5,000명 정도가 내왕하였다. 남아 있는 기록이 이 정도이니 기록에 빠진 것과 밀무역까지 합하면 그 수는 훨씬 늘어날 것이다.

이처럼 송나라 상인이 대부분인 가운데서도 특기할 만한 상인단이 고려를 방문한 적이 있었다. 대식국(大食國) 상인들이 바로 그들이다. 대식국은 아라비아를 일컫는 이름으로 1024년(현종 15)과 이듬해, 그리고 1040년(정종 6)에 와서 열대 특산의 몰약, 베트남 남부 지방의 향료, 수은 등을 바쳤다. 이들의 방문은 세 차례에 그쳤는데, 이익이 적어 굳이 내왕할 필요가 없었기 때문이었던 듯하다. 그러나 이들은 송나라 상인의 중계로 고려 물품을 계속 사 갔고, 이러한 과정에서 '코리아'가 세계에 알려지게 되었다.

비단 장수 왕 서방과 고려 인삼

벽란도에 도착한 상인들은 대개 사헌 무역 방식으로 물화를 교환하였다. 사헌 무역이란 물건을 왕에게 바치면 왕은 대가를 내려 주는 교역 방식이다. 고려에서는 외국 상인을 일종의 사적인 사절단으로 취급했던 것이다. 그러나 가지고 온 것을 모두 바치는 것은 아니었다. 궁중이나 관에서 필요로 하는 좋은 물품만 바치고 나머지는 시장을 열어 팔도록 했으므로 민간인도 해외의 물품을 살 수 있었다.

송나라 상인이 가져온 물품을 대금으로 환산하면, 비단류가 가장 많은 액수를 차지할 것이다. 당시 송나라의 수출품으로 가장 중요한 것은 비단과 자기였다. 그러나 고려는 중국에 뒤지지 않는 고려청자를 만들었던 만큼 자기 수입은 소량에 그치고 주로 비단을 수입하였다. 재수 없는 어느 송나라 상인은 비단을 무려 6,000여 필이나 고려 관청에 떼였으니 한 번에 얼마나 많은 양을 싣고 왔는지 짐작할 수 있다.

비단 다음으로는 차와 약재를 들 수 있다. 고려는 불교의 영향으로 차 마시는 풍습이 귀족과 승려층에 퍼졌으므로 양질의 중국차를 많이 수입하였다. 또한 중국 의서에 따라 약을 처방했으므로 중국과 남방의 약재를 수입하였다. 문종이 중풍에 걸려 송나라에 약재를 요청했을 때, 100여 가지를 보내 온 사례가 있다.

서적 또한 중요한 수입품이었다. 고려 지배층은 문화적 욕구에서 송나라에서 펴낸 책들을 적극 구입했는데 이 과정에서 적지 않은 잡음이 일었다. 고려인은 송나라에서 유출이 금지된 지도와 지리서까지 사 오려 하였으며, 송나라 상인들은 우방국 고려에 판다는 명목으로 책을 싣고는 슬쩍 북방의 적국 요나라로 들어가 열 배의 이익을 챙겼던 것이다. 서적을 둘러싸고 국제 정보전이 벌어졌던 셈이다. 악기와 음악도 수입되어 고려의 음악 발전에 지대한 영향을 끼쳤다.

이 밖에도 다양한 상품이 수입되었다. 기록에서 확인되는 것만도 향료, 향목, 칠기, 남방의 과일, 물소 뿔, 상아, 비취, 마노, 수정, 호박(琥珀) 등 다

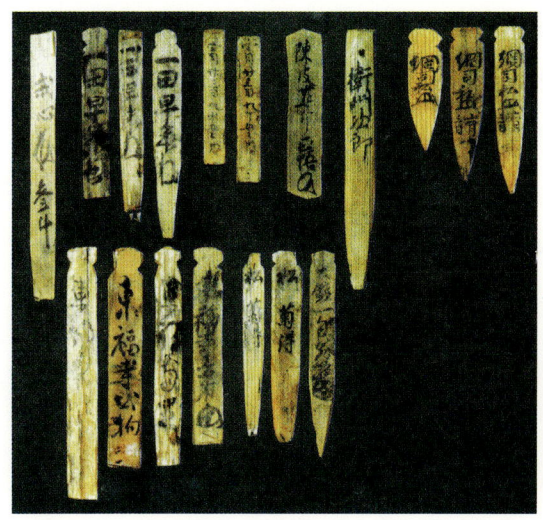

신안선에서 발견된 목간과 후추(오른쪽) 후추는 남방의 산물이다. 목간은 물품명, 주인, 행선지 등을 표시한 것으로 지금의 꼬리표와 같다. 신안선에서는 이 밖에도 여지, 빈랑 등 열대 특산의 열매가 발견되었다. 이러한 것들은 고려에도 수입되었다.

양하다. 재상가에서 기르던 공작도 여기에 추가될 것이며 앵무새를 가져왔다는 기록도 볼 수 있다.

그러면 고려에서는 무엇으로 이들 물화를 사들였을까? 당시 국내에서는 화폐가 활발하게 유통되지 않았으므로 물품으로 대금을 지급하였다. 일종의 구상무역이었다. 이때 가장 많이 나간 것은 삼베와 인삼이었다. 삼베는 국내에서 화폐 대용으로 사용한 품목인 만큼 매우 많이 생산되었다. 특히 모시는 질이 좋아 한 번에 몇 만 필씩 수출되었다. 인삼은 중국에서 가장 오랜 약초서인 《신농본초경》에 이미 상품(上品)의 약재로 소개되어 있는 약초이다. 우리나라의 인삼은 약효가 뛰어나기로 정평이 나서 송나라 상인에게 큰 이익을 남겨 주었다.

종이와 먹 등도 중요한 수출품이었다. 고려의 종이는 매우 질긴 데다 백옥같이 희고 윤이 나 최상품으로 등급을 매겼다. 송나라 사람들은 좋은 종이를 평할 때 "고려 종이 같다."라고 할 정도였다. 먹도 많이 수출하였는데 종이와 달리 큰 호평은 받지 못하였다. 색은 칠흑같이 검으나 광택이 없기 때문이었다. 소동파는 "고려 먹을 가는 것은 숯을 가는 것 같다."라고 혹평하였다. 그러나 고려 먹은 입자가 미세하고 색이 검은 장점이 있어 중국 먹과 혼합하면 좋은 제품이 되었으므로 수출이 끊이지 않았다. 수출품 목록에서는 이 밖에도 잣·연적·자수정·돗자리·칠·부채·나전칠기 등을 확인할 수 있다.

귀족의 사치품 수입과 금은의 유출

현재의 관점에서 보면, 고려는 무역수지 면에서 적자를 기록했다고 할 수 있다. 고려에서는 발달한 문화와 값비싼 사치품을 주로 수입한 반면, 수출품은 인삼을 제외하면 고가품이라 할 수 없는 것이 대부분이었다. 수출로 수입을 상쇄하기에는 역부족이었다. 이에 따라 국제 거래에서 화폐로 대용하던 금은 등의 귀금속으로 적자분을 메워야 했다. 국내의 재화가 송나라로 흘러들어 갔던 것이다.

당시 고려 조정에서는 상당량의 금은을 비축했던 것 같다. 문종 때 흥왕사에 세운 금탑은 무려 427근의 은으로 속을 대고 금 144근으로 겉을 입혔다. 또 몽골의 1차 침입 때, 그들을 달래려고 보낸 금은이 각각 140여 근과 3,400여 근이었다.

이처럼 많은 금은은 거의 백성에게 거둔 것이었다. 공물의 양을 정한 규정 가운데 '황금 10량, 은 2근'이라는 기록이 있고, 금과 은이 나는 고장은 특별히 관리하여 별도로 많은 수량을 거둬들였다. 고려 지배층은 백성들이 애써 바친 금은으로 그들의 문화적 욕구를 충족시킨 것이다.

그런데 이렇듯 적자분을 메워 나갈 수 있었던 이면에는 '신분별 소비 제한'이라는 또 다른 요인이 있었다. 일례로 최승로의 주장을 들어 보자.

> "신라 때는 귀천(貴賤)의 구별을 위해 백성이 중국산 비단을 입는 것을 금지하였으므로 관리들이 충분히 입을 수 있었습니다. 지금은 귀천을 막론하고 재력만 있으면 중국 비단을 입으니, 가난하면 비록 벼슬이 높아도 갖출 수 없습니다. 관리들만 중국 비단을 입게 하고 평민은 거친 국산 명주만 허락합시다."

최승로가 이렇게 건의한 것을 보면 아마도 고려에 들어와서는 소비에 제한을 두지 않아 수입 비단 값이 꽤나 올랐던 모양이다. 최승로는 신분 간의 귀천을 밝힌다는 명분 아래 피지배층의 소비를 규제하자고 주장한 것이다.

이종서 _울산대 교수

고려시대 돈 이야기

최연식

우리나라 최초의 돈, 고려 동전

현물 화폐가 아닌 순수 화폐로서 우리나라에서 처음 사용된 것은 고려의 동전이다. 삼국시대나 그 이전의 유적에서 명도전이나 오수전과 같은 중국의 동전들이 발견되기도 하지만, 이들은 중국의 영향을 받던 지역 혹은 중국과 교역하던 지역에서 일시적으로 유통된 것일 뿐 우리나라 자체적으로 사용한 것이라고 할 수는 없다. 고려시대에 처음으로 화폐가 사용된 사실은 물론 당시 경제 상황의 커다란 변화를 반영하는 것일 뿐 아니라 그와 아울러 문화·사상적 측면에서도 중요한 변동이 나타났음을 의미한다. 비록 근대 자본주의 사회에서와 같은 비중은 아니지만 '돈'이 갖는 사회적 의미와 기능은 전근대사회에서도 결코 작지 않았기 때문이다.

고려의 동전에는 '동국통보(東國通寶)' '동국중보(東國重寶)' '삼한통보(三韓通寶)' '삼한중보(三韓重寶)' '해동통보(海東通寶)' '해동중보(海東重寶)' 등이 있었는데, 이들은 이름만 다를 뿐 형태와 크기는 거의 동일하였다. 고려의 동전은 명칭과 형태, 크기 등 모든 면에서 중국의 동전을 모델로 하였다. 중국은 이미 1,000년 이상 동전을 사용한 역사가 있었을 뿐 아니라 당시 고려와 활발히 무역을 하였으므로, 고려가 새롭게 화폐경제를 수립하려 할 때 쉽게 모범이 될 수 있었다. 따라서 고려 동전의 형태와 기능을 이해하려면 중국 동전을 먼저 이해할 필요가 있다.

중국 최초의 동전은 춘추전국시대에 나타났다. 이 시기에는 각국이 부국 강병을 위해 상업 장려 정책을 추진하였는데, 이러한 가운데 동전이 출현하였다. 당시 최고의 부국이던 산동 지방의 제나라에서는 도전(刀錢)을 사용하였고, 화북의 진나라에서는 포전(布錢)을 사용하였다. 그런데 이 도전과 포전은 당시에 사용하던, 구리로 만든 칼과 쟁기를 일정한 규격으로 통일시킨 것으로 화폐와 생활 용구의 기능을 겸하던 반(半) 순수 화폐였다. 더욱이 크기가 커서 소액 거래에는 적당하지 않았다.

그 후 경제 발달을 배경으로 서민들의 일상 경제생활에도 소규모로 동전을 사용할 수 있게 되었다. 형태가 둥근 이 동전은 원래 둥근 구멍이 뚫려 있었는데, 진시황이 통일 제국의 법정화폐로 정하면서 원형 방공(圓形方孔)으로 바뀌었다. 둥근 외형[圓形]과 네모 구멍[方孔]은 각기 하늘과 땅을 상징하였다. 이러한 형태의 동전은 이후 중국뿐 아니라 고려와 조선, 나아가 중세 일본 화폐의 모델이 되었다.

진시황 때의 동전은 그 무게가 반량(半兩: 18.75그램)이어서 '반량전'으로 불렸다. 한나라 때에는 무게가 반 이하로 줄어 '오수(五銖: 약 7.8그램)전'이라 하였다. 이처럼 동전의 크기가 작아진 이유는 상업 경제가 발전함에 따라 시장에서 필요한 화폐의 양이 늘어났기 때문이다. 세계 제국으로서 경제적 번성을 구가했던 당나라에서는 동전의 크기가 더욱 줄어 3.75그램이 되었

중국 고대의 도전(왼쪽)과 포전(계명대학교 박물관 소장)
춘추전국시대에 사용되었던 중국 고대의 화폐이다. 구리로 만든 이 화폐는 실제로 사용되던 농기구와 칼을 본뜬 것이다. 크기는 일정하지 않지만 도전은 18~20센티미터, 포전은 12~13센티미터 정도가 많다.

다. 당나라 이후에도 경제적 번영은 계속되었지만, 그 이상 동전의 크기는 줄어들지 않았다. 더 작은 크기의 동전을 만들기도 어려웠으므로, 이제 동전의 크기를 줄이는 것보다 은화나 지폐와 같은 새로운 화폐의 제작 쪽으로 방향을 바꾸었던 것이다.

그런데 이 3.75그램짜리 동전은 화폐제도뿐 아니라 도량형 특히 중량의 단위에도 커다란 변화를 가져왔다. 원래 고대 중국의 중량 단위는 량(兩: 37.5그램)을 기본으로 하여 작은 단위로는 량의 24분의 1인 수(銖: 약 1.6그램)가 있고, 큰 단위로는 16량(600그램)에 해당하는 근(斤)이 있었다. 그런데 3.75그램, 즉 량의 10분의 1에 해당하는 동전이 일상화되면서 이 동전 하나의 무게가 독립된 중량 단위로 등장하였다. 이 단위는 돈의 무게에서 비롯한 것이므로 전(錢)이라고 불렀다. 한편 고액 거래에서는 동전 1,000개를 하나의 줄에 꿰어 사용하였으므로 1,000개 꿰미를 관(貫)이라고 불렀다. 그 결과 동전 1,000개의 무게, 즉 3.75킬로그램을 나타내는 관도 곧 새로운 도량형 단위로 등장하였다. 이처럼 동전 하나의 무게를 기초로 하여 전(錢: 1개) −량(兩: 10개)−관(貫: 1000개)의 십진법 도량형 단위가 자리 잡게 되자 량과 관의 중간에 있던 근(斤)에도 변화가 생겼다. 즉 기존의 600그램 근과 별도로 열 량, 즉 동전 100개에 상응하는 375그램도 근이라고 부르게 된 것이다.

고려가 모델로 한 송나라의 동전은 당나라의 동전과 같은 형태였다. 따라서 고려 동전도 하나의 무게가 3.75그램이었고, 그 결과 우리말에서도 중국과 마찬가지로 3.75그램의 무게를 가리키는 용어와 화폐를 가리키는 말이 같게 되었다. 한 돈[錢]의 무게를 갖는 동전이 우리나라 최초의 화폐였으므로 화폐를 '돈'이라고 하였는지, 돈[錢] 하나의 무게와 같아서 3.75그램을 '돈'이라고 하였는지는 명확하지 않지만 원래 동전 하나를 가리키던 말이 그 동전의 무게와 화폐 자체 두 가지의 의미를 지니게 된 것이다. 한편 물건의 종류에 따라 한 근의 중량을 600그램 혹은 375그램으로 다르게 계량하는 것도 동전의 사용과 관련된 현상이다.

당나라의 동전은 크기뿐 아니라 형식 면에서도 이후 중국 동전의 모델이 되었다. 그 이전의 동전들이 화폐의 앞면에 '반량' '오수'와 같은 동전의 무게를 새겼던 것과 달리, 중앙정부의 화폐 발행권을 더욱 공고히 한 당나라에서는 황제의 연호를 동전의 이름으로 사용하기 시작하였다. 즉 '개원(開元)' '건원(乾元)'과 같은 연호에 '통보(通寶)' '중보(重寶)'라는 용어를 결합한 '개원통보' '건원중보'라는 동전의 이름을 구멍의 사방에 새겨 넣었다. '통보'와 '중보'는 '나라를 부유하게 하는 보배'라는 뜻으로 해당 연호 기간 중 첫 번째로 만든 동전을 통보, 그 후에 추가로 발행한 것을 중보라고 하였다. 고려에서는 연호 대신에 '동국'이나 '해동' '삼한'과 같은 용어를 사용하여 중국과 다른 고려 자체적으로 발행한 동전임을 나타내었다.

동전을 사용할 것인가, 말 것인가

고려에서는 국가재정과 유통경제를 발전시키려는 정책하에 동전을 발행하였다. 하지만 화폐경제의 발전이 일반인들의 경제 상황을 더욱 어렵게 한다는 비판도 있었다. 이와 같은 입장의 차이는 자연히 동전의 사용에 대하여 서로 반대되는 견해를 갖게 하였다. 특히 동전이 중국의 것을 본보기로 하였다는 점에서 외국 제도의 수용에 대한 입장 차이도 나타났다.

돈[錢]이라고 하는 것은 몸은 하나이지만 기능이 네 가지입니다. 먼저 그 생김새를 보면 몸은 둥글고 구멍은 네모난데, 둥근 것은 하늘을 본뜬 것이고 네모난 것은 땅의 모양입니다. 이것은 (하늘과 땅처럼) 만물을 완전하게 덮고 받쳐 주는 것을 상징하는 것입니다. 둘째로 돈은 샘[泉]처럼 끝없이 흘러 한이 없습니다. 셋째로 돈을 민간에 퍼뜨리면[布] 위와 아래에 골고루 돌아다녀 영원히 막힘이 없게 됩니다. 넷째로 돈은 이익을 가난한 사람과 부자에게 나누어 주는데 그 날카로움이 칼날[刀]과 같아 매일 써도 둔해지지 않습니다.

돈 때문에 일어나는 그 많은 불행을 매일같이 경험하고 사는 사람들에게는 너무나 순진하게 들릴 이 '돈 예찬론'은 다름 아닌 고려 중기의 고승 의천 (1055~1101)이 국왕에게 동전의 사용을 건의하기 위하여 지은 글의 일부이다. 재물에 초연해야 할 승려가 돈의 사용을 건의했다는 사실 자체가 의외라고 생각되겠지만, 당시 의천은 국왕인 숙종의 동생으로서 국정에 적지 않게 관여했던 인물이다. 독실한 승려로 청정한 생활을 이상으로 삼았던 그가 돈을 예찬하면서 적극적으로 사용하자고 주장한 것은 국가재정을 확충하고 가난하고 힘없는 사람들의 생활을 안정시키는 데 도움이 될 것으로 생각하였기 때문이었다.

돈을 사용하자는 주장은 의천 자신의 실제적 경험에서 비롯되었다. 그는 2년 동안 송나라에 유학하였을 때 발전된 화폐경제의 편리성을 경험한 후, 화폐의 사용이야말로 중국 정부와 백성들이 부유하게 된 이유라고 생각하였다. 반면 고려는 화폐경제가 발달하지 않았기에 경제적으로 어려움을 겪고 있다고 생각하였다. 당시 고려에서는 백성들이 실생활에 사용할 쌀이나 옷감으로 상거래를 하기에 물자가 부족하게 되고, 나아가 이익을 노리는 사람들이 쌀에 흙을 섞고 옷감의 품질을 떨어뜨리는 농간을 부려 많은 문제가 발생하였다. 가난한 백성들이 시장에서 어렵게 구한 쌀로 제대로 밥을 해 먹을 수도 없고 옷감으로 옷을 해 입으면 속이 훤히 드러날 정도여서 추위를 막을 수 없었다. 또한 일부 권세가와 부자들은 곡식이 부족한 시기에 쌀을 빌려준 후 몇 배의 이자를 쳐서 받기에 일반 백성뿐 아니라 청렴한 관료들까지도 어려운 생활을 할 수밖에 없었다. 그런데 금속화폐는 실생활에 사용되지 않는 구리로 만들므로 쌀과 옷감의 부족과 품질 저하를 막을 수 있고, 부자들의 모리 행위도 근절시킬 수 있는 좋은 수단이 될 수 있다고 보았다.

의천은 이러한 자신의 주장을 입증하기 위해 중국 역대 화폐 정책의 성공과 실패 사례를 들고 그 원인을 설명한 후, 결론으로 금속화폐의 사용은 국가와 백성들에게 만세의 복이 될 것이라고 하였다. 이처럼 의천은 화폐의 역사와 기능을 비교적 정확하게 이해한 후 화폐 정책을 통하여 경제 발전과 부의 균등한 분배를 이루려 한 우리나라 최초의 화폐 이론가라고 할 수 있다. 그런데 의천보다 한 세기 뒤에는 동전의 사용을 반대하는 다른 경제 이론이 제기되었다.

> 공방(孔方: 돈)은 겉은 원만하지만 속이 모나고 시세에 따라 임기응변을 잘 하였다. 한나라에서 벼슬하여 홍로경[재무 장관]이 되었다. …… 성격이 탐욕스럽고 청렴하지 못하였다. 재물을 관장하면서 …… 백성들과 작은 이익을 다투고, 물가를 조작하여 곡식을 싸게 하여 백성들이 농업을 버리고 상업에 몰려 농사를 망치게 하였다. …… 또 권귀(權貴)들과 사귀어 그 집에 다니며 벼슬을 사니 관리들의 승진이 모두 그 손에서 결정되었다. 관료들이 지조를 꺾고 다투어 뇌물을 바치니 거두어들인 문서가 산더미 같아 이루 헤아릴 수 없었다. 사람을 사귈 때에는 인간성을 따지지 않고 시정잡배라도 돈 있는 사람이면 함께 몰려다녔다.

돈을 공방(孔方: 네모 구멍)이라는 인물로 의인화하여 화폐가 갖는 탐욕과 부패를 예리하게 풍자한 이 글은 무인 집권기의 문인 임춘(林椿)이 지은 〈공방전〉에 나오는 내용이다. 이 글에서 중국 역대의 화폐 정책은 공방 집안 인물들에 의해 주도되는 것으로 설명되는데, 이들은 부국강병을 추진한 임금들에게 총애를 받았지만 끝내는 탐욕과 부패 때문에 관직에서 쫓겨나거나 죽임을 당하였다. 사회의 혼란과 부정부패는 늘 이들과 함께 하였다.

이처럼 돈의 부정적 성격을 강조한 임춘은 동전이 사용되면서 인간 사회의 탐욕과 이기심이 증대한다고 보았다. 또 국가재정의 확대만을 목표로 하는 정책은 능률을 내세우는 부패한 관료만 득세하게 하고 정직한 관료와 선량한 백성들은 피해를 보게 하는 결과를 가져올 뿐이라고 하였다. 비록 화폐의 기능에 대하여 의천과 같이 논리적인 주장은 제시하고 있지 못하지만 단순히 화폐만이 아닌 화폐와 재정 정책과의 관계, 민생보다 부국강병에만 치중하는 재정 정책의 단점을 지적한 점에서 그 의미가 적지 않다.

의천과 임춘이 이처럼 상반된 화폐관을 가진 것은 그들이 처한 상황이 달랐던 데 연유한다. 의천은 고려가 활발하게 발전하던 시기에 국왕을 도와 보다 능률적이고 발전적인 사회를 만들려 했기에 동전을 사회 구성원 모두의 부를 창조하는 도구라고 생각하였다. 반면에 임춘은 정통성 없는 무인들이 권력을 장악한 시기에 끝내 등용되지 못하고 소외된 채 경제적으로도 불우한 생활을 감내해야 했으므로 화폐경제의 발전이 일부 권세가와 부자들의 재산 축적에 기여할 뿐이라고 생각하였다. 사실 돈 그 자체는 우리의 경제생활을 편리하게 해 주는 도구일 뿐 그것이 우리의 삶을 궁핍하게 하거나 불행하게 만드는 것은 아니다. 그것이 사회적으로 어떠한 기능을 하는가는 오히려 사회제도에 관한 것으로서 실제적으로는 사회에 부가 얼마나 고르게 분배되어 있느냐의 문제일 것이다.

고려시대의 화폐: 쌀, 옷감, 은, 동전, 지폐

동전이 사용되기 이전에 고려에서는 주로 쌀이나 옷감과 같은 현물을 화폐로 사용하였다. 중국에서는 춘추전국시대부터 금속화폐를 사용했고 일본에서도 8세기 초부터 동전이 유통되기 시작한 것에 비하면 우리나라 금속화폐의 사용은 상대적으로 늦었다. 일반적으로 화폐의 발전은 상업의 발전과 비례하는 것이므로 금속화폐의 사용이 늦은 것을 우리나라 상업이 발달하지 못한 때문으로 생각할 수 있다. 하지만 고려시대의 상업이 그렇게 부진하지는 않았다.

은의 활발한 유통은 고려시대 상업의 발전을 보여 준다. 고려 시장에서는 은이 가장 중요한 교환 수단으로 유통되었고, 대부분의 상품은 은으로 그 가격이 환산되었다. 귀금속인 은을 화폐로 활발하게 사용할 정도로 당시의 상업은 상당한 수준에 이르렀다.

한편 옷감도 단순한 옷의 재료로서의 기능을 벗어나 순수한 교환 수단으로서의 기능을 강화시켜 가고 있었다. 고려 말 이전에는 아직 목화가 전래되지 않아 면포(綿布)는 없었고, 비단과 마포(麻布: 삼베), 저포(苧布: 모시)가 주요한 옷감이었는데, 이 중 시장에서 교환 수단으로 유통된 것은 일상복의 재료가 되는 마포와 저포였다.

마포와 저포가 순수한 교환 수단으로 사용되고 있던 것은 당시 시장에서 품질이 조악한 옷감이 유통된 사실에서 알 수 있다. 원래는 오승포(五升布: 1승은 날실 80올) 즉 400올이 들어간 것이 마포와 저포의 표준 규격이었지만 시장에서는 날실의 수를 대폭 줄인 이승포 혹은 삼승포가 유통되었다. 만일 이러한 옷감으로 옷을 해 입으면 의천이 말한 것처럼 추위를 막을 수 없을 뿐 아니라 속이 훤히 비쳐 옷으로서의 기능을 할 수 없게 될 것이다. 하지만 이러한 옷감은 원래부터 옷을 해 입기 위해서가 아니라 시장에서 화폐로 사용하기 위해 만들었다. 옷감의 가치는 들어간 실의 양에 따라 결정되었으므로, 이승포나 삼승포는 각기 정포(正布) 즉 오승포의 5분의 2 또는 5분의 3의 가치를 갖는 교환 수단으로 만들어졌던 것이다. 따라서 이러한 불량 옷감의 사용 때문에 유통 질서에 커다란 문제가 발생한 것은 아니었다. 일반인들이 옷을 해 입기 위해서는 오승포 이상을 구했지만 보통 상거래에서는 별다른 불편함 없이 이승포나 삼승포를 사용하였던 것이다. 따라서 품질이 떨어지는 옷감의 출현은 상거래가 문란해지는 경향을 띠는 것이 아니라 오히려 상업이 상당히 활발하게 이루어지고 있음을 보여 주는 징표였다.

하지만 당시에 금속화폐의 필요성이 전혀 없지는 않았다. 적은 양의 생활필수품을 구입하는 데에 은이나 포로 거래하기가 불편하여 쌀을 사용하였는데, 주식인 쌀을 식용 이외의 목적으로 사용하는 일은 바람직하지 않았다. 더욱이 쌀에 흙을 섞어 유통시키기라도 할 때 그 피해는 심각하였다. 은에 비하여 훨씬 가치가 적은 동전을 사용하면 이러한 문제는 해결할 수 있었다.

국가재정을 운영하는 데서도 동전의 사용은 큰 도움이 되었다. 당시 재정은 백성들로부터 거두어들이는 곡식과 옷감 같은 현물에 의존하고 있었기에 흉년이나 세금 운송 사고를 당하면 커다란 어려움을 겪었다. 실제로 지방의 세금이 중앙으로 쉽게 들어오지 못해 관료들의 녹봉을 몇 개월씩 지급하지 못하고 미루는 일도 적지 않았다. 따라서 백성들로부터 거두어들이는 현물 이외에 동전을 사용하면 국가의 재정을 보다 안정적으로 운영할 수 있

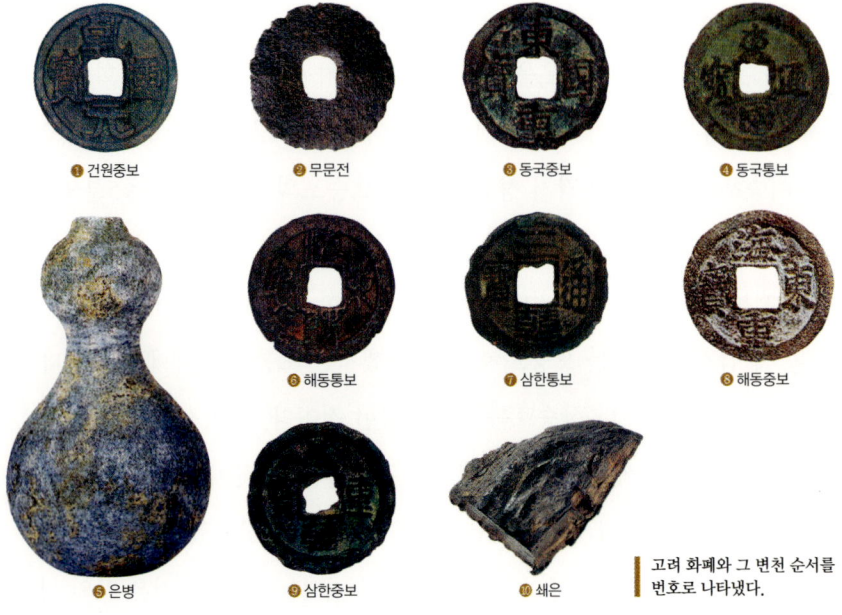

고려 화폐와 그 변천 순서를 번호로 나타냈다.

❶ 건원중보 ❷ 무문전 ❸ 동국중보 ❹ 동국통보
❺ 해동통보 ❼ 삼한통보 ❽ 해동중보
❺ 은병 ❾ 삼한중보 ❿ 쇄은

었다. 더욱이 동전과 같은 금속화폐는 원칙적으로 정부에서만 만들 수 있었으므로 경제생활에서 정부의 영향력을 강화하는 수단으로 삼을 수도 있었다.

이러한 이유에서 고려 정부는 여러 차례 금속화폐의 유통을 추진하였다. 이미 의천의 건의가 있기 한 세기 전인 996년(성종 15)에 첫 시도가 있었고, 숙종은 의천의 건의를 받아들여 더 적극적으로 동전 사용 정책을 추진하였다. 이때 정부에서는 동전의 원활한 사용을 위하여 동전만을 사용하는 술집과 음식점을 설치하기도 하였고, 관료들의 봉급을 동전으로 지급하기도 하였다. 하지만 이러한 시도는 모두 실패로 끝나고 말았다. 정부의 강력한 의지와 강제력에도 일반 백성들은 동전의 사용을 회피했던 것이다.

은이나 옷감, 쌀과 같은 현물 화폐에 익숙해 있던 당시에 동전이 매력을 갖기 위해서는 상업의 발전이 한 단계 비약하거나 조세를 돈으로 걷는 것과 같은 변화가 필요했는데, 그러한 변화는 17세기 이후에야 본격적으로 나타났다. 실제로 조선 전기에도 여러 차례 동전을 만들고 상거래에서 사용하도록 강제하였지만, 언제나 고려에서처럼 시장에서 외면당하고 정부는 화폐정책을 변경해야만 했다.

동전과 달리 또 다른 법정화폐인 은병(銀甁)은 별다른 무리 없이 사용되었을 뿐 아니라 시간이 흐를수록 더욱 활발하게 유통되었다. 은병은 공식적으로는 은 한 근(斤), 즉 16량의 가치를 가졌는데 실제로는 은 12.5량과 구리 2.5량을 혼합하여 만들었다. 이때 공식 가치와 실제 함량 사이의 차이는 정부에서 주조비와 주조 이익으로 차지하였다. 은병은 쌀 수십 석(石)의 가치를 갖는 초고액 화폐였지만, 실제 상거래에서 별다른 어려움 없이 활발하게 사용되었다. 12세기에 고려를 방문했던 중국 사신은 개경 시내 시장에서의 주된 유통수단으로 은병을 들고 있다. 동전과 달리 은병이 법정화폐로서 확고하게 자리 잡은 것은 당시 고려 사회에서 은이 이미 중요한 유통수단으로 기능하였기 때문이다.

한편 원간섭기에는 일시적으로 원나라의 지폐가 고려에서 유통되었다. 송나라 이래 상업 특히 먼 지역 간의 거래가 크게 발전했던 중국에서는 상인들 사이에 약속어음 종류의 문서가 활발하게 이용되었는데, 원나라에서는 이러한 제도를 국가에서 관장하여 정부가 직접 동전의 지급을 보장하는 지폐적 성격의 보초를 발행하여 유통시켰다. 원나라의 간섭을 받고 있던 고려는 간접적으로나마 원나라의 경제권에 편입되었으므로 이 보초가 유통되

지원통행보초
보초는 동전 1,000~2,000개의 가치를 대신하는 약속어음이다. 금나라의 회자·초자에서 비롯되었는데, 원나라 이후 상인들 사이의 주요한 유통수단이었다.

었는데, 세계 제국인 원나라 정부가 지급을 보증하는 보초는 고려 국내에서도 별다른 저항 없이 활발하게 유통되었다. 하지만 원나라가 몰락하면서 보초의 가치는 땅에 떨어져 종잇조각에 지나지 않게 되었다. 고려 말과 조선 초에는 이러한 보초를 모범으로 하여 지폐인 저화(楮貨)를 발행하고 정부가 가치를 보증하였지만 동전과 마찬가지로 시장에서 외면받아 곧 사라지고 말았다.

최연식 _동국대 교수